全国高等职业院校名师名家精品系列教材 · 财务会计类

U0656936

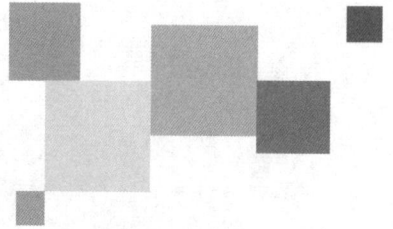

行业会计比较

HANGYE KUAIJI BIJIAO

周萍 主编

东北财经大学出版社
Dongbei University of Finance & Economics Press

大连

图书在版编目（CIP）数据

行业会计比较 / 周萍主编. —大连：东北财经大学出版社，2025.8.—（全国高等职业院校名师名家精品系列教材·财务会计类）. —ISBN 978-7-5654-5471-4

Ⅰ. F235-03

中国国家版本馆 CIP 数据核字第 2025JG9077 号

行业会计比较
HANGYE KUAIJI BIJIAO

东北财经大学出版社出版

（大连市黑石礁尖山街217号　邮政编码　116025）

网　　址：http://www.dufep.cn

读者信箱：dufep@dufe.edu.cn

大连市东晟印刷有限公司印刷　　东北财经大学出版社发行

幅面尺寸：185mm×260mm　　字数：361千字　　印张：15.25

2025年8月第1版　　　　　　2025年8月第1次印刷

责任编辑：王天华　曲以欢　　　　责任校对：孟　鑫

封面设计：原　皓　　　　　　　　版式设计：原　皓

书号：ISBN 978-7-5654-5471-4　　定价：42.00元

前　言

　　行业会计比较是财务会计类专业的拓展课程，是高职高专财务会计类专业在基础会计、财务会计、成本会计等课程开设之后才开设的一门专业课程。我国现行的企业会计准则，主要是以制造业企业为主、兼顾其他行业的一套通用的、统一的会计规范，对各行业会计确认、计量、记录、报告全过程中的共性部分作出了较为明确的规定，与此相对应的是，各学校财务会计类专业核心课程也主要以制造业企业为例来进行讲解。但是，不同行业的业务范围和经营特点有着很大不同，其在业务核算上也必然存在较大差别。近年来，社会对高职学生的要求越来越高，不仅要求会计专业的学生具有基本的财务知识和专业技能，而且要求其具备一定的行业会计知识，了解不同行业经济活动的特殊性和会计核算的特殊性，从而更好地胜任不同行业的会计工作。因此，行业会计比较课程在帮助学生分阶段、有序地掌握并拓展专业知识，建立合理的知识结构，培养工作能力等方面具有重要的作用。

　　为突出重点、节省时间，本书将各行业会计核算中共性的部分作为已知知识而省略，着重阐述各行业特有业务的会计核算方法，主要讲述商品流通企业、建筑施工企业、房地产开发企业、物流企业、旅游餐饮酒店服务企业和农业企业在会计核算中所涉及的典型业务的核算方法，旨在使读者对各行业的会计核算有一个较为全面的理解和把握。

　　本书有以下主要特点：

　　（1）学以致用，遵循高职教育"以就业为导向"的目标。在内容选取上，以高职学生主要就业行业为对象，满足企业对学生的技能需求，注重技能学习，缩短就业适应期。

　　（2）培养职业能力，突出职业素养。本书深入贯彻落实习近平新时代中国特色社会主义思想、党的二十大和二十届三中全会精神，在每个项目的学习目标中设计了知识目标、能力目标和素养目标；以"立德树人"为根本，在"明德善思"小栏目中融入课程思政内容，将专业教育与思想政治教育紧密结合起来，实现"知识传授"和"价值引领"的有机统一，培养德才兼备的专业人才。本书对基本理论知识的讲解力求简明扼要，并通过大量图表对知识点进行归纳，全面讲述各行业典型业务及其会计核算方法，注重实务操作，有利于学生提高职业技能。

　　（3）结合实际工作任务，实现"业财融合"。本书以各行业的业务为基础，在突出各行业业务特色的同时，努力做到"财务业务一体化"。本书设有"知识链接"，帮助学生开阔视野，有利于学生将知识融会贯通。在每个项目后设有"拓展阅读"，以该行业的代表性企业为案例，形象地引导学生认识该行业的业务特点及核算特点。

　　（4）基于新企业会计准则、新税法编写本书内容。本书内容体现了现行企业会计准则和税法的变化。书中涉及的企业会计准则和相关税收法律均以最新的内容为依据编写，具有较强的时效性。

（5）本书配有丰富的习题资源。本书基于每个项目单元的学习目标和任务要求，配套有针对性的习题资源，供学生学习及满足教师组题出题的需要。

本书既可作为财经院校财务会计类专业对应的课程教材，亦可作为多元化经营企业的财会人员的业务参考书。

为了方便教学，本书配有课程标准、电子教案、电子课件、项目练习答案等数字化教学资源，授课老师可登录东北财经大学出版社网站（http：//www.dufep.cn）免费下载。

本书由广东财贸职业学院"行业会计比较"课程团队成员编写。广东财贸职业学院周萍副教授担任主编；广东财贸职业学院唐婷、张茂燕、张从容、张丹丹担任副主编；广东农工商职业技术学院陈华妹，广东财贸职业学院李杰珊、曾佛芳、陈禹光参与编写。具体编写分工如下：周萍负责总体组织策划，并编写绪论，周萍、陈华妹编写项目一，唐婷编写项目二，李杰珊编写项目三，曾佛芳编写项目四，周萍、张茂燕、张从容、张丹丹编写项目五，陈禹光编写项目六。

广州番禺职业技术学院杨则文教授在百忙之中对本书进行初审，并提出了宝贵的修改意见，广东嘉毕信财税策划有限公司黄嘉元经理参与了本书的案例设计，并提供了有益的资料，在此一并表示由衷的感谢。本书的编写参考了国内外专家学者的文献资料，吸收了有益的研究成果，在此表示诚挚的谢意。

行业会计比较涉及的知识较广、内容较多，尽管我们在教材的特色建设方面做出许多努力，但书中难免会有不妥、疏漏之处，敬请广大读者批评指正。

编　者

2025 年 8 月

目　录

绪论
认知行业会计比较

学习目标

知识目标 | 了解行业的概念
熟悉会计规范体系的构成
掌握行业会计比较的内容

能力目标 | 能够对生活中的行业进行归类
能够对各行业的业务特点进行归纳总结

素养目标 | 引导学生在认知行业会计的过程中，培养爱岗敬业的精神并
树立对未来从业的信心

认知一　认知行业

行业，通俗地说就是在一个国家社会经济中运行的各行各业，比如生活中所熟知的制造业、电力、热力、燃气、建筑业、批发和零售业、交通运输业、仓储和邮政业、住宿和餐饮业、金融业、房地产业等，这些行业门类中还包括许多大类，比如制造业中又包括农副食品加工业、食品制造业、烟草制品业、纺织业、家具制造业、造纸和纸制品业、医药制造业等。

行业是随着人类社会的不断发展而产生的，随着生产力的发展，出现了社会分工，不同的产业和领域形成了自己的特色，从而出现了各种行业。各种行业的出现是由多种因素共同作用而成的，是人类社会发展和进步的产物，比如工业革命的出现使得制造业得到了极大的发展，人们对生活和文化的需求也促进了旅游业、体育娱乐业、文化艺术业等行业的出现。随着经济和社会的发展，行业工种越来越丰富，现代社会的行业类别已经远远超过了民间所说的"三百六十行"。

【知识链接】行业这个名称起源于唐朝，在当时，官府会把相同业态的商铺排列在一起，同业店铺的"排列"，又叫作"行"，这就是我们所称"行业"的由来。根据宋代《清波杂录》的记载，唐朝时期形成的主要行业有三十六种，包括肉肆行、海味行、鲜鱼行、酒行、米行、酱料行、宫粉行、花果行、茶行、汤店行、药肆行、成衣行、丝绸行、顾绣行、针线行、皮革行、扎作行、柴行、棺木行、故旧行、件作行、网罟行、鼓乐行、杂耍行、采棷行、珠宝行、玉石行、纸行、文房行、用具行、竹林行、陶土行、驿传行、铁器行、花纱行、巫行等。民国时期徐珂所著的《清稗类钞》记载道："三十六行者，种种职业也。就其分工约计之，曰三十六行；倍之，则七十二行；十之，则三百六十行"。所以，我们经常说"三百六十行，行行出状元"，这里的三百六十行只是一个约数，表达的是社会工种的丰富。

一、行业与产业

行业和产业密不可分。随着生产力的不断发展，出现社会分工，于是出现产业，一个产业可以看作是由多个行业组成的，例如，文化产业可以包含新闻出版、广播电视、电影服务等多种行业。所以，产业是行业的总和，行业是产业的细分。

（一）产业的概念

2018年，根据《国民经济行业分类》（GB/T4754—2017），国家统计局印发了《关于修订〈三次产业划分规定（2012）〉的通知》。依据《三次产业划分规定》，第一产业是指农、林、牧、渔业（不含农、林、牧、渔服务业）；第二产业是指采矿业（不含开采辅助活动），制造业（不含金属制品、机械和设备修理业），电力、热力、燃气及水生产和供应业，建筑业；第三产业即服务业，是指除第一产业、第二产业以外的其他行业。产业的划分见表0-1。

表0-1 产业的划分

产业分类	概念	内容	
第一产业	提供生产资料的产业	是指农业、林业、畜牧业和渔业，这些产业主要涉及直接从自然界获取产品，不经过深度加工即可供人类消费或作为工业原料	
第二产业	利用基本的生产资料进行加工并出售的产业	是指采矿业，制造业，电力、热力、燃气及水的生产和供应业以及建筑业等，这些活动涉及对原材料的加工或制造，以及对建筑物的建造和维修	
第三产业	服务业，是指除第一产业、第二产业以外的其他产业	流通部门	交通运输业、邮电通信业、商业餐饮业、商品批发零售业和仓储业等
		服务部门	①为生产和生活服务的部门：金融业、保险业、房地产管理业、公用事业、居民服务业、旅游业、信息咨询服务业和各类技术服务业等
			②为提高科学文化水平和居民素质服务的部门：教育、文化、广播、电视、科学研究、卫生、体育和社会福利事业等
			③为社会公共需要服务的部门（不计入第三产业产值和国民生产总值）：包括国家机关、党政机关、社会团体，以及军队和警察等

一般情况下，第一产业农业是国民经济的基础；第二产业工业是国民经济的主导，第三产业即服务业，是指除第一产业、第二产业以外的其他行业。第一产业农业和第二产业工业的发展带动了第三产业服务业，比如运输业、餐饮业、商业等服务业的发展。比如，"民以食为天"的饮食，耕种属于第一产业农业，食品加工属于第二产业工业，餐饮业属于第三产业服务业。

（二）行业的概念

行业可看作国民经济中从事相同性质的经济活动的所有单位的集合，如林业、汽车业、银行业等。

国家标准化委员会于2019年3月发布了《国民经济行业分类》（GB/T4754—2017）的修订版，对行业分类采用经济活动的同质性原则划分，每一个行业类别按照同一种经济活动的性质进行划分，分为门类、大类、中类和小类四个层次，共包含门类20个，大类97个，中类473个和小类1 382个。每个类别都按层次编制了代码。国民经济行业分类见表0-2。

表0-2 国民经济行业分类

代码				类别名称
门类	大类	中类	小类	
A				农、林、牧、渔业
	01			农业
		011		谷物种植

代码				类别名称
门类	大类	中类	小类	
			0111	稻谷种植
			0112	小麦种植
			0113	玉米种植
			0119	其他谷物种植
⋮				⋮
B				采矿业
C				制造业
D				电力、热力、燃气及水生产和供应业
E				建筑业
F				批发和零售业
G				交通运输、仓储和邮政业
H				住宿和餐饮业
I				信息传输、软件和信息技术服务业
J				金融业
K				房地产业
L				租赁和商务服务业
M				科学研究和技术服务业
N				水利、环境和公共设施管理业
O				居民服务、修理和其他服务业
P				教育
Q				卫生和社会工作
R				文化、体育和娱乐业
S				公共管理、社会保障和社会组织
T				国际组织

　　单位所属的国民经济行业分类，需要按照其从事的主要活动来确定。当一个单位对外从事两种或两种以上的经济活动时，占其增加值份额最大的一种活动为主要活动。

　　二、主要行业介绍

　　传统会计专业核心课程，主要以制造业为例进行讲解，学生已比较熟悉制造业的经营业务，故本书不涉及该行业。本书结合高职学生未来就业情况，主要介绍下列行业的典型业务及其会计核算：①商品流通企业；②建筑施工企业；③房地产开发企业；④物流企业；⑤旅游餐饮酒店服务企业；⑥农业企业。

（一）商品流通企业

商品流通企业，是指在商品流通过程中，从事商品批发、商品零售或者批发零售兼营的企业。商品流通业在国民经济中起着十分重要的作用，它是联系生产与消费的桥梁，只有正确地组织商品的流通才能不断地满足社会生产和人民生活的需要。商品流通企业的特点是通过商品购进、销售、调拨、储存等经营业务实现商品流转，其中购进和销售是完成商品流通的关键业务，调拨、储存、运输等活动都是围绕商品购销展开的。

（二）建筑施工企业

建筑施工企业，是指从事土木建筑和设备安装工程的企业，主要包括建筑公司、工程公司、安装公司和装饰公司等。建筑施工业是国民经济中的一个重要支柱产业，它所提供的产品是各工厂建筑、矿井、港口、铁路、桥梁、机场、道路、管线、住宅和其他建筑物等，是国民经济各部门和人民生活的重要物质基础。建筑施工企业的特点是：所提供的产品都具有指定的目的和用途，必须按建设单位的设计要求进行施工生产，施工生产具有流动性，产品规模一般较大、价值较高，生产周期较长，受自然条件影响较大。

（三）房地产开发企业

房地产开发企业，是国民经济的一个重要支柱产业，它为人们的政治、经济、文化生活提供了一定的空间地域，可以说没有房地产开发企业就不会有良好的城市建设。房地产开发企业的特点是：生产经营范畴包括规划设计、土地开发、组织施工、竣工验收等各个方面，将生产和流通两个领域紧密地联系到一起，是国民经济活动中综合性较强的行业。

（四）物流企业

物流企业，是指从事物流活动的经济组织，是独立于生产领域之外、专门从事与商品流通有关的各种经济活动的企业。它以物流为主体，同时伴随商流、资金流和信息流，经营范围涉及仓储、运输等行业。现代物流企业的特点如下：物流过程一体化、物流技术专业化、物流管理信息化、物流服务社会化和物流活动国际化等。

（五）旅游餐饮酒店服务企业

旅游餐饮酒店服务企业，是指以旅游资源，或服务设施为条件向消费者提供劳务的服务性企业，主要包括旅游、餐饮、宾馆等。旅游餐饮酒店业享有无烟工业之称，是发展经济的一个重要手段。旅游餐饮酒店业的特点是：投资少，利润多，收效快。旅游餐饮酒店业需要通过交通运输、工业、商业等相关行业的密切配合才能顺利发展，而旅游餐饮酒店业的发展也会促进相关行业的发展。

（六）农业企业

农业企业，是指从事农业、林业、畜牧业、渔业等生产经营活动的企业。农业不仅为人类提供赖以生存的农副产品，还为经济建设提供工业原料、市场、资金、劳动力和外贸物资，是我国国民经济的基础。农业企业的特点是：作为利用植物、动物的生长过程取得产品的行业，其自然生产过程和经营管理的再生产过程紧密地联系在一起，生产周期较长且具有季节性，受自然条件影响较大。

【明德善思】党的二十大报告在论述"加快构建新发展格局，着力推动高质量发展"

时，专门将"建设现代化产业体系"作为重要内容进行强调，提出"建设现代化产业体系，坚持把发展经济的着力点放在实体经济上，推进新型工业化，加快建设制造强国、质量强国、航天强国、交通强国、网络强国、数字中国"。

回顾过去的几次科技革命，往往是在某个行业或领域形成重大技术突破，带动相关行业或领域实现创新性发展，进而成为拉动经济增长的主导产业。比如，蒸汽机、内燃机的发明分别催生出纺织行业、汽车行业等，使得这些产业成为当时拉动经济增长的主导产业。

与以往不同，新一轮科技革命是以人工智能、云计算、区块链、大数据等为代表的数字技术的快速发展，数据作为新型生产要素快速融入生产、分配、流通、消费和社会服务管理等各环节，成为驱动经济社会发展的关键因素，极大改变了各行各业的技术经济范式，推动产业发展由分工深化逐步走向相互融合，继而催生出新产业、新业态和新模式，生成新的经济增长点。

数字技术、数字经济是世界科技革命和产业变革的触发器，也是新一轮国际竞争的重点领域。当前，我国是全世界唯一拥有联合国产业分类中全部工业门类的国家，220多种工业产品产量居世界首位，建成了全球最大的5G网络、高速铁路网、高速公路网、网络零售市场。但同时，我国产业发展仍处在全球价值链的中低端，还存在某些关键核心技术被"卡脖子"等问题。新征程上，我们要坚持以习近平新时代中国特色社会主义思想为指导，补齐产业发展短板弱项，建设具有完整性、先进性、安全性的现代化产业体系，为加快形成新质生产力奠定坚实的产业基础，推动我国在未来发展和国际竞争中赢得战略主动。

资料来源：根据相关资料编写。

认知二　认知行业会计

各行业在国民经济的发展中发挥着不同的职能和作用，为了反映和监督不同行业的经济活动，于是形成了各具行业特色的行业会计。

一、行业会计的发展

我国现行会计体系按行业可划分为企业会计和非营利组织会计两大类。

企业会计是指从事各种生产经营业务活动的各类企业所运用的会计。在计划经济时代，我国曾施行一系列分行业的行业会计制度。自1993年起，财政部陆续颁布了《工业企业会计制度》《商品流通企业会计制度》《运输企业会计制度》《房地产开发企业会计制度》《金融企业会计制度》《施工企业会计制度》《邮电通信企业会计制度》《旅游、饮食服务企业会计制度》《地质勘察单位会计制度》《国有建设单位会计制度》《对外经济合作企业会计制度》等13个行业的行业会计制度，但是，自《企业会计准则》和《小企业会计准则》颁布后，财政部在2015年对从"两则""两制"至《企业会计准则》颁布实施之间的相关准则制度类会计规范性文件进行了清理，目前企业的分行业会计制度已经被废止。

非营利组织会计是指政府机构和其他不以营利为主要目的的组织（如学校、医院、科研机构、图书馆和慈善机构等）所运用的会计，分为政府财政总会计、行政单位会计和事业单位会计三个部分。本书重点阐述的是企业会计比较，此处对非营利组织会计不再赘述。

二、行业会计和企业会计准则

统一的企业会计准则出台以后，原来分行业的企业会计制度逐渐被废止，许多人认为行业会计也将随之消失，其实这是一种误解，只要行业存在，行业会计就一直存在。

1.各行业特殊业务的存在必然导致行业会计的存在

行业会计是以货币为主要计量单位，采用专门的方法对本行业企业的经济活动进行核算和监督的一项管理活动。即使所有的行业都在使用统一的企业会计准则，会计在不同的行业仍会有区别，因为各行业之间在经济活动上的差别，必然会反映到其会计核算中。因此，行业会计主要指的是各行业会计核算在会计统一规范之外的差别表现，即由于行业本身特征在会计上表现出差别的内容。

统一的会计规范是当前会计改革的必然结果，但是着眼于各行各业各具特色的经营业务，行业特征仍然会继续在各企业的业务处理与信息披露中体现，所以，我国虽然颁布了统一的《企业会计准则》，但是也不能因此就否定行业会计的存在。

2.企业会计准则无法兼顾到所有行业的特殊业务的会计核算

企业会计准则能够取代原行业会计制度中各行业会计共性的部分，它针对所有行业企业会计核算的共性部分制定了一套通用的、统一的会计准则，对企业会计确认、计量、记录、报告全过程作了统一规范，对加强企业会计核算管理、保障企业会计工作依法顺利进行和推进会计国际化有着重要的意义。但是，企业会计准则无法兼顾到所有行业的特殊业务的会计核算。尽管企业会计准则在强调企业会计核算共性要求的同时，适度地兼顾了一些行业特色，但它无法满足各行各业的特殊经济业务对会计核算的具体要求，例如，制造业的成本核算和服务业的成本核算就有很大不同，运输业和房地产业的存货核算就有很大不同。因此，只要国民经济中存在着不同行业的经济实体，行业会计的区别就将随之永远存在。国际惯例也对具体行业会计核算的特殊性给与了高度重视，国外的会计规范体系虽然在总体上不按行业划分，但也存在众多针对特殊行业的特殊业务进行规范的会计准则。

三、各行业会计核算的异同

(一) 各行业会计之间的共同点

虽然各行各业经济业务都有其行业特色，但在会计实践中，有很多共同点。

1.各行业的会计实务都以基本会计准则、统一会计制度为依据

（1）各行业会计核算都要遵循基本会计准则和统一会计制度所规定的会计核算一般原则。

（2）各行业会计要素的命名和划分大体相同。各行业都按照基本会计准则和统一会计制度的要求将会计对象划分为资产、负债、所有者权益、收入、费用和利润六大会计要素，且各行业对相同会计要素的确认、计量的标准也是大体相同的。

（3）各行业会计报表的名称、格式、内容和编制方式基本相同。所有的行业会计都要按照基本会计准则和统一会计制度的要求编制资产负债表、利润表、现金流量表和所有者

权益变动表，以满足各行业会计信息可比性的要求。

2.各行业会计对共同性业务的会计处理基本相同

尽管不同行业的生产经营活动存在着较大差别，但有些经济业务在核算和管理上，每一个行业基本上是相同的，属于共同性业务，比如企业的货币资金、长（短）期投资、应收款项、应付款项、固定资产、无形资产、在建工程、流动负债、非流动负债、投入资本、资本公积和盈余公积等。因此，本书的行业会计主要指的是各行业的特殊业务，即非共性业务的会计处理。

（二）各行业会计之间的不同点

企业总是从属于一定的行业，而不同的行业有着不同的经营业务特点，所以各行业在客观上存在着各自的特殊业务，对这些特殊业务的核算与管理则是行业会计的特点所在。

1.存货的核算

存货是指企业在日常生产经营过程中持有以备出售，或者仍然处在生产过程，或者在生产或提供劳务过程中将要消耗的材料或物料等，包括各类材料、商品、在产品、半成品、产成品等。由于不同行业的企业从事生产经营活动需要不同类型的存货，因此不同行业存货的核算各有特点，是行业会计核算的特点之一。例如，从存货种类来看，商品流通企业主要的经营过程只是购入和销售货物，没有生产制造过程，因此其存货主要是购入待销的商品类存货以及为自身经营而准备自用的材料物资等；旅游餐饮酒店服务企业处于社会生产的消费环节，为社会提供各项服务，满足消费者各方面的消费需求，其提供服务的过程即消费过程，它们不生产产品，也不经销产品，因而其存货种类、数量都很少，只包括少量的物料用品；交通运输企业主要从事交通运输服务，其存货主要为各类燃料及修理交通工具的备品备件，没有或只有很少的在产品和产成品存货。所有这些都体现行业特点，所以各行业存货的核算在盘存制度、计价方法、信息披露等方面都有较大的不同。

2.收入的核算

收入是指企业在日常活动中形成的、会导致所有者权益增加的、与所有者投入资本无关的经济利益总流入。企业生产经营活动纷繁复杂，不同行业的经营范围和经营内容千差万别，取得收入的形式也多种多样，导致不同类别收入的确认、计量方法不尽相同，例如，制造业一般销售产品，采用时点法确认收入比较常见，而建筑业提供的劳务服务，其收入常用在某一时段内采用投入法或产出法来确认。

3.成本费用的核算

成本是指企业为生产产品、提供劳务而发生的各种耗费，费用是指企业为销售商品、提供劳务等日常活动所发生的经济利益流出，成本费用是伴随着企业经营活动而产生的，是按配比原则，依照企业取得的收入而确定的，所以企业有什么样的业务收入，就相应地会有什么样的成本费用。由于各行业向社会提供的产品和劳务不同，其成本费用的内容构成也不尽相同。例如，制造业的成本费用一般包括为生产产品所耗用的直接材料、直接人工和制造费用，以及与生产产品有关的期间费用等；商品流通企业的成本费用一般包括企业所售商品的采购（进价）成本和进货费用等；施工企业的成本费用一般包括为建造不动产所耗用的直接材料、直接人工、机械使用费、其他直接费用和施工间接费用等；物流企业的成本费用一般包括包装成本、装卸搬运成本、运输成本、加工及配送成本等。综上可知，不同行业的主要成本费用因其经营业务的不同而有所区别，其费用的归集方法、成本的计算与结转的方法也各具特点。

认知三 行业会计比较的内容和意义

行业会计比较是以不同行业的会计实务为研究对象，运用一定的方法对不同行业会计的异同进行比较，通过比较，指出各行业会计核算的异同，从而更好地掌握不同行业会计核算的方法。

一、行业会计比较的内容

（一）各行业会计对象的比较

会计对象是指会计所核算和监督的内容，即能以货币表现的企业的经济活动，各行业的经济活动内容存在差异，会计对象的具体内容自然也不同，通过比较，认识各行业经济活动的差异，明确各行业会计对象，对正确进行会计核算至关重要。例如，制造业企业有生产环节，而商业企业则没有生产环节，则制造业企业需要设置"生产成本"账户，进行成本核算，而商品流通企业则不需要。

（二）各行业特殊会计业务的比较

会计对象的不同是产生各行业特殊会计业务的一个重要原因。各行业的经济活动，就经济部门而言，就是资产、负债、所有者权益、收入、费用和利润六大会计要素的增减变动，但是因为各行业具体经济活动的差异非常明显，某些经济业务只存在于某个特定行业，就会对会计核算与企业管理提出特殊要求，比如建筑施工企业有周转材料业务、临时设施业务、工程成本业务等，就需要对这部分资产进行专门核算，并在资产管理上采取相应措施。

（三）各行业特殊会计核算方法的比较

企业会计准则对各行业经济活动在核算上做了共性的规范，使得会计信息具有可靠性和可比性，但由于各行业经营业务的特殊性，在具体核算中必然会有一些独特的会计处理方法，这是核算的客观性需要。例如，在成本核算上，商品流通企业的成本核算、服务企业的成本核算、旅游企业的成本核算、房地产开发企业的成本核算等都有其自身特点。此外，在收入确认与计量、存货的核算方面，各行业也有自己的特色，通过行业会计的比较，可以更好地实现行业经营业务的科学核算。

二、行业会计比较的意义

（一）更好地理解企业会计准则，提高会计理论水平

从会计的角度来看，不同行业企业的会计核算不存在绝对的界限，但是，企业如何选择和运用企业会计准则，应当紧密结合自身的实际情况，而要做好这一工作，就要进行行业会计比较。只有将现有各行业会计进行比较，对各行业经营和管理上的不同要求有所了解，才能恰当地进行会计处理，取得会计信息披露的主动权。通过不同行业间不同会计处理的比较，实现从个性到共性的深入和升华，从而加深对会计的认识，为更好地理解企业会计准则打下基础。

（二）对各行业的经济业务进行正确核算

一般来说，每个行业都有与本行业业务相对应的会计核算，通过比较，指出各行业典型业务之间的不同，可以揭示不同行业会计的特点，使人们通过认识不同行业会计的特点，有针对性地掌握各种行业会计的特殊知识，这是学习行业会计比较的基本任务。

随着企业生产经营的日益多元化，以及企业集团的发展，在一个经济主体内往往需要同时运用若干种行业会计，这些情况要求会计工作者具备更为全面的行业会计知识，所以，开设行业会计比较课程，能够使学生将来更好地胜任会计工作，为集团化企业、多元化经营企业加强内部财务管理提供依据。

（三）帮助培养从事不同行业会计工作的技能，提高会计工作水平

通过对不同行业的会计核算进行比较，明确各行业会计核算的异同之处，增强不同行业特殊业务会计信息的可比性，从而提高会计信息的有用性，帮助学生掌握各行业会计工作的基本技能。通过比较，了解不同行业会计之间的差异，对其中非主要的差别，可考虑采用统一的方法及程序，提高行业间会计信息的可比性；对不同行业会计特有的业务，则需要分别采用特定的方法进行核算，以更好地适应各行业经济活动的特点和经济管理的要求。

综上所述，对行业会计比较相关知识进行学习，是掌握更多会计知识、更好地适应未来会计工作的有效方法，是会计、财务管理等专业在读学生掌握必备的基本知识、基本理论、基本技能的途径。

拓展阅读

随着人类社会的不断发展，各行各业也在不断地发展壮大。每个行业都有自己的发展史，这些发展史记录了行业的起源、发展、变革和未来。特别是近代，科技的不断进步，极大地推动了每个行业的发展壮大，为人类社会的发展作出了重要贡献。下面介绍几个典型行业的发展历程。

（1）农业。农业是人类最早的生产活动之一，也是最基本的生产活动之一。在人类社会的早期，人们通过狩猎、采集和渔猎来获取食物。随着人类社会的发展，人们开始种植农作物和饲养家畜，农业逐渐成为人类社会的主要生产活动之一。在古代，农业生产主要依靠人力和畜力，生产效率较低。到了18世纪，农业生产开始使用机械化设备，如犁、收割机等，生产效率得到了大幅提高。20世纪初，化肥、农药等农业生产技术的出现，使得农业生产更加高效、稳定和可持续。21世纪，随着科技的不断进步，农业生产逐渐实现了智能化、自动化和数字化，农业生产效率和质量得到了进一步提高。

（2）制造业。制造业是指通过加工、组装等方式将原材料转化为产成品的行业。制造业的起源可以追溯到人类社会的早期，当时人们通过手工制作工具、器具等物品，用于生产生活。在工业革命时期，制造业生产开始使用机械化设备，如纺织机、蒸汽机等，生产效率得到了大幅提高。20世纪初，制造业生产开始使用电力、石油等能源，生产效率和质量得到了进一步提高。21世纪，随着科技的不断进步，制造业生产逐渐实现了智能化、自动化和数字化，制造业生产效率得到了进一步提高。

（3）服务业。服务业是指通过提供服务来满足人们需求的行业。服务业的起源可以追溯到人类社会的早期，当时人们通过互相帮助、交换等方式来满足自己的需求。随着人类社会的发展，服务业在人民生活中越来越重要，服务业包括餐饮、旅游、金融、医疗、教育等多个领域。服务业规模占据国民经济的半壁江山，截至2023年年末，服务业就业人员达到35 639万人，占全国就业人员的比重为48.1%，吸纳就业能力不断增强。

当前，云计算、大数据、人工智能、物联网等信息技术的广泛应用，推动了数字经济的快速发展，各行各业都在经历一场前所未有的变化。在农业领域，信息技术的应用推动了农业现代化进程，提高了农业生产智能化，提升了农业生产的回报；在制造业领域，信息技术的应用推动了工业化进程，提高了生产自动化效率，降低了制造业生产成本；在服务业领域，信息技术的应用推动了服务业现代化进程，提高了服务效率，降低了服务成本。

资料来源：根据相关资料整理而得。

绪论练习

1.如何理解国民经济体系中的各个行业？

2.什么是行业会计？什么是产业？

3.简述我国行业会计的发展。

4.什么是行业会计比较？它有哪些内容？

5.讨论你在学习会计基础和企业财务会计之后，学习行业会计比较的必要性。

项目一
商品流通企业会计

学习目标

知识目标	了解商品流通企业的经营特点 掌握商品批发企业商品的购进、销售、储存的核算知识 掌握商品零售企业商品的购进、销售、储存的核算知识
能力目标	能胜任商品批发企业经济业务的会计核算工作 能胜任商品零售企业经济业务的会计核算工作
素养目标	在学生学习商品流通企业会计核算的过程中，培养其坚持 准则、乐于奉献的精神

任务一 认知商品流通企业会计

一、认识商品流通企业

商品流通企业是指在社会经济活动中主要从事商品流通，同时自主经营、自负盈亏、独立核算的经济实体。在国民经济中，商品流通企业是联接工业和农业、城市和乡村、生产和消费、国内市场和国际市场的桥梁及纽带，能够促进生产的发展和满足消费的需求，从而实现商品的价值并获得盈利。我国的商品流通企业主要包括：商业、粮食、物资、供销、外贸、医药商业、石油商业、烟草商业、图书发行以及从事其他商品流通的企业。

商品流通又称"商品流转"，指商品流通企业通过经营活动，将商品从生产领域向消费领域转移的过程。在商品流通过程中，需要不断地完成从商品到货币，从货币到商品的变化，存在着货币形态和实物形态，是价值流和实物流的统一。商品流通企业的资金运动如图1-1所示。

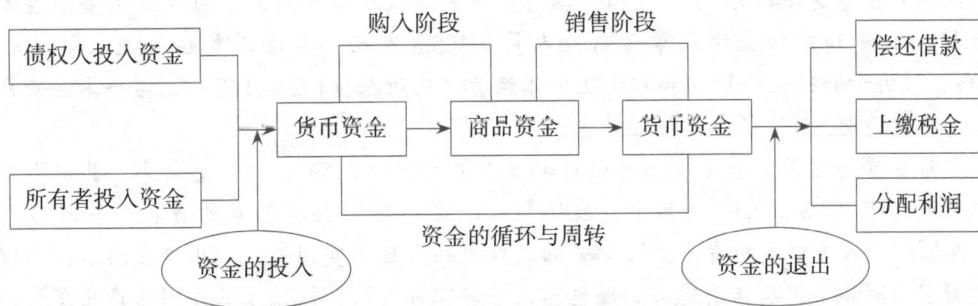

图1-1 商品流通企业的资金运动

商品流通企业按其在商品流通中所处的地位和作用不同，分为商品批发企业和商品零售企业。

商品批发企业，是指从生产企业或其他类型企业购进商品，供应给商品零售企业或其他批发企业用以转售，或供应给其他生产企业用以进一步加工的商品流通企业。处于商品流通的起点或中间环节，是组织大宗商品销售的经济组织，是连接城乡之间、地区之间商品流通的桥梁。

商品零售企业，是指从商品批发企业或者生产企业购进商品，销售给个人消费或销售给企事业单位等用以生产或进行非生产性消费的商品流通企业，处于商品流通的终点，直接面对广大消费者。商品零售企业按经营商品种类的多少，又可分为综合性零售企业和专业性零售企业。综合性零售企业指经营商品种类繁多的零售企业，如百货商店、超市、五金店、日用杂货店等。专业性零售企业指专门经营某一类或者几类商品的零售企业，如钟表店、眼镜店、家用电器店、金银首饰店等。

实际业务中，有的商品批发企业还兼营零售业务，有的零售企业还兼营批发业务。商品流通企业在商品流通中的作用简图如图1-2所示。

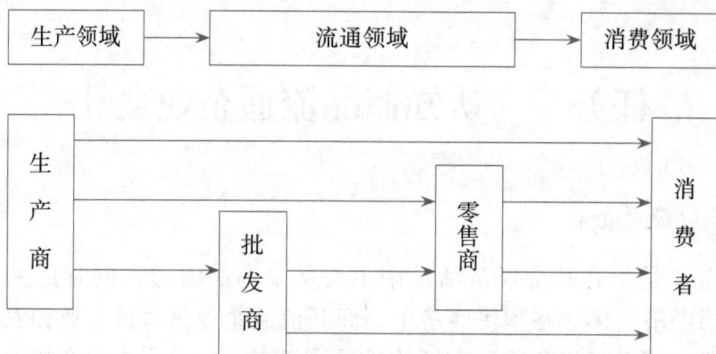

图1-2　商品流通企业在商品流通中的作用简图

【明德善思】习近平总书记在党的二十大报告中提出"推动货物贸易优化升级，创新服务贸易发展机制，发展数字贸易，加快建设贸易强国"。2024年，我国国内消费平稳增长，外贸规模再创新高，有力推进了贸易强国的建设。

在对内贸易方面，我国批发和零售业总体稳中有升。从行业增加值看，据国家统计局数据，2024年，批发和零售业增加值13.8万亿元，同比增长5.5%，占GDP比重为10.2%。从行业主体看，据第五次全国经济普查数据，批发和零售业法人单位数量达1 019.7万个，个体经营户数量达4 479.1万个，均为各行业最高。从就业人数看，据第五次全国经济普查数据，批发和零售业法人单位从业人员5 325.8万人，占法人单位从业人员总数的12.4%，仅次于制造业；批发和零售业个体经营户从业人员8 224.1万人，占个体经营户从业人员总数的45.8%，居各行业之首。

在对外贸易方面，全年货物进出口43.8万亿元，增长5%，创历史新高，其中出口和进口分别增长7.1%、2.3%。其中，我国与"一带一路"共建国家的货物贸易额达到了22.1万亿元。从进口方面看，有近54%的进口商品来自共建国家。从出口方面看，出口到共建国家的商品不但包括消费品，还包括设备、零部件等，促进了共建国家产业发展。在多边方面，自贸伙伴的贸易占比已超1/3，还与23个非洲国家签署了共同发展经济伙伴关系框架协定。正如习近平总书记在党的二十大报告中指出的，我国已经成为一百四十多个国家和地区的主要贸易伙伴，货物贸易总额居世界第一，吸引外资和对外投资居世界前列，形成更大范围、更宽领域、更深层次的对外开放格局。

资料来源：根据中华人民共和国商务部网站资料编写。

二、商品流通企业的主要经营活动及其特点

（一）商品流通企业的主要经营活动

商品流通企业的主要经营活动是组织商品流通，即商品的购进、销售和储存。

1.商品购进

商品流通企业的商品购进是商品流转的起点。商品购进的成立，必须同时具备两个条件：①购进商品的目的是销售，如果购进的商品是企业自用，就不属于商品购进的范围；②通过货币结算取得商品的所有权，不通过支付货款而取得的商品，均不属于商品购进的范围，如其他单位赠送的样品、收回销货退回的商品、为收取手续费而替其他单位代购的商品。

2.商品销售

商品销售是指商品流通企业通过货币结算而售出商品的交易行为，是商品流通的终点。不通过货币结算而发出的商品，不属于商品销售的范围，其主要有发出加工的商品、进货退回的商品、赠送给其他单位的样品、为收取手续费而替其他单位代销的商品、虽已发出但仍属于本单位所有的委托代销商品等。

3.商品储存

商品储存是指商品流通企业购进后、销售前，处于停留状态的商品。商品储存是商品购进和商品销售的中间环节，保持合理的商品储存量是商品流通企业开展经营活动必不可少的条件。处于商品储存状态的商品包括库存商品、委托代销商品、受托代销商品、发出商品和购货方拒收的代管商品等。购进的商品入库前需进行验货，验收人员包括商品检验人员和实物负责人。在直运销售业务中，购进的商品以在途物资的形态存续，不经过入库存储环节。

（二）商品流通企业经营活动的特点

与制造业企业相比，商品流通企业的经营活动主要有如下特点：

（1）其经营活动主要是商品购进和商品销售业务。跟制造业企业比较，没有生产过程。

（2）存货的管理是日常经营管理的重点。商品存货在企业全部资产中占有较大比例，是企业资产管理的重点；商品流通企业没有生产加工环节，其资产除了必需的经营场所和基本设备外，无须生产设备等固定资产投资，商品类流动资产占企业资产的大部分。

（3）企业的资金运动是货币——商品——货币。大量的购销业务，要求企业必须保留大量营运资金，以满足日常经营需求。另外，企业的资金随着企业的购销过程，不断在货币资金和商品资金间循环和周转，存货占用大量资金，因此提高存货周转率，提高资金使用效率，是财务管理的重中之重。

三、商品流通企业会计核算特点

商品流通企业会计核算与其他行业会计核算一样，都必须遵循企业会计准则和相关会计制度的规定，其对资产、负债、所有者权益、收入、费用、利润的核算与其他企业有许多共同之处，但商品流通企业的业务特点也决定其核算有特殊的地方。

（一）会计核算的内容

因为商品流通企业的经营活动主要是商品购进和商品销售业务，所以会计核算内容主要就是各种形式的购进和销售。随着经济和科技的发展，商业新业态层出不穷，各种购销形式不断涌现，相应的会计核算也各有不同。

（二）存货的核算方法

因为商品流通企业的经营活动主要是各种购进和销售商品，库存商品占用资金较多，所以对库存商品的核算和监督是商品流通企业日常经营管理的重点。商品流通企业存货商品内容复杂多样，管理要求不同，从而形成不同的核算方法。商品流通企业对库存商品的核算主要采用进价核算和售价核算，这两种方法又可再细分为金额核算和数量核算。商品流通企业库存商品核算方法见表1-1。

表1-1　　　　　　　　　　　　　商品流通企业库存商品核算方法

存货核算方法		核算特点	优缺点	适用范围
进价核算	进价金额核算法	库存商品总账和明细账一律以进价记账,平时只登记增加情况,不登记减少情况,月终通过实地盘点倒挤出商品销售成本	优点:记账手续简单,工作量小 缺点:平时不能反映商品进销存的数量,而且由于月末采用盘存计销的办法,将商品销售成本、商品损耗和差错事故混在一起,不易发现企业经营管理中存在的问题	售价变化快,实物数量不易控制的鲜活商品
	数量进价金额核算法	库存商品的总账和明细账均按进价金额反映,明细账同时还进行数量核算,可以根据已销商品的数量按进价结转商品销售成本	优点:能随时掌握每种商品进销存的数量和进价金额,有利于加强库存商品的管理和控制 缺点:每笔销售业务都需填制凭证,并逐笔登记明细账,工作量较大	大中型批发企业、农副产品收购企业、粮食企业、品种单一专业性强的零售企业等
售价核算	售价金额核算法	库存商品总账和明细账一律以售价记账,平时只登记增加情况,不登记减少情况;建立实物负责制,月终通过实地盘点倒挤出销售成本	优点:按实物负责人设置明细账,简化记账工作,简化销货手续 缺点:账面不能反映商品进销存的数量,不便于确定商品溢余短缺和货款长短款的原因和责任	除经营鲜活商品和贵重商品以外的零售企业均可采用
	数量售价金额核算法	库存商品的总账和明细账均要按售价金额核算,明细账同时还要进行数量核算	优点:随时掌握每种商品进销存的数量和售价金额,便于加强对商品的管理和控制,也能严密管理和控制销售收入 缺点:每笔销售既要复核售价,又要确认进销差价,每笔销售业务需要填制凭证和逐笔登记明细账,工作量大	小型批发企业、品种单一的专业性零售企业、经营贵重商品的零售企业等

（三）成本的核算方法

1.商品采购成本的核算

存货准则规定,存货的采购成本包括买价、相关税费、运输费、装卸费、保险费以及其他可归属于存货采购成本的费用。进货费用是指在采购商品过程中发生的运输费、装卸费、保险费以及其他可归属于存货采购成本的费用,商品流通企业在采购商品的过程中发生的进货费用在应用指南里有明确规定,具体有三种处理方法见表1-2。

表1-2　　　　　　　　　　　　商品流通企业进货费用的会计处理

情形	会计处理	适用范围
方法一	直接计入存货成本	核算工作量大,核算结果准确,适用于采购费用较大,采购品种少的商品流通企业,具体核算方法同制造业采购原材料进货费用的核算

情形	会计处理	适用范围
方法二	采用存销比例分摊法对进货费用进行分摊： （1）平时进货费用在"库存商品——进货费用"先进行归集。 （2）采用存销比例分摊法对进货费用进行计算分摊。 ①分摊率 $= \dfrac{\text{本期结存商品金额}}{\text{本期结存商品金额} + \text{本期销售商品金额}}$ ②本期结存商品应分摊的进货费用 = 本期应分摊的进货费用总额 × 分摊率 ③本期销售商品应分摊的进货费用 = 本期应分摊的进货费用总额 – 本期结存商品应分摊的进货费用 对于已售商品的进货费用，计入当期损益（主营业务成本、其他业务成本），对于未售商品的进货费用，计入期末存货成本	期末核算工作量较大，核算结果较准确，适用于采购费用较大，商品品种规格较多的商品流通企业
方法三	进货费用金额较小的，直接计入当期损益（销售费用）	这种方法核算最简单，适用于进货费用金额较小的商品流通企业

在实际工作中，对采购商品过程中的进货费用具体如何处理，需要会计人员结合本企业的经营规模、企业管理水平、核算信息化程度以及进货情况进行职业判断。本书对商品进货费用的处理统一采用商品流通企业常见的第一种方法，即全部计入存货成本。

2.商品销售成本的核算

采用数量进价金额核算法的商品流通业务，其商品销售成本即为已销商品的购进成本，可采用个别计价法、先进先出法、月末一次加权平均法、移动加权平均法和毛利率法等方法计算。

采用进价金额核算法的商品流通业务，期末采用以存计销的方法倒挤商品销售成本。

采用售价金额核算法的商品流通业务，由于库存商品购进和销售均按售价计价核算，平时商品进价和售价的差额记入"商品进销差价"账户，期末，其商品的销售成本为按售价计价的销售成本减去已销商品应分摊的进销差价后的差额。

采用数量售价金额核算法的商品流通业务，其销售成本的核算同采用售价金额核算法的商品流通业务。

此外，商品流通企业一般没有生产过程，购进的商品可直接用于销售，所以商品流通企业会计核算上无须设置"生产成本"和"制造费用"账户。

任务二 商品批发企业的会计核算

批发商品流通是商品从生产领域进入流通领域的关键环节，是以整批买卖为特色的交易方式，通过批发企业在城乡之间、地区之间，生产企业与零售企业之间组织商品流转，充分发挥了商品流通的"媒介"作用。

批发业务具有下述基本特征:一是经营的是大宗商品的购销业务,经营规模、交易量和交易额较大,交易频率较低;二是为确保商品交易,核算和经营上要随时掌握各种商品进销存的数量和金额。

批发企业的规模、经营商品品种的多少决定了其采用的核算方法。一般的批发企业采用数量进价金额核算法,小型的批发企业也可以采用数量售价金额核算法。

由于批发企业一般交易额较大但交易次数不多,同时又需要加强对库存商品的控制和管理,故通常一般的批发企业采用数量进价金额核算法进行会计核算。数量进价金额核算法有利于从数量和金额两方面对库存商品进行控制和管理,可以满足企业经营管理的需要,比如业务部门开展购销业务活动、会计部门加强资金管理、保管部门明确经济责任,但由于每笔购销业务都需要填制会计凭证并登记商品的明细账,会计核算的工作量较大。

数量售价金额核算法同样能反映和控制商品的数量,有利于充分发挥会计的监督作用,但因为库存商品按售价计价,每当商品售价变动时就要盘点库存商品,同时要调整库存商品的金额和商品进销差价,核算的工作量较大,因此,数量售价金额核算法仅适用于经营的商品售价相对稳定的小型批发企业。

本任务仅介绍在批发企业中普遍采用的数量进价金额核算法。

一、批发企业商品购进的核算

批发企业商品购进核算主要反映和监督商品购进、验收入库和货款结算情况,主要涉及"在途物资"和"库存商品"账户,另外,核算中还会涉及"应交税费——应交增值税(进项税额)""应付账款""银行存款"等多个其他相关账户。

"在途物资"账户用以核算商品流通企业采购商品时已付款但还未运抵验收入库的在途商品的实际成本,其明细账可按供货单位和商品的品名、规格进行明细核算。

"库存商品"账户用以核算商品流通企业库存的各种商品的实际进价成本的增减变化,明细账按商品的品名、规格设置。

(一)批发商品一般购进的核算

批发商品购进业务包括同城商品购进业务和异地商品购进业务。在通常情况下,同城购进商品时,商品验收和货款结算可在一天内完成,异地购进商品时,商品验收和货款结算不一定能在一天内完成,从而形成"单货同到""单到货未到""货到单未到"等几种情况,其会计核算方法与制造企业购进材料的核算方法基本相同。

1.单货同到

【例1-1】广州市昌盛贸易公司是从事电器批发的一家公司,从本地成光厂购入一批电视机,验收入库,同时取得厂家开出的增值税专用发票,注明不含税价款200 000元,进项税额26 000元;款项暂时未付。会计核算如下:

借:库存商品——电视机   200 000
　　应交税费——应交增值税(进项税额)   26 000
　　贷:应付账款——成光厂   226 000

2.单到货未到

【例1-2】广州市昌盛贸易公司是从事电器批发的一家公司，从外地南岳厂购入一批洗衣机，取得银行转来的托收凭证和增值税专用发票，厂家开出的增值税专用发票注明不含税价款300 000元，进项税额39 000元；同时收到的还有供货方代垫的运费增值税专用发票，注明不含税运费2 000元，进项税额180元，款项以银行存款支付。洗衣机尚未收到。会计核算如下：

借：在途物资——南岳厂　　　　　　　　　　　　　　　　302 000
　　应交税费——应交增值税（进项税额）　　　　　　　　39 180
　　　贷：银行存款　　　　　　　　　　　　　　　　　　　　341 180

商品运到，经仓库验收入库，会计核算如下：

借：库存商品——洗衣机　　　　　　　　　　　　　　　　302 000
　　　贷：在途物资——南岳厂　　　　　　　　　　　　　　　302 000

【知识链接】在"单到货未到"的情况下，可暂不付款，如果商品在当月近日内即可到货，可妥善保管相关发票，待货到后再按上面"单货同到"的情况进行会计核算。

3.货到单未到

【例1-3】广州市昌盛贸易公司是从事电器批发的一家公司，从外地华光厂购入一批洗衣机，商品已到并验收入库，尚未收到相关发票。按合同的规定，不含税总价为80 000元，增值税税率为13%。

在"货到单未到"的情况下，一般购进商品可暂不入账，待收到发票等结算单据后再进行会计核算。如果月底仍未收到相关结算单据，则需做暂估入账，编制会计分录如下：

借：库存商品——洗衣机　　　　　　　　　　　　　　　　80 000
　　　贷：应付账款——暂估应付账款——华光厂　　　　　　　80 000

次月月初用红字冲回：

借：库存商品——洗衣机　　　　　　　　　　　　　　　　80 000
　　　贷：应付账款——暂估应付账款——华光厂　　　　　　　80 000

待下月收到结算单据后，再按【例1-1】进行账务处理。

（二）购进商品发生退补价的核算

购进商品验收入库后，有时由于供货方疏忽，会发生计算错误，或发货时按暂估价结算，后面又正式定价，从而导致进货退价或补价情况的发生。进货退价或补价业务只涉及商品价格，不涉及商品数量。

1.进货退价的核算

进货退价是指原结算的商品进价高于实际进价，应由供应商将高于实际进价的差额退给购货方。

【例1-4】广州市昌盛贸易公司是从事电器批发的一家公司，上月从外地某厂购入一批洗衣机100台，商品已验收入库，收到增值税专用发票，注明每台不含税单价为500元，增值税税率13%，以电汇方式支付了货款。本月接到对方公司通知，每台不含税单价应为450元，该批洗衣机每台多收了50元，收到开来的红字增值税专用发票，注明应退货款5 000元，增值税650元，相关款项已转账退回。

本月收到对方公司开来的红字增值税专用发票及收到退货款时的会计核算：

借：银行存款   5 650
    贷：库存商品——洗衣机   5 000
        应交税费——应交增值税（进项税额）   650

假如该批商品已经在上月销售，并已结转商品销售成本，该项业务会计核算如下：

借：银行存款   5 650
    贷：主营业务成本——洗衣机   5 000
        应交税费——应交增值税（进项税额）   650

2.进货补价的核算

进货补价是指原结算的商品进价低于实际进价，应由购货方将低于实际进价的差额补给供应商。

【例1-5】广州市昌盛贸易公司是从事电器批发的一家公司，上月从外地某厂购入一批洗衣机100台，商品已验收入库，收到增值税专用发票，注明每台不含税单价500元，增值税税率13%，以电汇方式支付了货款。本月接到对方公司通知，该批洗衣机每台不含税单价应为600元，并收到开来的增值税专用发票，注明应补货款10 000元，增值税1 300元，已用电汇方式付款。

本月收到对方公司开来的增值税专用发票并补付货款时的会计核算：

借：库存商品——洗衣机   10 000
    应交税费——应交增值税（进项税额）   1 300
    贷：银行存款   11 300

假如该批商品已经在上月销售，并已结转商品销售成本，该项业务的会计核算如下：

借：主营业务成本——洗衣机   10 000
    应交税费——应交增值税（进项税额）   1 300
    贷：银行存款   11 300

（三）购进商品发生溢余或短缺的核算

批发企业购进的商品，应及时入库并入账，如果发现溢余或短缺情况，要先根据实际入库数量进行入库核算，溢余短缺部分按进价暂时记入"待处理财产损溢"账户，查清原因后，再进行相关处理。购进商品发生溢余或短缺的会计核算见表1-3。

表1-3   购进商品发生溢余或短缺的会计核算

原因	查明原因	进行处理
溢余	自然升溢	记入"营业外收入"账户
	供货方多发	做退回或补做购进处理
短缺	合理损耗	不做账务处理
	供货方少发	做退款或补发货处理
	运输单位责任	赔偿款记入"其他应收款"账户
	自然灾害	净损失记入"营业外支出"账户

1.溢余的核算

当购进商品发生溢余时，查明原因，进行相应处理。如果是运输途中自然溢余，冲减"营业外收入"，如果是供应单位多发，与对方单位联系，补做进货或者将多发商品退回。

【例1-6】光明有限公司是一家糖酒批发公司，从东方糖厂购进红糖8 000千克。每千克10元，收到增值税专用发票，注明货款80 000元，增值税10 400元，商品运到，验收入库时发现实收商品8 100千克，溢余100千克，因该项业务存在异常，货款暂不支付。根据商品入库单、增值税专用发票和商品购进溢余报告单，做会计分录如下：

借：库存商品——红糖   81 000

　　应交税费——应交增值税（进项税额）　　　　　　　　10 400

　　　贷：应付账款——东方糖厂　　　　　　　　　　　　　90 400

　　　　待处理财产损溢——待处理流动资产损溢　　　　　　1 000

后经查实，多收的红糖中，10千克系自然溢余，经批准，冲销"营业外收入"账户，其余90千克为供货单位多发，经协商决定做商品购进处理，取得供货单位补开的增值税专用发票，注明货款900元，增值税117元，做会计分录如下：

借：待处理财产损溢——待处理流动资产损溢　　　　　　100

　　　贷：营业外收入　　　　　　　　　　　　　　　　　　100

借：待处理财产损溢——待处理流动资产损溢　　　　　　900

　　应交税费——应交增值税（进项税额）　　　　　　　　117

　　　贷：应付账款——东方糖厂　　　　　　　　　　　　　1 017

2.短缺的核算

当购进商品发生短缺时，应查明原因，进行相应处理。如果是运输途中合理损耗，不做账务处理，因入库数量减少，该批商品虽总价不变，但单价提高。如果是由于自然灾害造成的损失，扣除保险公司的赔偿后的余额，记入"营业外支出"账户。如果是供货单位少发，可以让对方补发，或做进货退回处理。如果是运输单位的责任，应由运输单位赔偿，记入"其他应收款"账户。

【例1-7】东方数码公司从科丽华公司购进移动硬盘共150个，不含税单价为200元/个，商品运到，收到结算凭证，取得增值税专用发票，价款30 000元，增值税税额3 900元，验收时发现，实际到货100个，因收到的商品存在短缺问题，暂不付款结算，做会计分录如下：

①根据增值税专用发票做购进商品的核算。

借：在途物资——科丽华公司　　　　　　　　　　　　　30 000

　　应交税费——应交增值税（进项税额）　　　　　　　　3 900

　　　贷：应付账款——科丽华公司　　　　　　　　　　　33 900

②根据商品入库单做验收入库的核算。

借：库存商品——移动硬盘　　　　　　　　　　　　　　20 000

　　　贷：在途物资——科丽华公司　　　　　　　　　　　20 000

③根据商品购进短缺报告单做"待处理财产损溢"核算。

借：待处理财产损溢——待处理流动资产损溢　　　　　　10 000

　　　贷：在途物资——科丽华公司　　　　　　　　　　　10 000

④经查明，短缺的50个移动硬盘是运输公司在运输途中丢失，经协商，保险赔付

50%，运输公司赔付50%。

借：其他应收款——保险公司   5 650
　　　　　　——运输公司   5 650
　贷：待处理财产损溢——待处理流动资产损溢   10 000
　　　应交税费——应交增值税（进项税额转出）   1 300

（四）购进商品发生退货和折让的核算

由于批发企业购进商品，在验收入库时，一般只能按整件抽样验收。因此在入库后复验商品时，往往会发现部分商品存在数量、质量、品种、规格等不符的情况，此时应及时与供货方沟通，经供货方同意后，做进货退出或购货折让处理。

1.进货退出

在发生进货退出业务时，由供货方开出红字增值税专用发票，企业收到后，由业务部门填制"进货退出单"，通知储运部门发运商品，财会部门根据"进货退出单"进行进货退出的核算。

【例1-8】宏发运动用品批发公司从李红公司购进一批运动服，商品已验收入库，已支付了货款，并进行了相关会计处理。今复验，发现该批商品存在质量问题。经协商，供货方同意退货，商品已经退回，并收到李红公司开具的红字增值税专用发票，注明退货款40 000元，增值税5 200元，填制"进货退出单"，款项尚未收到，有关会计处理如下：

借：应收账款——李红公司   45 200
　贷：库存商品——运动服   40 000
　　　应交税费——应交增值税（进项税额）   5 200

2.购货折让

购货折让是指企业购进的商品因品种、规格和质量不符等原因，供货方所给予的价格上的减让。供货方应填制红字增值税专用发票送交购货方，并退付货款，其业务处理方法与进货退价的处理方法相同，此处不再赘述。

（五）购进商品发生商业折扣和现金折扣的核算

商业折扣是供货方为促进商品销售而在商品标价基础上给予的价格扣除，商业折扣通常以百分数表示，如10%、20%等。购买方按扣除商业折扣后的发票金额进行业务核算。

现金折扣是为鼓励客户提前付款而给予的金额扣除，现金折扣有付款条件，如"2/10，1/20，n/30"，表示购货方10天内付款，供货方可以对购货方在总金额的基础上优惠2%，10~20天内付款，可以在总金额的基础上优惠1%，20天以后付款没有现金折扣，最迟的付款期为30天。发生现金折扣时，应按总价法进行核算，购货方取得的现金折扣记入"财务费用"账户。

【例1-9】电盛电子批发公司11日从科丽讯公司购进路由器200台，取得增值税专用发票，路由器不含税单价为100元/台，增值税税率为13%，付款条件为"2/10，1/20，n/30"，商品已验收入库。30日以电汇方式支付了货款。假定计算现金折扣时不考虑增值税。

①11日从科丽讯公司购进商品的会计核算。

借：库存商品——路由器   20 000
　　应交税费——应交增值税（进项税额）   2 600

    贷：应付账款——科丽讯公司   22 600
②31日以电汇方式支付货款的会计核算。

  因支付货款的时间未超过20日，可获得1%的现金折扣，可冲减财务费用200元
（20 000×1%），会计分录如下：

  借：应付账款——科丽讯公司   22 600

    贷：银行存款   22 400

      财务费用   200

二、批发企业销售业务的核算

  批发商品销售业务的核算主要反映商品的销售、出库和货款结算情况。所涉及的会计账户主要有"主营业务收入"账户和"主营业务成本"账户，另外，核算中还会涉及"库存商品""应交税费——应交增值税（销项税额）""应收账款""银行存款"等账户。

  "主营业务收入"账户，用以反映企业销售商品的收入，按商品品种设置明细账。

  "主营业务成本"账户，用以反映企业因销售商品而发生的实际成本，按商品品种设置明细账。

（一）批发商品一般销售的核算

  批发商品销售业务包括同城商品销售业务和异地商品销售业务。同城销售商品，在通常情况下，商品发出和货款结算一般可在一天内完成。异地销售商品，商品发出和货款结算不一定能在一天内完成，一般要委托运输单位将商品运给客户。

  【例1-10】广州东方电器批发公司销售给光明商场一批洗衣机，开出增值税专用发票，注明货款100 000元，销项税额13 000元，开出支票代垫运费500元，已向银行办理托收手续，客户已接受该商品。货款尚未收到，该批商品成本为80 000元。做会计分录如下：

  借：应收账款——光明商场   113 500

    贷：主营业务收入——洗衣机   100 000

      应交税费——应交增值税（销项税额）   13 000

      银行存款   500

  借：主营业务成本——洗衣机   80 000

    贷：库存商品——洗衣机   80 000

  在实际工作中，如果商品销售不符合收入确认的条件，则不应确认收入。发出的商品，应通过"发出商品"账户进行核算。

  【例1-11】沿用【例1-10】的资料，广州东方电器批发公司销售洗衣机给光明商场时，得知该商场资金周转发生困难，货款回收存在较大的不确定性，但为了减少存货积压，同时也为了维持与光明商场的商业合作关系，其仍将商品发往光明商场并办妥托收手续。

  会计处理如下：

  ①发出商品时，结转库存商品成本到"发出商品"账户。

  因为光明商场资金周转存在困难，因而在货款回收方面存在较大的不确定性，在发出商品并办妥托收手续时，不确认收入。

　　借：应收账款——光明商场　　　　　　　　　　　　　　　　　13 500
　　　　贷：应交税费——应交增值税（销项税额）　　　　　　　　　　13 000
　　　　　　银行存款　　　　　　　　　　　　　　　　　　　　　　　500
　　借：发出商品——洗衣机　　　　　　　　　　　　　　　　　　80 000
　　　　贷：库存商品——洗衣机　　　　　　　　　　　　　　　　　80 000

　　②后期，光明商场资金状况好转，采用电汇方式支付了该批商品的相关款项，收到货款结算单时，确认收入，结转成本。

　　借：银行存款　　　　　　　　　　　　　　　　　　　　　　　113 500
　　　　贷：主营业务收入——洗衣机　　　　　　　　　　　　　　　100 000
　　　　　　应收账款——光明商场　　　　　　　　　　　　　　　　13 500
　　借：主营业务成本——洗衣机　　　　　　　　　　　　　　　　80 000
　　　　贷：发出商品——洗衣机　　　　　　　　　　　　　　　　　80 000

　　【知识链接】"发出商品"为资产类账户，用以核算企业已发出仓库但尚未实现销售的商品。借方登记企业已发出但尚未售出的商品数额，贷方登记已实现销售的发出商品数额，期末余额在借方，反映企业已发出但尚未实现销售的商品数额。该账户应按商品品种、规格、等级等进行明细分类核算。

　　（二）直运销售商品的核算

　　直运销售商品简称"直调"。商业批发企业将从供货单位购进的商品，不经过本企业仓库储存，由采购员或者委托供货单位直接从供货单位所在地或者车站、码头发运销售给购货单位的一种商品销售方式。一般采用从生产厂家、从农副产品生产基地、从商品供应单位、从商品到达的车站码头直接调拨销售。采用直运销售商品的方式，可以减少商品存储所占用的时间和出入库手续，有利于节约流通费用，加速资金周转。

　　直运销售商品核算上的特点是商品的购进和销售业务同时发生，其商品不通过批发企业仓库的储存，因此可以不通过"库存商品"进行核算，而是通过"在途物资"账户核算。由于直运商品购进和销售的增值税专用发票上已列明商品的进价金额和售价金额，故商品销售成本可以按照实际进价成本分销售批次随时进行结转。

　　【例1-12】顺盛批发公司从中盛食品公司购进饼干300箱，进货单价100元/箱，货款30 000元，增值税3 900元，按合同的约定，将其直接发运给东莞的南方商厦，销售单价150元/箱，货款总价45 000元，增值税5 850元，同时以银行存款代垫运费50元。该项业务的会计处理如下：

　　①收到中盛食品公司的结算凭证，支付货款时：

　　借：在途物资——中盛食品公司　　　　　　　　　　　　　　　30 000
　　　　应交税费——应交增值税（进项税额）　　　　　　　　　　　3 900
　　　　贷：银行存款　　　　　　　　　　　　　　　　　　　　　33 900

　　②向银行办妥对南方商厦的托收手续时：

　　借：应收账款——南方商厦　　　　　　　　　　　　　　　　　50 900
　　　　贷：主营业务收入——食品类——饼干　　　　　　　　　　　45 000
　　　　　　应交税费——应交增值税（销项税额）　　　　　　　　　5 850
　　　　　　银行存款　　　　　　　　　　　　　　　　　　　　　　50

同时，结转商品销售成本：

借：主营业务成本——食品类——饼干　　　　　　　　　　　　30 000

　　贷：在途物资——中盛食品公司　　　　　　　　　　　　　　30 000

【知识链接】直运销售商品的业务流程，一种是由商业企业派采购员驻供货单位办理商品发运、代垫运费及委托所在地银行向购货单位托收货款等事项。在征得银行同意后，在供货单位当地办理托收承付结算。在商品发运后，由驻供货单位采购员寄回托收凭证回单联和专用发票记账联及附件直运商品收发货单，作商品销售入账；接到供货单位通过银行转来的托收凭证、专用发票，作商品购进入账。另一种是批发企业委托供货单位代办商品发运、代垫运费和代向购货单位结算货款。

（三）委托代销商品销售的核算

商业企业除自行销售商品外，还可以委托其他单位代销。代销前，企业之间签订代销合同，列明代销商品的品种、规格、数量、售价或者代销手续费、结算时间、结算方式、保管责任等内容。委托代销业务涉及委托方和受托方两个方面，站在委托方角度，是委托代销商品，站在受托方角度，是受托代销商品。

根据代销商品销售后不同的处理方法，可分为视同买断和收取手续费两种具体方式。

应设置"发出商品""受托代销商品""受托代销商品款"等账户。"发出商品"账户在前面已做介绍，下面说明"受托代销商品""受托代销商品款"账户的记账方法。

"受托代销商品"账户为资产类账户，用以核算企业接受其他单位或个人委托代销的商品。借方登记企业收到的代销商品，贷方用于结转已销的代销商品成本，期末余额在借方，反映企业尚未销售的代销商品数额。该账户应按委托单位和商品品种、规格、等级等进行明细分类核算。

"受托代销商品款"为负债类账户，用以核算企业接受代销商品的货款，贷方登记企业收到的代销商品金额，借方登记销售的代销商品金额，期末余额在贷方，反映尚未销售的代销商品金额。该账户应按委托单位进行明细分类核算。

1.视同买断方式

视同买断方式的委托代销是指委托方和受托方签订的合同或协议明确规定，双方之间按合同价或协议价结算，受托方取得代销商品后，实际对外出售的售价由受托方自定。

【例1-13】丰盛电器厂委托光明电器批发公司销售吹风机100台，该批吹风机的成本为150元，代销协议约定，双方按200元/台的接收价（不含税）委托代销，光明电器批发公司可自行定价对外销售，每月末结算一次货款。该批商品已发出。增值税税率为13%。

月末，光明电器批发公司已销售吹风机60台，不含税单价为250元/台，并向丰盛电器厂开具了商品代销清单，丰盛电器厂据此开具增值税专用发票，光明电器批发公司收到发票后，通过银行转账支付了货款。会计处理如下：

（1）委托方丰盛电器厂的核算

①发出商品的会计处理

发出代销商品总成本＝100×150＝15 000（元）

借：发出商品——光明电器批发公司——吹风机　　　　　　　15 000

　　贷：库存商品——吹风机　　　　　　　　　　　　　　　　15 000

②收到光明电器批发公司商品代销清单的会计核算

已代销商品的销售收入 = 60 × 200 = 12 000 (元)

销项税额 = 12 000 × 13% = 1 560 (元)

借：应收账款——光明电器批发公司 13 560

　　贷：主营业务收入——吹风机 12 000

　　　　应交税费——应交增值税 (销项税额) 1 560

③结转已销商品销售成本的会计核算

已代销商品的销售成本 = 60 × 150 = 9 000 (元)

借：主营业务成本——吹风机 9 000

　　贷：发出商品——光明电器批发公司——吹风机 9 000

(2) 受托方光明电器批发公司的会计核算

①收到商品时的会计核算

收到的代销商品成本 = 100 × 200 = 20 000 (元)

借：受托代销商品——丰盛电器厂——吹风机 20 000

　　贷：受托代销商品款——丰盛电器厂 20 000

②对外销售代销商品后的核算

已代销商品的销售收入 = 60 × 250 = 15 000 (元)

销项税额 = 15 000 × 13% = 1 950 (元)

借：银行存款 16 950

　　贷：主营业务收入——吹风机 15 000

　　　　应交税费——应交增值税 (销项税额) 1 950

③结转已销商品销售成本的会计核算

已代销商品的销售成本 = 60 × 200 = 12 000 (元)

借：主营业务成本——吹风机 12 000

　　贷：受托代销商品——丰盛电器厂——吹风机 12 000

借：受托代销商品款——丰盛电器厂 12 000

　　贷：应付账款——丰盛电器厂 12 000

④支付货款核算

借：应付账款——丰盛电器厂 12 000

　　应交税费——应交增值税 (进项税额) 1 560

　　贷：银行存款 13 560

2.收取手续费方式

委托代销商品时，采取支付代销手续费的方式，其业务程序跟视同买断方式基本相同。所不同的是，受托方不能自行改变售价，只能按代销协议中委托方规定的价格销售。委托方要根据合同规定，按销售额的一定比例支付给受托方代销手续费，代销手续费对委托方来说是销售费用，对受托方来说是代销劳务收入。

【例1-14】丰盛电器厂委托南方电器批发公司销售吹风机100台，该批吹风机的成本为150元 (不含税)，代销协议约定，南方电器批发公司需按每台200元 (不含税) 的指定售价对外代销，丰盛电器厂按不含税售价的20%支付南方电器批发公司代销手续费，每月末结算一次货款，该批商品已发出。

　　月末，南方电器批发公司已销售吹风机60台，并向丰盛电器厂开具了商品代销清单。丰盛电器厂根据代销清单开具商品销售增值税专用发票（税率为13%）。南方电器批发公司收到发票后，通过银行转账支付了货款。会计处理如下：

　　（1）委托方丰盛电器厂的核算

　　①发出商品的会计处理

　　发出商品的成本 = 100 × 150 = 15 000（元）

借：发出商品——南方电器批发公司——吹风机　　　　　　　　　　　　15 000
　　贷：库存商品——吹风机　　　　　　　　　　　　　　　　　　　　　　　15 000

　　②收到南方电器批发公司商品代销清单的会计核算

　　已代销商品的销售收入 = 60 × 200 = 12 000（元）

　　销项税额 = 12 000 × 13% = 1 560（元）

借：应收账款——南方电器批发公司　　　　　　　　　　　　　　　　　　13 560
　　贷：主营业务收入——吹风机　　　　　　　　　　　　　　　　　　　　　12 000
　　　　应交税费——应交增值税（销项税额）　　　　　　　　　　　　　　　　1 560

　　③结转已销商品销售成本的会计核算

　　已代销商品的销售成本 = 60 × 150 = 9 000（元）

借：主营业务成本——吹风机　　　　　　　　　　　　　　　　　　　　　9 000
　　贷：发出商品——南方电器批发公司——吹风机　　　　　　　　　　　　　9 000

　　④结算代销手续费

　　支付的代销手续费（含税）= 60 × 200 × 20% = 2 400（元）

　　销售费用 = 2 400 ÷（1 + 6%）= 2 264.15（元）

　　进项税额 = 2 264.15 × 6% = 135.85（元）

借：销售费用——代销手续费　　　　　　　　　　　　　　　　　　　　　2 264.15
　　应交税费——应交增值税（进项税额）　　　　　　　　　　　　　　　　　135.85
　　贷：应收账款——南方电器批发公司　　　　　　　　　　　　　　　　　　2 400

　　⑤收到货款

　　应收到的货款 = 13 560 − 2 400 = 11 160（元）

借：银行存款　　　　　　　　　　　　　　　　　　　　　　　　　　　　11 160
　　贷：应收账款——南方电器批发公司　　　　　　　　　　　　　　　　　　11 160

　　（2）受托方南方电器批发公司的会计核算

　　①收到商品时的会计核算

　　收到的代销商品成本 = 100 × 200 = 20 000（元）

借：受托代销商品——丰盛电器厂——吹风机　　　　　　　　　　　　　　20 000
　　贷：受托代销商品款——丰盛电器厂　　　　　　　　　　　　　　　　　　20 000

　　②对外销售代销商品后的核算

　　受托代销商品的成本 = 60 × 200 = 12 000（元）

　　销项税额 = 12 000 × 13% = 1 560（元）

借：银行存款　　　　　　　　　　　　　　　　　　　　　　　　　　　　13 560

贷：受托代销商品——丰盛电器厂 12 000

　　应交税费——应交增值税（销项税额） 1 560

③收到委托方开来的销售吹风机的增值税专用发票时的核算

应结转的代销商品款＝200×60＝12 000（元）

增值税进项税额＝12 000×13%＝1 560（元）

借：受托代销商品款——丰盛电器厂 12 000

　　应交税费——应交增值税（进项税额） 1 560

　　　贷：应付账款——丰盛电器厂 13 560

④支付货款，并从中扣除代销手续费

代销手续费（含税）＝60×200×20%＝2 400（元）

手续费收入＝2 400÷（1＋6%）＝2 264.15（元）

销项税额＝2 264.15×6%＝135.85（元）

借：应付账款——丰盛电器厂 13 560

　　　贷：银行存款 11 160

　　　　其他业务收入——代销手续费收入 2 264.15

　　　　应交税费——应交增值税（销项税额） 135.85

（四）商品销售发生退补价的核算

销售商品退补价一般发生在商品销售后，由于错发商品以及计算错误，或前面按暂估价结算，后面又正式定价等，需要向购货单位退还或者补收货款。

商品退补价，如果实际价格低于已结算货款价格的应进行退价，销货单位应将多收的货款差额退还给购货单位；如果实际销售价格高于已结算货款价格的应进行补价，销货单位应向购货单位补收少算的货款。

【例1-15】盛大运动品批发公司日前销售给南方商城100件运动服，不含税单价为50元/件，增值税税率为13%，商品已发出，货款尚未收到。现发现单价开错，该批服装不含税单价应为40元/件，开出红字增值税专用发票，注明应退货款1 000元，应退增值税款130元，会计处理如下：

借：主营业务收入——运动服 1 000

　　应交税费——应交增值税（销项税额） 130

　　　贷：应收账款——南方商城 1 130

若销售商品发生补价事项，则应根据实际补价借记"应收账款"账户，贷记"主营业务收入"账户和"应交税费——应交增值税（销项税额）"账户。

（五）销售退回和销售折让的核算

批发企业在商品销售后，购货方发现商品的品种、规格、质量等与购销协议或合同不符等情况而提出退货或价格折让时，经批发企业业务部门同意后，根据具体情况办理销售退回或销售折让手续。

1.销售退回

销售退回，是指批发企业销售的商品因品种、规格、质量等原因造成客户提出退货。企业应根据销售退回发生的时间做相应的处理。

未确认收入的售出商品发生退回的，业务部门收回已开出的发票，注明"作废"字样，将商品重新入库。企业将发出商品记入"发出商品"账户的，要再转回，借记"库存商品"账户，贷记"发出商品"账户。

已确认收入的售出商品发生退回的，企业应开具红字增值税专用发票。销售退回的商品无论是当年售出的还是以前年度售出的，均应在发生时冲减退回当期的商品销售收入，同时冲减退回当期的商品销售成本。

【例1-16】盛大运动品批发公司日前销售给东方商厦100件运动服，不含税单价为40元/件，增值税税率为13%，货款尚未收到。现购货方发现商品存在质量问题，要求全部退货，经业务部门同意，商品已返回，并验收入库，已向购货方开具了红字增值税专用发票，注明应退货款4 000元，应退增值税款520元，会计处理如下：

借：主营业务收入——运动服　　　　　　　　　　　　　4 000
　　应交税费——应交增值税（销项税额）　　　　　　　　520
　　贷：应收账款——东方商厦　　　　　　　　　　　　　　4 520

如果退回的商品已结转了销售成本，则还应按发出商品的成本借记"库存商品"账户，贷记"主营业务成本"账户。

2.销售折让

企业因销售的商品品种、规格和质量不符等原因，为避免对方拒收商品、拒付货款、索赔等，经与购货方协商，给予对方价格上的折让。应由销货方填制红字增值税专用发票交送购货方，并退还货款。

【例1-17】盛大运动品批发公司日前销售给展辉公司250件运动服，不含税单价为40元/件，增值税税率为13%，货款尚未收到，已做账务处理。现购货方发现商品存在质量问题，但也不影响使用，经协商，盛大运动品批发公司给与对方10%的折让，已向购货方开具了红字增值税专用发票，注明应退货款1 000元，应退增值税款130元，会计处理如下：

借：主营业务收入——运动服　　　　　　　　　　　　　1 000
　　应交税费——应交增值税（销项税额）　　　　　　　　130
　　贷：应收账款——展辉公司　　　　　　　　　　　　　　1 130

（六）商业折扣和现金折扣的核算

商业折扣是销货方为促进商品销售而在商品标价基础上给予的价格扣除，商业折扣通常以百分数表示，如10%、20%等。销货方按扣除商业折扣后的发票金额，也就是按打折后的金额确认收入，进行核算。

现金折扣是销货方为及时收回销货款，而给予购货方的债务扣除，属于可变对价的情形。若合同中存在可变对价，企业应当按照当前的最佳估计数确认销售收入，当最终实际情况与最初预计情况不一致时，则对初始预计的销售收入进行调整。

【例1-18】甲公司为增值税一般纳税企业，3月1日销售给飞鸟公司A商品10 000件，取得增值税专用发票，每件商品的不含税售价为20元，A商品适用的增值税税率为13%；该商品每件成本为15元。由于是成批销售，甲公司给予购买方飞鸟公司10%的商业折扣，并在销售合同中规定现金折扣条件为"1/20，n/30"；A商品于3月1日发出，飞鸟公司收到商品并验收入库。甲公司基于对客户的了解，预计飞鸟公司20天内付款的概率是90%，20天后付款的概率是10%，飞鸟公司于3月18日付款。假定计算现金折扣时不考虑增值税。

本例涉及商业折扣和现金折扣问题,首先需要计算确定销售商品收入的金额。根据销售商品收入金额确定的有关规定,甲公司认为按照最可能发生的金额能够更好地预测其有权获取的对价金额。

应确认的销售商品收入的金额 = 10 000 × 20 × (1 − 10%) × (1 − 1%) = 178 200(元)

增值税销项税额 = 10 000 × 20 × (1 − 10%) × 13% = 23 400(元)

甲公司会计处理如下:

(1)1日销售商品确认收入的会计核算

借:应收账款——飞鸟公司　　　　　　　　　　　　　　　　201 600

　　贷:主营业务收入——A商品　　　　　　　　　　　　　178 200

　　　　应交税费——应交增值税(销项税额)　　　　　　　　23 400

借:主营业务成本——A商品　　　　　　　　　　　　　　　150 000

　　贷:库存商品——A商品　　　　　　　　　　　　　　　150 000

(2)3月18日收取货款的会计核算

借:银行存款　　　　　　　　　　　　　　　　　　　　　201 600

　　贷:应收账款——飞鸟公司　　　　　　　　　　　　　201 600

假如3月22日才收到货款,意味着飞鸟公司实际付款时间超出享受现金折扣条件,无法享受到1%的现金折扣,那么就需要增加确认收入。3月22日收取货款的会计核算为:

应确认的销售商品收入的金额 = 10 000 × 20 × (1 − 10%) × 1% = 1 800(元)

借:银行存款　　　　　　　　　　　　　　　　　　　　　203 400

　　贷:应收账款——飞鸟公司　　　　　　　　　　　　　201 600

　　　　主营业务收入——A商品　　　　　　　　　　　　　1 800

(七)购货单位拒付货款和拒收商品的核算

批发企业在异地商品销售业务中,当购货单位发现所收到的托收凭证和内附增值税专用发票开列的商品与合同不符,或者发现收到的商品数量、品种、规格、质量与合同协议或者发票内容不符时,就会拒付货款或拒收商品。当批发企业财会部门接到银行转来的购货单位"拒绝付款理由书"时,暂不作账务处理,但应立即通知业务部门,及时查明原因,并尽快与购货单位进行联系协商,然后根据不同的情况作出处理。

(1)商品少发的,有两种处理方法:如果补发商品,后面正常收款入账;如果不再补发商品,则由业务部门填制红字增值税专用发票,作销货退回处理。

(2)货款多开的,应由业务部门填制红字增值税专用发票,财会部门据以作销货退价处理。

(3)对于因商品质量不符合要求,或因商品品种、规格发错而退回的,应由储运部门验收入库,业务部门填制红字增值税专用发票,财会部门根据转来的红字增值税专用发票作销货退回处理。

三、批发企业商品储存的核算

商品储存是保证商品流通正常进行的基础,商品储存核算是商品流通企业会计核算的重要内容。批发企业财务部门应跟相关部门密切配合，加强对库存商品的核算与控制，保证账实相符，了解全部商品的储存数额及所处的状态，配合业务部门开展购销活动。

（一）库存商品账簿核算体系

批发企业一般采用数量进价金额核算法对库存商品进行核算，设置总账、类目账、明细账三级账，均按进价记账。

1.库存商品总账的设置

反映库存商品的收入、发出及结存的总括情况，只登记进价金额，不记数量。

2.库存商品明细账的设置

在库存商品总账的控制下，财会部门按照商品的编号、品名、等级、规格分户设置一套完整的商品数量金额明细账，记载和反映每种库存商品的数量和进价金额的增减变化及结存情况。此外，业务部门可设置商品调拨账，仓管部门可设置实物保管账。

3.库存商品类目账的设置

对经营品种繁多的企业，为了考核大类商品的进销存情况和便于控制商品明细账，可以在库存商品总账（一级账）与明细账（三级账）之间，设置一套库存商品类目账（二级账），登记各大类商品进销存的金额，不记数量，类目账是按商品类别分户设置的。

这三级账之间是逐级控制关系，要定期核对，保证账账相符和账实相符。财会部门应定期对库存商品总账、类目账和明细账进行核对，同时在定期盘点的基础上，库存商品的明细账要与商品调拨账、实物保管账进行核对。库存商品账簿体系如图1-3所示。

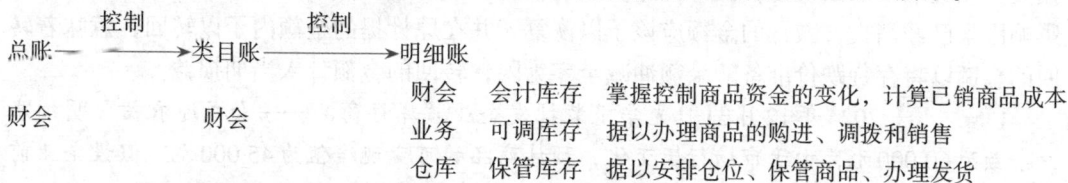

图1-3　库存商品账簿体系

（二）库存商品盘点及溢缺的核算

存货清查，是对存货进行实地盘点，确定存货的实有数量，与存货的账面结存数进行核对，从而确定存货的实存数与账面数是否相符的一种方法。

批发企业库存商品可能会因管理不善或其他原因而发生溢余、短缺或毁损等数量变化，为保证库存商品账实相符，批发企业应定期或不定期地对库存商品进行盘点，以查明库存商品数量上的短缺或溢余，以及质量上的残次、损坏、变质等情况。

盘点时，由商品保管员负责填制"商品盘点表"，如发现盘点的实存数量与账存数量不符，则应填制"商品盘点短缺溢余报告单"，财务部门据以先将商品短缺或溢余金额记入"待处理财产损溢"账户，再根据其具体原因区别不同情况进行账务处理。

库存商品盘盈时，如果是自然溢余，应由"待处理财产损溢"账户借方转入当期损益。库存商品盘亏时，其回收的残料价值以及可收回的保险赔偿和过失人赔偿，借记"原材料""其他应收款"等账户，剩余净损失，属于非常损失部分，记入"营业外支出"账户，属于一般经营损失部分，记入"管理费用"账户。另外，按税法的规定，企业购进商品发生非正常损失（管理不善、被盗以及变质等），其进项税额不得从销项税额中抵扣，而应当从当期发生的进项税额中转出。

【例1-19】广州越秀食品批发公司在月末盘点时，发现短缺饼干一批，价值2 000元（不含税），经查发现属仓库保管员保管不善所致，该公司决定由仓库保管员赔偿1 000元，其余作为企业经营损失处理。会计处理如下：

①发生盘亏时，应结转盘亏食品的成本。

借：待处理财产损溢——待处理流动资产损溢　　　　　　　　　2 000
　　贷：库存商品——食品——饼干　　　　　　　　　　　　　　　2 000

②查明原因后应转销盘亏食品的损失。

借：其他应收款——保管员　　　　　　　　　　　　　　　　　1 000
　　管理费用　　　　　　　　　　　　　　　　　　　　　　　1 260
　　贷：待处理财产损溢——待处理流动资产损溢　　　　　　　　　2 000
　　　　应交税费——应交增值税（进项税额转出）　　　　　　　　260

（三）库存商品跌价准备的核算

存货是商业企业重要的资产，在整个资产里占的比重比较大，在资产负债表日，批发企业应按成本与可变现净值孰低法对库存商品进行计量。

其中，存货成本指期末存货的实际成本；存货的可变现净值是指在日常活动中，存货的估计售价减去完工时将要发生的成本、估计的销售费用以及相关税费后的金额。

当存货成本高于其可变现净值时，说明存货可能发生损失，应在销售实现前，确认该损失，相应减少账面价值，即计提存货跌价准备，计入当期损益。当以前减记存货价值的影响因素已经消失，减计的金额应该予以恢复，并在原计提的金额内予以转回，意味着转回的金额以将存货跌价准备的余额冲减至零为限，转回的金额计入当期损益。

【例1-20】2024年12月31日光华服装批发企业"库存商品——女式连衣裙"明细账户余额为60 000元，由于市场行情变化，预计商品的可变现净值为45 000元。假设企业前面未对此商品提取过跌价准备。

提取的存货跌价准备= 60 000 – 45 000 = 15 000（元）

借：资产减值损失——存货减值损失　　　　　　　　　　　　15 000
　　贷：存货跌价准备　　　　　　　　　　　　　　　　　　　15 000

四、批发企业商品销售成本的计算与结转

企业销售产品，确认商品销售收入的同时，应计算并结转与之对应的商品销售成本，据以核算商品销售损益，反映经营成果。

商品流通企业的商品销售成本是指已销售商品的进价成本。由于批发商品的进货渠道、进货批量、进货时间和付款条件的不同，同种规格的商品，前后进货的单价也可能不同。除了能分清批次的商品可以按原进价直接确定商品销售成本外，一般情况下，出售的商品都要采用一定的方法来计算商品销售成本和确定库存价值。

（一）商品销售成本的计算方法

在实际成本核算方式下，商品流通企业可采用的发出存货成本计价方法包括个别计价法、先进先出法、月末一次加权平均法、移动加权平均法和毛利率法等，一旦确定了计算商品销售成本的方法后,在同一会计年度内不得随意变更,前面几种方法与制造业企业的存货发出计价方法相同,在此不再赘述,这里仅介绍批发企业计算特有的毛利率法。

毛利率法是根据本期销售净额乘以上期实际毛利率或本期计划毛利率来匡算本期销售毛利,并据以计算发出存货和期末存货成本的一种方法。其计算公式如下:

$$毛利率 = 销售毛利 \div 销售净额 \times 100\%$$

式中:
$$销售净额 = 商品销售收入 - 销售退回及折让$$
$$销售毛利 = 销售净额 \times 毛利率$$
$$销售成本 = 销售净额 - 销售毛利 = 销售净额 \times (1 - 毛利率)$$
$$期末存货成本 = 期初存货成本 + 本期购货成本 - 本期销售成本$$

毛利率法是按大类或全部计算商品销售成本的,不能逐一品种计算销售成本,所以计算手续比较简单,但由于上季度实际毛利率或计划毛利率与本期实际毛利率一般有差异,所以该方法计算结果往往不够准确,因此,毛利率法一般适用于经营品种多而且同类商品的毛利率大致相同,而采用其他方法计算销售成本有困难的企业,这类企业采用这种方法,既能减轻工作量,又能满足对存货管理的需求。

毛利率法在实际应用中,须与其他方法结合使用。一般在每季度的前两个月采用毛利率法,到季末,可按各种商品实际结存数和最后一次进货单价,确定季末库存商品成本,再在类目账上倒挤算出本季商品销售总成本,从本季商品销售总成本里扣除前两个月预转的销售成本,即为季度内第三个月的商品销售成本。这样调整的目的是让季度范围内的销售成本和库存商品价值符合实际,以提高每季度商品销售成本计算的准确性。

【例1-21】丽华商品批发有限公司采用毛利率法进行核算,2024年第二季度的毛利率为25%,7月销售收入340万元,8月销售收入410万元,9月商品销售收入400万元。

第三季度根据库存商品账簿的资料用加权平均法计算得出销售总成本为837.50万元。

① 7月销售成本 = 340 × (1 - 25%) = 255(万元)

结转商品销售成本的会计分录如下:

借:主营业务成本　　　　　　　　　　　　　　　　　　　　　　2 550 000
　　贷:库存商品　　　　　　　　　　　　　　　　　　　　　　　　　　2 550 000

② 8月销售成本 = 410 × (1 - 25%) = 307.50(万元)

结转商品销售成本的会计分录如下:

借:主营业务成本　　　　　　　　　　　　　　　　　　　　　　3 075 000
　　贷:库存商品　　　　　　　　　　　　　　　　　　　　　　　　　　3 075 000

③ 9月商品销售成本 = 837.50 - 255 - 307.50 = 275(万元)

结转商品销售成本的会计分录如下:

借:主营业务成本　　　　　　　　　　　　　　　　　　　　　　2 750 000
　　贷:库存商品　　　　　　　　　　　　　　　　　　　　　　　　　　2 750 000

(二)商品销售成本的结转

商品销售成本的结转是指将计算出来的已销商品进价成本,自"库存商品"账户转入"主营业务成本"账户。按其结转的时间分为随时结转和定期结转,按结转的方式分为分散结转和集中结转。批发商品销售成本的结转方法见表1-4。

表1-4   批发商品销售成本的结转方法

结转方法		具体内容
按结转时间分	随时结转	在商品销售的同时结转成本，主要适用于直运商品销售、加工商品发出、成批销售等情况
	定期结转	一般在月底一次性结转成本，广泛应用于日常批发销售业务
按结转方式分	分散结转	分散结转方式是按照库存商品明细账户逐一计算商品销售成本，逐笔登记结转的方式。这种方式计算工作量较大，但能提供每个品种商品销售成本的详细资料
	集中结转	集中结转方式是按照库存商品明细账户的期末结存数量乘以进货单价，计算出期末结存金额，然后按大类汇总，在商品类目账上倒算出商品销售成本，并进行集中结转，不再逐笔计算和结转每个品种商品销售成本的方式。这种方式工作简化，但不能提供每一种商品的销售成本

任务三   商品零售企业的会计核算

零售企业是连接商品生产部门、批发部门和消费者的桥梁，它处于商品流通的最终环节。国家市场监督管理总局、国家标准化管理委员会于2021年发布了《零售业态分类GB/T 18106 - 2021》，指出零售是指主要面向最终消费者（如居民等）的销售活动，不包括生产资料的销售。零售企业遍布街市，跟人们日常生活关系密切，是大家最为熟悉的企业类型。

商品零售业务具有下述基本特征：一是经营品种多，规格复杂，直接为消费者服务，交易次数频繁，数量零星；二是交易方式主要是一手钱一手货的现金交易，除集团购买或者贵重商品，一般不开发票。

一、零售企业一般商品的会计核算

（一）零售企业一般商品的核算方法——售价金额核算法

零售企业的经营特点及信息化程度，决定其采用的会计核算方法有自己的特色。零售企业一般商品特有的核算方法是售价金额核算法，即只记售价金额，不记数量。

售价金额核算法，不仅是一种核算方法，也是一种商品管理制度，又称"售价核算实物负责制"，其内容如下：

1.建立实物负责制

零售企业为简化核算手续，加强对库存商品的管理和控制，将经营商品的柜组或门市部划分为若干实物负责小组，实物负责小组对其经营的全部商品承担经济责任。在商品流转的每个环节，比如购进、销售、调拨、调价、削价、溢缺等，建立健全各项手续制度，同时，对大件、贵重商品建立数量账，弥补售价金额核算的不足。这是实行售价金额核算法的基础。

2.库存商品按含税售价记账

库存商品总分类账和明细分类账都按含税售价（即商品零售价）记账，只记金额，不记数量。总账反映库存商品的进销存情况，明细账按实物负责小组设置，以随时反映和掌握各实物负责小组对其管理的商品所承担的保管责任，这是售价金额核算法的核心。

3.需设置"商品进销差价"账户

在商品购进时，"库存商品"账户反映的是商品的含税售价，因此需要设置"商品进销差价"账户，以反映商品的实际购进价格与含税售价的差额。月末，要将"商品进销差价"计算分摊给已销商品和库存商品，反映真实的商品销售成本和库存商品成本。

4.必须加强商品盘点

由于库存商品明细分类账户只反映库存商品的售价金额，不反映库存商品的数量，容易出现舞弊，因此，只有通过商品实地盘点，才能保证商品安全，同时确定库存商品的金额。

售价金额核算法对于经营品种繁多、交易次数频繁的零售企业来说，可以简化核算手续，售价金额核算法也是零售企业传统的会计核算方法。

【知识链接】上市公司广百股份2023年的年报披露其存货取得和发出的计价方法：零售商品采用售价核算，商品售价与进价的差额在"商品进销差价"账户核算，每月末按差价率计算分摊本月已销商品负担的进销差价，年度通过商品盘点，计算出库存商品应保留的进销差价额，对商品的进销差价进行核实调整。（摘自该公司2023年年报）

（二）零售企业一般商品的核算

1.一般商品购进的核算

零售企业商品购进的核算主要反映和监督自营商品购进、验收入库和货款结算情况，所涉及的账户主要有"在途物资""库存商品""商品进销差价"账户，另外，核算中还会涉及"应交税费——应交增值税（进项税额）""应付账款""银行存款"等多个其他相关账户。

"库存商品"账户用以核算售价金额核算法下零售企业库存商品的增减变化。当购进的商品经实物负责人验收后，按照售价记入该账户，同时，后续的增减变动及结存情况均按售价记载。其明细账按实物负责人（门市部或柜组）设置，只记售价金额，不记数量，这里的售价是指含税的零售价。

"商品进销差价"账户用以反映库存商品含税售价与不含税进价之间的差额，是"库存商品"账户的抵减账户。其贷方登记商品购进、溢余及调增价而增加的进销差价，借方登记结转已销商品、商品短缺及调减价等而减少的进销差价，余额在贷方，表示期末库存商品的进销差价。期末，"库存商品"账户余额减去"商品进销差价"账户余额，就是期末库存商品的进价。其明细账按实物负责人（门市部或柜组）设置。

【知识链接】在售价金额核算法下，"商品进销差价"账户包含两部分内容，一是真正的进销差价，即不含税售价和不含税进价之间的差额，二是含税售价里包含的销项税额。由于库存商品是按含税售价计价的，所以结转销售成本后，商品销售成本也是按含税售价计价的，月末，必须将"商品进销差价"账户余额按商品存销比例进行计算分摊，才可以将商品销售成本和库存商品均还原为不含税的进价成本。

（1）一般商品购进的核算

零售企业一般商品购进业务包括同城商品购进业务和异地商品购进业务。在通常情况下，同城购进商品时，商品验收和货款结算可在一天内完成，异地购进商品时，商品验收和货款结算不一定能在一天内完成，从而形成"单货同到"、"单到货未到"和"货到单未到"等几种情况。会计核算上，购进的零售商品验收入库时，按商品含税售价记入"库存商品"账户，含税售价与采购进价成本之间的差额记入"商品进销差价"账户，其他跟批发企业核算一样。

【例1-22】南方商厦是一家综合性零售商店，购进一批化妆品，收到的增值税专用发票上注明货款50 000元，增值税6 500元。供货方代垫运费，收到的运费发票注明运费1 000元，增值税90元。以银行存款支付了款项。

① 收到结算凭证，企业以银行存款支付货款。

借：在途物资——某厂家 51 000
　　应交税费——应交增值税（进项税额） 6 590
　　　贷：银行存款 57 590

② 收到商品，财会部门收到化妆品柜转来的收货单，列明含税售价金额60 000元。

借：库存商品——化妆品柜 60 000
　　贷：在途物资——某厂家 51 000
　　　商品进销差价——化妆品柜 9 000

（2）购进商品发生退补价的核算

零售企业购进商品时，由于供货方价格计算错误，或前面按暂估价计价，后面按实际价结算，可能发生退价或补价情况。发生退补价时，购货方应根据供货方开具的增值税专用发票及销货更正单进行相应的账务处理。具体分为只更正购进价格、同时更正购进价格和零售价格两种情况。

下面以补价为例讲解账务处理，退价类似，不再赘述。

① 只更正购进价格，不调整售价

当供货方开来更正发票时，由于只需更正购进价格，不影响商品的零售价格，因此，会计核算上根据商品是否已经售出，只需调整"商品进销差价"账户或"主营业务成本"账户，无须调整"库存商品"账户。

【例1-23】南方商厦是一家综合性零售商店，上个月购进一批化妆品，每套进价是450元，共100套，商品已由化妆品柜验收入库，每套售价为600元，货款已支付。现对方发现单价开错，该批商品单价应为500元/套，现收到对方开来的更正发票，应补付货款5 000元，增值税650元，进价更正后，售价不变。财会部门开出支票付款。该批商品均未售出。

借：商品进销差价——化妆品柜 5 000
　　应交税费——应交增值税（进项税额） 650
　　　贷：银行存款 5 650

② 购进价格和零售价格同时更正

如果零售企业除了需要更正购进价格，还需对零售价格进行调整，其账务处理需要在更正购进价格核算方法的基础上，根据商品是否已经售出，调整"库存商品"账户或"主营业务成本"账户的售价金额,按更正后的进销差价与原入账进销差价的差额调整"商品进销差价"账户。

【例1-24】沿用【例1-23】的资料,假定该批化妆品接受购进商品补价后,同时还需将商品售价从每套600元调高为每套700元。

借:库存商品——化妆品柜   10 000
  应交税费——应交增值税(进项税额)   650
  贷:银行存款   5 650
    商品进销差价——化妆品柜   5 000

(3)购进商品发生溢余短缺的核算

零售企业在购进商品过程中,发货错误或者运输事故都会造成商品的溢余短缺,有些商品由于自然因素也会发生自然升溢或损耗,进而在验收时商品数量有溢余短缺。

溢余短缺部分,由柜组填制"溢余短缺报告单",财会部门按进价将其记入"待处理财产损溢"账户,待查明原因后,再进行相应账务处理,查明原因后的账务处理方法跟批发企业一样。

【例1-25】光明百货公司向广州烟酒批发公司购进白酒一批,增值税专用发票上注明白酒200瓶,单价100元/瓶,进项税额共2 600元,款项暂未付。

①收到结算单据,款项暂未支付。

借:在途物资——广州烟酒批发公司   20 000
  应交税费——应交增值税(进项税额)   2 600
  贷:应付账款——广州烟酒批发公司   22 600

②上述白酒运到,交烟酒柜验收,发现短缺10瓶,原因待查。白酒的含税销售单价为150元/瓶,实收190瓶,会计处理如下:

借:库存商品——烟酒柜   28 500
  贷:在途物资——广州烟酒批发公司   19 000
    商品进销差价——烟酒柜   9 500

短缺10瓶,会计处理如下:

借:待处理财产损溢——待处理流动资产损溢   1 000
  贷:在途物资——广州烟酒批发公司   1 000

③上项损失经查,属运输单位责任,经协商,对方全额赔付。会计处理如下:

借:其他应收款——某运输单位   1 130
  贷:待处理财产损溢——待处理流动资产损溢   1 000
    应交税费——应交增值税(进项税额转出) 130

(4)进货退出或折让的核算

零售企业购进商品验收入库后,发现商品的质量、品种、规格等不符合要求,可向供货单位提出退货或价格折让要求。经同意后,由供货方开出退货或折让的红字增值税专用发票。进货后,发生价格折让的业务处理方法与发生退价的处理方法相同。

【例1-26】光明百货公司向同城的华海百货批发站购入拖把100个,每个进价10元,增值税专用发票注明货款1 000元,增值税130元,款项以转账支票付讫,商品已由百货柜验收入库，每个拖把的含税售价20元。

①验收货物，同时支付价款，账务处理如下：

借：库存商品——百货柜　　　　　　　　　　　　　　　　　2 000
　　应交税费——应交增值税（进项税额）　　　　　　　　　　130
　　贷：银行存款　　　　　　　　　　　　　　　　　　　　　　1 130
　　　　商品进销差价——百货柜　　　　　　　　　　　　　　　1 000

②后面复验，发现有30个拖把质量有问题，协商后，进行退货处理，商品已经退回，收到对方开来的红字增值税专用发票，注明对方应退货款300元，增值税39元，同时，收到对方转账汇款。

借：银行存款　　　　　　　　　　　　　　　　　　　　　　339
　　商品进销差价——百货柜　　　　　　　　　　　　　　　　300
　　贷：库存商品——百货柜　　　　　　　　　　　　　　　　　600
　　　　应交税费——应交增值税（进项税额）　　　　　　　　　　39

2.一般商品销售的核算

零售企业一般商品销售是商品流通的最后环节，是直接面向消费者的销售过程。零售企业商品销售业务，一般按营业柜组或门市部进行。销售的业务流程跟批发企业略有不同，根据企业的规模、经营商品的特点以及经营管理的需要而有所不同。

对于销售收入，大多数零售企业广泛实行现金交易，收款的方式主要有集中收款和分散收款两种（见表1-5）。

表1-5　　　　　　　　　　　　　零售企业收款方式

收款方式	内容	优点	缺点	适用范围
集中收款	指由营业员直接收款，一般不填制销售凭证	手续简便、交易迅速、效率高	销货与收款都由营业员一人经手，容易产生差错和舞弊	价值较低的商品或小型零售企业，比如超市的开架销售
分散收款	指设立收银台，营业员只负责售货并负责填制销货凭证，消费者据此向收银台交款，然后消费者持盖有收款台"现金收讫"章的销货凭证向营业员领取商品	钱货分管，职责明确，因此不易发生差错	每日营业结束后，营业员应根据所开具的销货凭证计算出销货总金额，并与收款台实收金额进行核对，以检查收款是否正确。销货与核对手续较为烦琐	价值较高的商品销售或大型零售企业

不论采用哪种收款方式，销货款均应在当天解缴，解缴的方式有集中解缴和分散解缴两种。

集中解缴是每天营业结束后，由各门店（柜组）或收款员按其所收货款，填制"内部交款单"及"商品进销存日报表"连同所收的货款，一并送交财会部门。财会部门将各门店或柜组的销货款集中汇总后，填制"缴款单"送存银行。零售企业通常采用集中解缴方式。

　　分散解缴是在每天营业结束后，由各门店（柜组）或收款员负责，按其所收的销货款，填制"缴款单"，将现金直接缴存银行。取得银行缴款单回单后，填制"内部交款单"（见表1-6）、"商品进销存日报表"（见表1-7）等一并送交财会部门。

表1-6　　　　　　　　　　　　　　　内部交款单

交款部门：服装柜　　　　　　　　　　　2024年10月20日　　　　　　　　　　　单位：元

项目	摘要	金额			备注
		应交	实交	长短款	
销货款	现金	20 000	20 000		
销货款	信用卡	10 000	10 000		
销货款	支付宝	20 000	20 000		
销货款	微信	25 000	25 000		
销货款	支票	5 000	5 000		
合计		80 000	80 000		
大写（人民币）		捌万元整			

实物负责人：张林　　　　　　复核：　　　　　　　　　　制表：王越

表1-7　　　　　　　　　　　　　　商品进销存日报表

柜组名称：服装柜　　　　　　　　　　2024年10月20日　　　　　　　　　　　单位：元

项目		金额	项目		金额	备注
昨日结存		100 000		本日销售	80 000	
今日增加	本日购进	25 000	今日减少	本日调出		
	本日调入	10 000		降价减值		
	提价增值			盘点短缺		
	盘点溢余			合计	80 000	
合计		135 000	今日结存		55 000	

实物负责人：张林　　　　　　复核：　　　　　　　　　　制表：王越

　　每日营业终了，财务部应及时将"商品进销存日报表"与"内部交款单"进行核对，然后分门别类汇总当日的自营商品销售收入、联营商品销售收入以及代销商品销售收入。

　　零售商品销售业务的核算主要反映商品的销售、出库和货款结算情况。所涉及的账户主要有"主营业务收入""主营业务成本"账户，另外，核算中还会涉及"库存商品""应交税费——应交增值税（销项税额）""应收账款""银行存款"等账户，跟制造业企业相同，此处不再赘述。

（1）一般商品销售业务的核算

零售企业除了少量单位客户外，绝大多数是个人消费者，由此，形成了零售企业商品销售收款方式多种、促销形式多样、单笔交易量小、交易次数频繁等特点。在会计核算上，零售企业也因此与批发企业有所不同。

零售企业的商品在柜台按含税售价陈列，为了简化核算手续，平时在"主营业务收入"账户中反映含税的销售收入，在期末，再将其调整为真正的商品销售额，即不含税的销售额。信息化技术普及的今天，企业也可以平时就将含税收入调整为不含税收入。本任务此处核算采用平时按含税售价确认收入，期末再统一将当月含税收入调整为不含税收入。

售价金额核算法下，零售企业的库存商品按含税售价核算，并在柜台陈列，为简化核算工作，明确各营业柜组的经济责任，及时反映各营业柜组经营商品的库存额，在销售的同时，平时还需要按含税售价结转已销商品的销售成本，在期末，再按一定的方法计算分摊已售商品的进销差价，并据此核算出已售商品的真实进价成本。

零售企业销售商品，常用的销售方式是现货交易，货款结算方式主要是现金、信用卡、支付宝或微信、支票等。在会计核算中，通过支付宝和微信支付方式收取的货款记入"其他货币资金"账户，通过信用卡刷卡收取的货款记入"银行存款"账户，同时应计算银行收取的手续费，并记入"财务费用"账户。

①平时按含税售价确认收入

平时，财会部门核对无误后，汇总各柜组的现金，填制现金缴款单统一解存开户银行，根据信用卡签购单编制计汇单，根据支票等票据填制银行进账单，一并存入银行，并根据信用卡签购单存根联、计汇单收据联、进账单回单等入账。

【例1-27】广州中山百货公司当日各营业柜组的商品销售及货款收入见表1-8，信用卡结算手续费为0.6%。

表1-8　广州中山百货公司商品销售及货款收入汇总表

2024年3月20日　　　　单位：元

柜组	销售额	缴款结算					
		现金	信用卡	支票	支付宝	微信	合计
服装柜	108 000	8 000	7 000	4 000	50 000	39 000	108 000
数码柜	137 000	10 000	11 000	8 000	60 000	48 000	137 000
家电柜	462 000	90 000	50 000	60 000	140 000	122 000	462 000
食品柜	85 000	15 000	4 000	7 000	39 000	20 000	85 000
合计	792 000	123 000	72 000	79 000	289 000	229 000	792 000

会计处理如下：

信用卡结算手续费 = 72 000 × 0.6% = 432（元）

银行存款 = 123 000 + 72 000 + 79 000 − 432 = 273 568（元）

借：银行存款　　　　　　　　　　　　　　　　　　　　　　　273 568
　　财务费用　　　　　　　　　　　　　　　　　　　　　　　　　432
　　其他货币资金——支付宝　　　　　　　　　　　　　　　289 000
　　　　　　　　——微信　　　　　　　　　　　　　　　　229 000
　　贷：主营业务收入——服装柜　　　　　　　　　　　　　　108 000
　　　　　　　　　　　——数码柜　　　　　　　　　　　　　137 000
　　　　　　　　　　　——家电柜　　　　　　　　　　　　　462 000
　　　　　　　　　　　——食品柜　　　　　　　　　　　　　 85 000

根据各柜组上交的"商品进销存日报表"结转已销商品成本，编制会计分录如下：

借：主营业务成本——服装柜　　　　　　　　　　　　　　108 000
　　　　　　　　　——数码柜　　　　　　　　　　　　　　137 000
　　　　　　　　　——家电柜　　　　　　　　　　　　　　462 000
　　　　　　　　　——食品柜　　　　　　　　　　　　　　 85 000
　　贷：库存商品——服装柜　　　　　　　　　　　　　　　108 000
　　　　　　　　　——数码柜　　　　　　　　　　　　　　137 000
　　　　　　　　　——家电柜　　　　　　　　　　　　　　462 000
　　　　　　　　　——食品柜　　　　　　　　　　　　　　 85 000

②月末，对按售价结转的主营业务收入进行调整

由于零售企业平时在"主营业务收入"账户中反映的是含税收入，因此应于月末进行调整，将销项税额从含税收入中分离出来，将"主营业务收入"账户还原为不含税收入，收入的调整公式如下：

$$不含税收入 = 含税销售额 \div (1 + 增值税税率)$$

$$销项税额 = 不含税收入 \times 增值税税率$$

【例1-28】广州中山百货公司3月"主营业务收入"账户贷方净发生额为8 018 310.50元，其中服装柜1 403 912元，数码柜1 780 993元，家电柜4 004 720元，食品柜828 685.50元，该公司平时按售价确认收入，核算本月已销商品的销项税额。

服装柜营业收入 = 1 403 912 ÷ (1 + 13%) × 13% = 161 512（元）

数码柜营业收入 = 1 780 993 ÷ (1 + 13%) × 13% = 204 893（元）

家电柜营业收入 = 4 004 720 ÷ (1 + 13%) × 13% = 460 720（元）

食品柜营业收入 = 828 685.50 ÷ (1 + 13%) × 13% = 95 335.50（元）

借：主营业务收入——服装柜　　　　　　　　　　　　　　161 512
　　　　　　　　　——数码柜　　　　　　　　　　　　　　204 893
　　　　　　　　　——家电柜　　　　　　　　　　　　　　460 720
　　　　　　　　　——食品柜　　　　　　　　　　　　　 95 335.50
　　贷：应交税费——应交增值税（销项税额）　　　　　　922 460.50

同时，月末还要计算并结转已销商品进销差价，从而将平时以含税售价计价的商品销售成本调整为不含税的进价成本。

（2）代销商品的核算

零售企业接受代销商品业务，一般根据与委托方所签订的合同协议，可采取收取手续

费方式或视同买断方式进行结算。

采用收取手续费方式代销商品，不属于本企业的销售，月末不存在结转销售成本问题，因而不存在商品进销差价的计算分配问题，跟批发企业的账务处理相同，在此不再赘述。

采用视同买断方式代销商品，如果零售企业库存商品采用售价金额核算法，就会涉及商品进销差价的核算，所以与批发企业的核算方法略有不同。

【例1-29】南方商厦钟表柜根据代销合同，以买断代销方式，接受中山钟表厂的代销业务，代销手表100只，该批手表的接收价为每只1 500元，含税零售单价为每只2 400元，增值税税率13%。按合同的规定，每个月月末向受托方开具代销清单，据以结算货款。整个核算过程中应作的会计处理如下：

① 收到受托代销商品时：

借：受托代销商品——中山钟表厂——钟表柜　　　　　　　240 000

　　贷：受托代销商品款——中山钟表厂　　　　　　　　　　　　 150 000

　　　　商品进销差价——钟表柜　　　　　　　　　　　　　　　　90 000

② 受托代销商品对外销售后，假设该批商品100只手表全部售完：

借：银行存款　　　　　　　　　　　　　　　　　　　　　240 000

　　贷：主营业务收入——钟表柜　　　　　　　　　　　　　　　 240 000

同时结转销售成本和受托代销商品款：

借：主营业务成本——钟表柜　　　　　　　　　　　　　　240 000

　　贷：受托代销商品——中山钟表厂——钟表柜　　　　　　　　 240 000

借：受托代销商品款——中山钟表厂　　　　　　　　　　　150 000

　　贷：应付账款——中山钟表厂　　　　　　　　　　　　　　　 150 000

③ 收到对方开具的发票，以银行存款支付货款：

借：应付账款——中山钟表厂　　　　　　　　　　　　　　150 000

　　应交税费——应交增值税（进项税额）　　　　　　　　 19 500

　　贷：银行存款　　　　　　　　　　　　　　　　　　　　　　 169 500

月末，还需将代销商品含税收入调整为不含税收入，同时，应计算并结转商品进销差价，将商品销售成本调整为受托代销商品的实际进价成本。

（3）销售长短款的核算

零售企业销售商品时大量通过现金结算，交易笔数多，较易出现商品销售长短款差错。当实收款大于应收款时，即为长款，当实收款少于应收款时，即为短款。

每日终了，各实物负责人或收银台应将实收款和收款记录进行核对，若有差异，填制"长短款报告单"，连同"进销存日报表"一起报送财务部门进行账务处理。

对于零星的销售长、短款，经有关负责人核算后，可直接作收益或损失处理，或留待月终集中处理；如销货长、短款数额较大，在未查明原因或等待处理核销前，应记入"待处理财产损溢"账户，待查明原因或批准核销时，再予以转账。

发生长款，多收的货款应予以退回，无法查明原因的转入"营业外收入"；发生的短款，属于部门或个人责任的转入"其他应收款"，无法查明原因的转入"管理费用"。同时发生的长短款，不能做相互抵销处理。

【例1-30】东方商场服装柜当日销货记录为5 800元，实收5 760元，食品柜销货记录为3 400元，实收3 500元，经查，服装柜短款是收款员疏忽所致，应由其赔偿；食品柜长款，原因不明，转入"营业外收入"。会计处理如下：

① 发生差错当日的会计分录。

借：银行存款   5 760
    其他应收款   40
    贷：主营业务收入——服装柜   5 800
借：银行存款   3 500
    贷：主营业务收入——食品柜   3 400
        营业外收入   100

② 按售价结转已销商品成本。

借：主营业务成本——服装柜   5 800
              ——食品柜   3 400
    贷：库存商品——服装柜   5 800
            ——食品柜   3 400

（4）奖励积分销售和返券销售的核算

零售行业的促销手段五花八门，营销手段层出不穷，如各种打折、折扣、满减活动等。应视不同的情况，并依据税法的规定，进行相应处理。

新收入准则规定，在进行附有客户额外购买选择权的销售时，企业应当评估选择权是否向客户提供了一项重大权利，企业提供重大权利的，应当作为单项履约义务，将交易价格分摊至该履约义务，在客户未来行使购买选择权取得相关商品控制权时，或者该选择权失效时，确认相应的收入。

奖励积分销售和返券销售，属于赋予客户额外购买选择权的销售行为，都是分次实现商品所有权转移，且是否实现兑换存在不确定性，在销售商品时，需要考虑是否构成重大权利，并根据历史经验，考虑奖励积分或代金券的使用概率，计算分摊合同负债的金额，待客户使用奖励积分或代金券消费或者奖励积分或代金券到期失效时，将合同负债确认为收入。

① 奖励积分销售

奖励积分销售是指消费者在购物时获得积分，这些积分可以在未来消费时抵扣现金或兑换商品。积分通常通过消费获得，例如每消费100元获得1个积分，积分可以在下次购物时抵扣相应金额。这种方式的优点在于能够长期吸引用户重复购买，提高用户黏性。

会计处理为将扣除奖励积分的部分确认为收入，奖励积分对应的部分确认为负债，待实际兑换时将负债转为收入，如果奖励积分失效，就将未兑换的部分全部确认收入。

【例1-31】光明商场5月推出购物送积分活动，1元兑换1分积分，每100分可折算成1元现金使用，该积分要在年底前使用完毕，过期作废，假设预估积分的兑换率为100%。该商场发生如下业务：

① 5月1日，家电柜销售商品含税售价为100万元，可兑换积分100万分，然后兑换1万元的商品，销售商品时，会计处理如下：

$$分摊至商品的交易价格 = 1\,000\,000 \div (1\,000\,000 + 10\,000) \times 1\,000\,000$$
$$= 990\,099.01（元）$$

分摊至积分的交易价格=1 000 000÷（1 000 000+10 000）×10 000=9 900.99（元）

借：银行存款　　　　　　　　　　　　　　　　　　　　1 000 000

　　贷：主营业务收入——家电柜　　　　　　　　　　　　　　990 099.01

　　　　合同负债　　　　　　　　　　　　　　　　　　　　　9 900.99

同时，按售价结转成本，会计处理如下：

借：主营业务成本——家电柜　　　　　　　　　　　　　1 000 000

　　贷：库存商品——家电柜　　　　　　　　　　　　　　　1 000 000

②8月2日，家电柜销售商品，含税售价为60万元，用积分抵减了0.5万元，会计处理如下：

借：银行存款　　　　　　　　　　　　　　　　　　　　　595 000

　　合同负债　　　　　　　　　　　　　　　　　　　　　　　5 000

　　贷：主营业务收入——家电柜　　　　　　　　　　　　　　600 000

同时，按售价结转成本，会计处理如下：

借：主营业务成本——家电柜　　　　　　　　　　　　　　600 000

　　贷：库存商品——家电柜　　　　　　　　　　　　　　　　600 000

后面每次积分兑换的账务处理如上。

②返券销售

返券销售是消费者在购买一定数额的商品后获得相应的购物券，这些购物券可以在未来的消费中直接使用。例如消费满1 000元获得100元的购物券，下次购物时可以直接使用。返券销售的优点在于即时激励消费者进行再次购买，对顾客来讲，赠券在商场内可以替代现金使用，与赠品相比，返券可以买到自己需要的商品。

【例1-32】南方大厦10月开展购物返券活动，顾客购物满100元即可获得10元购物券，购物券可在消费者下次购物时抵作现金使用，购物券有效期至当年年底，过期作废。送券活动仅限10月份。假设预估购物券的使用率为100%。该商场发生如下业务：

①10月1日，该商场服装柜销售商品300万元（含税售价），款存银行，同时实际送出购物券30万元。会计处理如下：

分摊至商品的交易价格=3 000 000÷（3 000 000+300 000）×3 000 000

　　　　　　　　　　=2 727 272.73（元）

分摊至购物券的交易价格=3 000 000÷（3 000 000+300 000）×300 000

　　　　　　　　　　=272 727.27（元）

借：银行存款　　　　　　　　　　　　　　　　　　　　3 000 000

　　贷：主营业务收入——服装柜　　　　　　　　　　　　2 727 272.73

　　　　合同负债　　　　　　　　　　　　　　　　　　　272 727.27

同时，按售价结转成本，会计处理如下：

借：主营业务成本——服装柜　　　　　　　　　　　　　3 000 000

　　贷：库存商品——服装柜　　　　　　　　　　　　　　　3 000 000

②11月10日，该商场家电柜当天销售商品450万元（含税售价），顾客购物使用购物券10万元。款项均存银行。会计处理如下：

借：银行存款　　　　　　　　　　　　　　　　　　　　　4 400 000
　　合同负债　　　　　　　　　　　　　　　　　　　　　　100 000
　　贷：主营业务收入——家电柜　　　　　　　　　　　　　　　　4 500 000
同时，按售价结转成本，会计处理如下：
借：主营业务成本——家电柜　　　　　　　　　　　　　　4 500 000
　　贷：库存商品——家电柜　　　　　　　　　　　　　　　　　　4 500 000
后面每次购物券使用的账务处理如上。

（5）打折销售和满减销售的核算

"打折"是日常商家使用频率最高的促销手段之一。"打折"就是以原价乘以折扣率得出实际成交价格的促销方式，会计上按折扣后的净额确认收入。

"满减"是指当消费达到一定金额时，对原价再减免一部分价款的促销方式，这其实是变相的"打折"方式，会计上也是按满减后的净额确认收入，在此不再赘述。

【例1-33】某商场家电柜在活动期间开展"满减"（满100元减10元）促销活动，同时按规定，将满减额与销售额在同一张发票上列示。当天，家电柜含税销售收入125 000元（满减前）。会计处理如下：

①当天的净收入额 = 125 000 - 125 000 ÷ 100 × 10 = 112 500（元）

借：银行存款　　　　　　　　　　　　　　　　　　　　　112 500
　　贷：主营业务收入——家电柜　　　　　　　　　　　　　　　　112 500

②结转销售成本时的会计处理：

借：主营业务成本——家电柜　　　　　　　　　　　　　　125 000
　　贷：库存商品——家电柜　　　　　　　　　　　　　　　　　　125 000

【知识链接】在"打折"与"满减"促销方式下，均按照扣除折扣后的金额来确认销售收入，销售发票可以直接以折后金额开具，也可以在发票上分别列示原价和折扣金额。

（6）买一赠一销售的核算

买一赠一也是很常见的一种促销方式，实际是"捆绑销售""组合销售"，是对促销方案规定的商品组合实行的一次性销售，是一次性实现的。

若赠品由生产厂家提供，且未赠出的赠品也由生产厂家处理，则零售企业无须进行账务处理。

若赠品由零售企业提供，以"买一赠一"的方式将本企业商品进行组合销售，根据《国家税务总局关于确认企业所得税收入若干问题的通知》（国税函〔2008〕875号）的规定：企业以买一赠一等方式组合销售本企业商品的，不属于捐赠，应将总的销售金额按各项商品的公允价值的比例分摊确认各项的销售收入。

【例1-34】"五一"劳动节期间，南方商场采取促销方式销售空调，顾客买一台空调，赠送小电扇一台。空调含税售价为每台3 000元，顾客买的空调和商家送的小电扇开在同一张发票上。当天商场销售空调10台，同时送出10台小电扇。空调、电扇的市场公允价值分别为每台3 000元和每台300元。

当日销售商品时，会计处理如下：

①分摊销售收入

每台空调应分摊的含税销售收入 = 3 000 × ［3 000 ÷（3 000+300）］= 2 727.27（元）

每台电扇应分摊的含税销售收入 = 300 × [3 000÷(3 000+300)] = 272.73(元)

借:银行存款	30 000
贷:主营业务收入——电器柜——空调	27 272.70
——电扇	2 727.30

②结转成本

借:主营业务成本——电器柜——空调	30 000
——电扇	3 000
贷:库存商品——电器柜——空调	30 000
——电扇	3 000

(7)商品零售企业联营销售业务的核算

联营销售业务是指商场通过提供经营铺面等条件,与进场经营的商家签订合同,由各入场商家根据合同协议自主进行商品购进和销售,由商场统一收银。商场分户对各入场经营的商家的销售收入进行统计核算,定期或不定期地与进场经营商家进行清算。商场经营者与商场商品的经营者是一种联营关系。

联营方式较之传统的商场自购自销方式,其经营特点如下:

① 商品流通企业只需要提供商品销售的场所,不需要提供资金购买待出售的商品。联营方式下,商品流通企业不收取商家的场地租金,而是直接参与商家的收益分成。

② 商品流通企业没有库存商品管理环节。所有商品的进货、存储均由商家自行负责,商品是由生产企业或者批发商直接带到经营场所的,商品流通企业只需要负责库存商品的治安管理。

③ 联营方式下的人员分工不同。在该种方式下,商品销售人员或导购人员一般是由商家配备,商品流通企业的人员只需要从事销售的辅助工作,不直接参与商品的销售工作。

④ 货款结算由商品流通企业控制。虽然商品流通企业不直接参与商品的销售工作,但是所有商品销售后的款项结算工作均由商品流通企业负责,也就是说,消费者不是与商家之间办理货款结算,而是向提供商品销售场所的商品流通企业支付款项。

在联营方式下,商品流通企业不需要在库存商品上垫支巨额资金,不需要承担购进商品销售不掉而削价赔本产生的经营风险,不需要为商品的采购、储运、营销等流转业务环节配置大量的物资及人力资源,从而大大降低了企业的经营风险。

在联营方式下,联营商品进场时,按商场对商品的分类及编码规则进行统一编码入账,但不作为商品购进处理。公司与商家签订联营合同,约定返点率及费用承担方式,由商家自行发货销售。由于联营方式下,商场在将商品转让给最终顾客之前不控制该商品,商场只是为商家提供场地、运营、收银等服务,所以商场应属于代理人身份,根据新收入准则的规定,代理人应当按照预期有权收取的佣金或手续费的金额,即以实际收到的销售款扣除应结算给商家的款项后的净额确认收入(即"净额法")。

【例1-35】东方商场是增值税一般纳税人,品牌方A公司与东方商场签订了为期1年的联营合作协议,约定由A公司在东方商场设立销售专柜。合作协议要点如下:品牌方按约定经营品牌商品,保证商品零售价不高于所在城市同类商场陈列价格或品牌方网络旗舰店的销售价格;专柜存货所有权归A公司所有,由A公司自行负责管理;专柜人员劳动关系归属A公司，人员的工资、奖金、福利、伙食等费用由A公司承担；专柜销售商品之货款一律交至商场收银系统，不得漏缴。东方商场月末汇总当期全部商品销售额，并根据约定的比例计算应返还A公司的款项。

10月份，A公司销售了113万元（含税售价）商品，根据双方的联营合作协议，东方商场可分得20%，月底结算时，A公司给东方商场开具了增值税专用发票，注明不含税货款100万元，增值税13万元，同时东方商场给A公司按6%的税率开具了手续费发票，东方商场按约定将扣除返点后的款项支付给了A公司。

①10月，东方商场收款时，做会计处理如下：

借：银行存款	1 130 000
贷：其他应付款——A公司	1 000 000
应交税费——应交增值税（销项税额）	130 000

②月底收到A公司的增值税专用发票，支付货款，并开出返点销售收取手续费的增值税专用发票，做会计处理如下：

联营收入 = 1 130 000 × 20% ÷（1 + 6%）= 213 207.55（元）

应交增值税 = 213 207.55 × 6% = 12 792.45（元）

借：其他应付款——A公司	1 000 000
应交税费——应交增值税（进项税额）	130 000
贷：银行存款	904 000
主营业务收入——联营收入	213 207.55
应交税费——应交增值税（销项税额）	12 792.45

【知识链接】主要责任人与代理人的会计处理差异见表1-9。

表1-9   主要责任人与代理人的会计处理差异

分类	特征	收入确认方法
主要责任人	企业在向客户转让商品前能够控制该商品的，该企业为主要责任人	应当按照已收或应收对价总额确认收入——总额法
代理人	企业在向客户转让商品前不能够控制该商品的，该企业为代理人	按照预期有权收取的佣金或手续费的金额确认收入，该金额应当按照已收或应收对价总额扣除应支付给其他相关方的价款后的净额，或者按照既定的佣金或手续费金额或比例等确定——净额法

3.一般商品储存的核算

零售企业为了满足市场需求，保证商品销售，一般需要保持适当的商品储存量，满足消费者需要。由于零售企业采用售价金额核算法，且商品进出频繁，因此平时更应加强对库存商品的控制和核算管理。

实行售价金额核算的零售企业，应按实物负责人或柜组设置"库存商品"明细账，该账户应按售价进行登记，只记售价金额的增减变动，不记数量，用以记载和控制各实物负责人所负责商品的收、发、存情况。采取分类（柜组）差价率计算法调整商品销售成本的企业，还必须按实物负责人或柜组设置"商品进销差价"明细账。

　　有些零售企业把"库存商品"明细账和"商品进销差价"明细账分开核算，在这种情况下，为了减少工作量，简化核算手续，可以用实物负责人报来的"库存商品进销存报告"代替"库存商品明细账"。

　　有些零售企业把"库存商品"明细账和"商品进销差价"明细账合并设置在一起，由于"商品进销差价"账户是"库存商品"账户的抵减账户，在发生经济业务时，这两个账户往往同时发生变动，因此，可以把这两个明细账合并为一个明细账，即在同一个明细账上既登记库存商品变动，也登记商品进销差价变动，从而简化核算手续，采用售价金额核算法的零售企业多数采用这种格式的账页。库存商品和商品进销差价明细账联合式账页见表1-10。

表1-10　　　　　　　　　　　库存商品和商品进销差价明细账

实物负责人：　　　　　　　　　　　　　　　　　　　　　　　　　　　　第　号

年		凭证		摘要	库存商品			商品进销差价		
月	日	字	号		增加	减少	余额	增加	减少	余额

　　零售企业商品储存业务的核算，主要包括盘点溢余短缺的核算、商品内部调拨的核算和商品调价的核算等内容。

　　（1）盘点溢余短缺的核算

　　零售企业的库存商品在采用售价金额核算的情况下，库存商品明细分类账一般按营业柜组或门市部设置，平时只将各营业柜组或门市部商品的进、销、存的售价金额予以登记，而对各种商品的结存数量不予登记，因此，为了解和控制各种商品的实存数，企业必须定期或不定期地进行商品盘点，以确定各种商品的实存数，逐项计算出各种商品的售价金额，并与当日的"库存商品"账户余额进行核对，以验证库存商品是否账实相符。

　　如果商品盘点发生短缺或溢余，营业柜组或门市部应填制"商品盘点溢余短缺报告单"。由于商品盘点所发生的溢余短缺是以商品的售价金额来反映的，所以在"商品盘点溢余短缺报告单"中还需要将其售价调整为进价金额，在尚未查明商品溢余短缺的原因前，财务部门应按进价金额转入"待处理财产损溢"账户，等查明原因后，再根据具体情况进行不同的处理，记入"销售费用""其他应收款"等账户，账务处理同批发企业。

　　【例1-36】南华百货公司服装柜月末盘点，发现实存金额比账存金额少600元。后经查明属责任人事故损失，由其赔偿，商品上月的进销差价率为30%。

　　①财会部门根据"商品盘点溢余短缺报告单"，做会计处理如下：

借：待处理财产损溢——待处理流动资产损溢　　　　　　　　　　　　　　420

　　商品进销差价——服装柜　　　　　　　　　　　　　　　　　　　　　180

　　贷：库存商品——服装柜　　　　　　　　　　　　　　　　　　　　　　600

②查明原因后，做会计分录如下：

借：其他应收款　　　　　　　　　　　　　　　　　　　　　474.60

　　贷：待处理财产损溢——待处理流动资产损溢　　　　　　　420

　　　　应交税费——应交增值税（进项税额转出）　　　　　　54.60

（2）商品内部调拨的核算

商品内部调拨是指零售企业在同一独立核算单位内部各实物负责小组间进行商品转移，具体表现为各营业柜组之间为了调剂商品余缺所发生的商品转移。商品内部调拨不作为商品销售处理，也不进行结算，只是转移各实物负责部门承担的经济责任。

商品内部调拨在核算时，调入部门借记"库存商品"明细账，调出部门贷记"库存商品"明细账，"库存商品"账户总额保持不变。采取分柜组差价率计算法分摊已销商品进销差价的企业，还要相应调整"商品进销差价"账户。

【例1-37】南方百货商场数码柜的300个耳机调入家电柜，该批耳机的含税售价为60元，进价为30元，双方已办妥调拨手续。商品内部调拨单见表1-11。

表1-11　　　　　　　　　　　　　　商品内部调拨单

调入部门：家电柜　　　　　　　　2024年6月5日　　　　　　　　　调出部门：数码柜

品名	计量单位	调拨数量	零售价格（元）		购进价格（元）	
			单价	金额	单价	金额
耳机	个	300	60.00	18 000.00	30.00	9 000.00
				18 000.00		9 000.00

调入部门签章：张华　　　　　　　　调出部门签章：黄玲

①财会部门根据"商品内部调拨单"进行会计处理如下：

借：库存商品——家电柜——耳机　　　　　　　　　　　　　18 000

　　贷：库存商品——数码柜——耳机　　　　　　　　　　　　　18 000

②调整商品进销差价。

借：商品进销差价——数码柜——耳机　　　　　　　　　　　　9 000

　　贷：商品进销差价——家电柜——耳机　　　　　　　　　　　　9 000

（3）商品调价的核算

商品调价是企业根据国家物价政策或市场情况，适当地调高或调低某些商品的价格。由于采用售价金额核算的零售企业平时不核算商品数量，因此，在规定调价日期的前一天营业结束后，对调价商品进行实地盘点，由其营业柜组按实际库存数量填制"商品调价差额调整单"，并交财务部门进行审核。财务部门审核无误后，进行相应账务处理。

【例1-38】春天百货公司服装柜根据市场情况，对一批女装（共50件）调整零售价格，服装柜经过盘点后，编制"商品调价差额调整单"（见表1-12），该批女装原含税售价为每件599元，现准备调整售价为452元。该批商品单件进货价为475元，以前未计提跌价准备，财会部门收到并复核后，进行会计处理如下：

表1-12 商品调价差额调整单

填报部门：服装柜 　　　　　　　2024年6月24日 　　　　　　　金额单位：元

品名	规格	计量单位	盘存数量	零售价格		调整单价差额		调整金额
				原价	新价	增加	减少	
服装	女装	件	50	599.00	452.00		147.00	7 350.00
合计								7 350.00

实物负责人：张华 　　　　复核： 　　　　制表：黄玲

①削价后，调整库存商品（女装）的账面价值。

借：商品进销差价——服装柜 　　　　　　　　　　　　　　　　　7 350

　　　贷：库存商品——服装柜 　　　　　　　　　　　　　　　　　　　7 350

②确认存货减值损失，比较可变现值净值与存货成本的大小。

可变现净值 = 452 ÷ (1 + 13%) × 50 = 20 000（元）

存货成本 = 475 × 50 = 23 750（元）

应确认的存货减值损失 = 23 750 − 20 000 = 3 750（元）

借：资产减值损失——存货减值损失 　　　　　　　　　　　　　　　3 750

　　　贷：存货跌价准备 　　　　　　　　　　　　　　　　　　　　　　3 750

资产负债表日，存货的可变现净值小于成本，企业应当计提存货跌价准备，其会计核算方法同批发企业的账务处理。值得指出的是，这里的存货成本是指期末存货的实际进价成本。

4.一般商品销售成本的计算与结转

采用售价金额核算法的零售企业对库存商品采用售价进行核算，为了管理方便和简化核算，零售企业平时按商品售价结转主营业务成本，月末为了正确核算经营成果和真实反映期末库存商品成本，需要通过一定的计算方法计算和结转已销商品的进销差价，将商品的销售成本和期末库存商品的成本由售价调整为进价。

零售企业计算已销商品进销差价的方法有综合差价率计算法、分类（或柜组）差价率计算法和实际进销差价计算法三种。

（1）综合差价率计算法

综合差价率计算法，是按照企业全部商品存销比例计算分摊进销差价的一种方法。这种方法是先求出综合差价率，然后以本月商品销售额与综合差价率相乘，即为已销商品应分摊的进销差价。

①计算综合差价率

$$综合差价率 = \frac{月末分摊前"商品进销差价"账户余额}{月末"库存商品"账户余额 + 本月"主营业务收入"的含税发生额} × 100\%$$

如果企业有受托代销业务，在上述计算差价率的公式中，"库存商品"还应包括月末"受托代销商品"账户的余额，但仅包括买断方式的受托代销商品余额，不包括手续费方式的受托代销商品余额。

②计算已销商品应分摊的进销差价

本月已销商品应分摊的进销差价＝本月"主营业务收入"的含税发生额×综合差价率

【例1-39】春天百货公司月末分摊前"商品进销差价"账户余额为580万元，月末"库存商品"账户余额为1 100万元，本月"主营业务收入"账户含税发生额为1 800万元，根据上述资料，计算综合差价率和已销商品应分摊的商品进销差价。

综合差价率＝580÷（1 100＋1 800）×100%＝20%

本月已销商品应分摊的进销差价＝1 800×20%＝360（万元）

做会计分录如下：

借：商品进销差价　　　　　　　　　　　　　　　　　　　3 600 000

　　贷：主营业务成本　　　　　　　　　　　　　　　　　　　　　3 600 000

本期销售商品的实际成本＝1 800－360＝1 440（万元）

期末结存商品应保留的进销差价＝580－360＝220（万元）

期末结存商品的实际成本＝1 100－220＝880（万元）

这种计算方法手续简便，但由于零售企业经营品种繁多，各品种进销差价率相差巨大，且占企业的销售额比重不同，全部商品按同一差价率计算已销商品进销差价，并不全部符合实际情况，其计算结果也不够准确。因此，它一般适用于各种商品差价率比较均衡的企业。

【知识链接】在售价金额核算法下，库存商品平时购销存都用售价计价，期末再采用综合差价率计算法来调整已销商品成本和期末库存商品成本，从而将其调整为实际成本。这种综合差价率计算法并不是一种独立的成本结转方法，它是加权平均法的一种简化。零售企业商品品种繁多，用加权平均法需要计算每个品种商品的平均成本，比较麻烦。这种方法只需计算一个综合的进销差价率，无须再按每个品种计算，这样既可以简化计算，又和加权平均法计算结果大致一致。

（2）分类（或柜组）差价率计算法

分类（或柜组）差价率计算法，是按照企业各类商品或各柜组实物负责人保管商品的存销比例，计算分摊各类商品进销差价的一种方法。

分类（或柜组）差价率计算法的计算方法和综合差价率计算法基本相同，只是缩小了核算范围，是分类（或柜组）来计算差价率。首先按商品大类或营业柜组分别计算差价率，然后再分别计算各大类商品或柜组已销商品应分摊的进销差价，最后加以汇总，即为企业全部已销商品的进销差价。

采用这种方法计算已销商品进销差价，要求"商品进销差价""库存商品""主营业务收入""主营业务成本"等账户都必须按商品大类或柜组设置明细账，以便取得各类或柜组的核算资料。

【例1-40】春天百货公司期末分摊前"商品进销差价""库存商品""主营业务收入"账户余额见表1-13。应用分类（或柜组）差价率计算法，分别计算各营业柜组差价（见表1-14）。

表1-13　　　　　　　　　　　商品进销差价计算分摊资料表　　　　　　　　　　单位：元

营业柜组	期末分摊前"商品进销差价"账户余额	期末分摊前"库存商品"账户余额	期末分摊前"主营业务收入"账户发生额
百货柜	45 000	105 000	195 000
服装柜	58 500	157 500	292 500
电器柜	172 125	600 000	675 000
化妆品柜	218 437.50	655 312.50	800 937.50
合计	494 062.50	1 517 812.50	1 963 437.50

表1-14　　　　　　　　　　本期已销产品进销差价率计算表　　　　　　　　金额单位：元

营业柜组	期末分摊前"商品进销差价"账户余额	期末分摊前"库存商品"账户余额	期末分摊前"主营业务收入"账户发生额	商品进销差价率	已销商品应分摊的进销差价	期末库存商品应分摊的进销差价
(1)	(2)	(3)	(4)	(5) = (2) ÷ [(3) + (4)]	(6) = (4) × (5)	(7) = (2) − (6)
百货柜	45 000	105 000	195 000	15%	29 250	15 750
服装柜	58 500	157 500	292 500	13%	38 025	20 475
电器柜	172 125	600 000	675 000	13.5%	91 125	81 000
化妆品柜	218 437.50	655 312.50	800 937.50	15%	120 140.63	98 296.87
合计	494 062.50	1 517 812.50	1 963 437.50		278 540.63	215 521.87

编制会计分录如下：

借：商品进销差价——百货柜　　　　　　　　　　29 250
　　　　　　　　——服装柜　　　　　　　　　　38 025
　　　　　　　　——电器柜　　　　　　　　　　91 125
　　　　　　　　——化妆品柜　　　　　　　　120 140.63
　　贷：主营业务成本——百货柜　　　　　　　　　　29 250
　　　　　　　　　　——服装柜　　　　　　　　　　38 025
　　　　　　　　　　——电器柜　　　　　　　　　　91 125
　　　　　　　　　　——化妆品柜　　　　　　　　120 140.63

　　采用分类（或柜组）差价率计算法比综合差价率计算法缩小了核算范围，计算结果比较接近于实际，比综合差价率计算法准确，但计算手续比较烦琐，适用于各类（或柜组）之间差价率大，需要分类（或柜组）核算的企业，目前，采用售价金额核算的企业多采用这种方法。

（3）实际进销差价计算法

　　不管是采用综合差价率计算法还是分类（或柜组）差价率计算法，由于不同商品的差价率不同，销售比重也不同，最后计算出的进销差价跟实际的进销差价必然存在差距，从而不能反映企业真实的成本信息。为此，采用售价金额核算法的零售企业需要在年末或季末运用实际进销差价计算法，对实存商品的进销差价进行全面的核实与调整。

实际进销差价计算法是企业通过实地盘点库存商品，计算出库存商品的实际进销差价，然后再求出已销商品进销差价的一种方法。具体做法如下：

①计算期末库存商品的进价总金额

期末，各实物负责人对全部商品进行盘点，得出各商品的实存数量，分别乘以进货单价，从而汇总求出进价总金额。

$$期末库存商品的进价总金额 = \sum 期末各库存商品的实存数量 \times 该种商品的原进价或最后一批进货单价$$

②计算期末库存商品的售价总金额

期末库存商品的售价总金额 = ∑期末各库存商品的实存数量×该种商品的售货单价

③计算期末库存商品保留的进销差价

期末库存商品保留的进销差价 = 期末库存商品的售价总金额 – 期末库存商品的进价总金额

④计算已销商品的进销差价

已销商品应分摊的进销差价 = 分摊前"商品进销差价"余额 – 期末库存商品保留的进销差价

如果企业有受托代销业务，在计算库存商品应保留的进销差价的同时，还应计算月末受托代销商品应保留的进销差价，但仅包括买断方式的受托代销商品，不包括手续费方式的受托代销商品。

【例1-41】华环百货公司年末进行库存商品盘点，盘点出期末库存商品的数量，再乘以最后一次进货单价，得出按进价计算的库存商品总金额为7 846 875元，按售价计算的库存商品总金额为9 215 000元，调整前"商品进销差价"账户余额为3 053 500元。根据上述资料计算：

期末库存商品保留的进销差价 = 9 215 000 – 7 846 875 = 1 368 125（元）

已销商品应分摊的进销差价 = 3 053 500 – 1 368 125 = 1 685 375（元）

将平时按售价结转的销售成本调整为实际成本，编制会计分录如下：

借：商品进销差价　　　　　　　　　　　　　　　　　　1 685 375

　　贷：主营业务成本　　　　　　　　　　　　　　　　　　　1 685 375

这种方法不受已销商品中各种差价率和商品销售结构比重的影响，计算结果准确，但需要逐个品种盘点计价，工作量大，因此，一般在年终决算前，调整商品进销差价和核实库存商品价值时使用。

二、零售企业鲜活商品的会计核算

（一）零售企业鲜活商品的核算方法——进价金额核算法

1.鲜活商品及其经营特点

鲜活商品包括鱼、肉、禽、蛋、蔬菜、水果等。市场上，有专门经营鲜活商品的零售企业，在综合性零售商店里，也经常有专门经营鲜活商品的柜组。

鲜活商品的经营特点如下：①鲜活商品一般需要经过清洗、整理、分等级，按质论价；②商品的销售价格随着商品鲜活程度的变化，需随时进行调整，售价变动比较频繁，早晚时价不同；③鲜活商品交易频繁，数量零星，往往随进随出；④鲜活商品季节性强，上市时间集中，容易腐烂变质，不易保管，损耗数量难以掌握。

鲜活商品的特点决定了会计核算上难以控制其数量和销售价格，为简化核算手续，便于销售，节约人力物力，经营鲜活商品的零售企业一般采用进价金额核算法，但对于那些质量稳定且售价变化不大的商品，亦可以采取售价金额核算法。

2.进价金额核算法

进价金额核算法又称"进价记账，盘存计销"，指在核算过程中，库存商品总账和明细账都只反映商品的进价金额，不反映商品数量的一种核算方法，用进价总金额控制实物负责人或柜组经营的商品，其核算特点如下：①按实物负责人或柜组设置库存商品明细账，商品购进和发出只记进价金额，不记数量。②商品销售后，按实际取得的销售收入，贷记"主营业务收入"账户，平时不结转商品销售成本，也不注销商品，除发生责任事故造成商品减少需要进行账务处理外，对于在销售过程中产生的溢余损失、调价等平时都不做处理。③月末采用以存计销来计算已销商品成本。通过实地盘点，查明实存商品数量，按原进价或者最后一次进货单价，计算出库存商品进价总金额，再倒挤计算出商品销售成本。

（二）零售企业鲜活商品的核算

1.鲜活商品购进业务的核算

经营鲜活商品的零售企业，可以向批发企业购进，也可以直接向农村生产者采购，一般是同城购进，商品的货物交接方式为提货制或送货制。

在提货制下，购货单位派采购员到供货单位采购商品，采购员取得采购发票后，当场验收商品并将其运回，实物负责人（或柜组）根据采购员带回的采购发票对商品进行复验。

在送货制下，供货单位根据合同要求送货到采购方指定地点，实物负责人（或柜组）根据供货合同和供货单位开具的发票对商品进行验收。

不论采用何种商品交接方式，实物负责人（或柜组）在验收商品后，都应填制一式数联的"收货单"，一联连同供货单位开具的发票交财会部门，作为财会部门进行商品采购核算的依据，一联作为仓库登记商品保管账的依据，一联交采购部门留底备查。在验收商品时，如发生实收数量与应收数量不符，应及时查明原因并处理。

购进业务的会计核算同批发企业类似，在此不再赘述。

2.鲜活商品销售业务的核算

经营鲜活商品的零售企业在每日营业结束后，各营业柜组根据实收货款填制一式数联的"商品销售收入缴款单"，连同当天的销货款一并送交财会部门。财会部门当面点收无误后，由出纳员在"商品销售收入缴款单"上签字并加盖收讫章，其中一联退回缴款部门留存，财会部门自留一联作为业务核算的依据。在汇总各营业柜组上交的销货现金后，由出纳员缴存银行。

企业取得的销货款为含税销售额，在进行业务核算时，需将含税销售额换算为不含税的销售收入，并计算相应的增值税销项税额。销售时，收入的核算同零售企业售价金额核算法，在此不再赘述。

3. 鲜活商品储存业务的核算

进价金额核算法下，鲜活商品在储存过程中发生损耗等情况时，不进行账务处理，月末一次性计入商品销售成本，但发生责任事故时，应及时查明原因，分清责任，报经审批后，根据不同情况进行处理。属于企业损失的记入"营业外支出"账户，属于应由责任人赔偿的记入"其他应收款"账户。

4. 鲜活商品销售成本的核算

月末，由各营业柜组对实存商品进行盘点，根据盘存商品的实际数量填写"商品盘存表"，以最后一次进货单价作为期末库存商品的单价，据此计算出库存各种商品的结存金额，进而计算出期末库存商品的结存总金额，然后倒挤逆算出本月已售商品的成本，其计算公式如下：

$$\frac{本期商品}{销售成本} = \frac{期初结存}{商品金额} + \frac{本期购进}{商品金额} - \frac{本期非销售}{发出商品金额} - \frac{期末库存}{商品金额}$$

期末库存商品金额 = 期末盘点结存数量 × 实际进货单价（或最后进货单价）

【例 1-42】秋华副食品商店是增值税一般纳税人，10 月初，水果柜期初库存水果 2 300 元，10 月份从李庄农业合作社购进水果 42 000 元，货款以银行存款支付，并收到对方开出的农产品销售发票。10 月份含税销售收入为 48 178 元，销货款已存入银行。10 月 31 日盘点库存商品进价成本为 1 800 元。

对上述业务，财会部门应作如下账务处理：

① 购进商品时：

根据我国税法的规定，水果蔬菜属于农产品，农业生产者销售的自产农产品是免税的，增值税一般纳税人从农业生产者处购进农产品，取得农产品销售发票，计算抵扣进项税额的抵扣率是 9%（另有规定除外）。

可抵扣增值税进项税额 = 42 000 × 9% = 3 780（元）

水果的采购成本 = 42 000 − 3 780 = 38 220（元）

借：在途物资　　　　　　　　　　　　　　　　　　　　　38 220
　　应交税费——应交增值税（进项税额）　　　　　　　　 3 780
　　　贷：银行存款　　　　　　　　　　　　　　　　　　　　　　42 000
借：库存商品——水果组　　　　　　　　　　　　　　　　38 220
　　　贷：在途物资　　　　　　　　　　　　　　　　　　　　　　38 220

② 取得销售收入时：

根据我国税法的规定，增值税一般纳税人在流通环节销售农副产品（蔬菜及鲜活肉蛋除外）的增值税税率为 9%，企业销售水果，适用的税率也是 9%。

水果柜不含税销售额 = 48 178 ÷（1 + 9%）= 44 200（元）

增值税销项税额 = 44 200 × 9% = 3 978（元）

借：银行存款　　　　　　　　　　　　　　　　　　　　　48 178
　　　贷：主营业务收入——水果组　　　　　　　　　　　　　　　44 200
　　　　　应交税费——应交增值税（销项税额）　　　　　　　　　 3 978

③ 月末根据库存盘点结果，倒挤出本期销售成本：

本期销售成本 = 2 300 + 38 220 − 1 800 = 38 720（元）

借：主营业务成本——水果组 38 720
　　贷：库存商品——水果组 38 720

采用这种核算方法，虽然可以简化手续，平时也可以随时调整商品售价，有利于鲜活商品的销售，但由于期末是倒挤销售成本，平时发生的损耗或责任事故均计入商品销售成本，容易造成成本不实，也易于掩盖日常经营过程中的差错事故和管理不善，因此，这种核算方法只适用于售价变化快、易腐烂变质的鲜活商品的核算，其他商品不宜采用。

拓展阅读

杭州解百集团股份有限公司（600814）总部位于浙江省杭州市，公司股票于 1994 年 1 月 14 日在上海证券交易所挂牌交易。该公司属商品零售行业，公司主营业务为商品零售，主要业态有百货商场、购物中心。目前，公司的营业收入主要来源于旗下各门店的商品销售收入及商场内功能商户的租金收入。

公司的商品销售以联营模式为主，辅之少量自营模式和租赁模式。

（1）联营模式。该模式是由供应商在公司商场内指定区域设立品牌专柜，由公司的营业员及供应商的销售人员共同负责销售。在商品尚未售出的情况下，该商品仍属供应商所有，公司不承担该商品的跌价损失及其他风险。联营模式是公司目前采用的主要商品销售方式，涉及的商品品类主要有：服装、化妆品、首饰、家电、床上用品、鞋帽等。

（2）自营模式。该模式是公司直接采购商品，验收入库后纳入库存管理，并负责商品的销售，承担商品所有权上的风险和报酬，其利润来源于公司的进销差价。公司目前采用自营模式经营的商品品类主要有：部分化妆品、部分家电、烟草和超市内商品等。

（3）租赁模式。该模式指商户在公司的门店内租赁部分场地开展经营，公司的利润来源于租金收入扣除物业成本后的余额。目前公司采用租赁模式涉及的项目主要有个别顶级奢侈品牌、部分潮流品牌，以及餐饮、休闲、娱乐等。公司零售业务收入的主要分类情况见表1-15。

表1-15　　　　　　　　　　　　公司零售业务收入的主要分类情况　　　　　　　　　金额单位：元

项目	2023年	
	金额	占比
营业收入	2 027 317 845.32	100.00%
其中：零售业务	1 657 291 351.32	81.75%
——联营收入	1 224 126 260.16	60.38%
——自营收入	433 165 091.16	21.37%

利润表相关科目变动分析表见表1-16。

表1-16　　　　　　　　　利润表相关科目变动分析表　　　　　　金额单位：元

科目	本期数	上年同期数	变动比例（%）
营业收入	2 027 317 845.32	1 988 375 112.09	1.96
营业成本	427 256 768.12	420 786 572.82	1.54
销售费用	404 910 625.42	395 292 473.60	2.43
管理费用	382 265 242.28	395 188 487.59	−3.27
财务费用	−34 683 299.88	−23 852 621.38	−45.41

营业收入变动原因说明：主要系随着经营环境恢复正常，销售同比增长所致。

营业成本变动原因说明：主要系随着经营环境恢复正常，销售同比增长所致。

销售费用变动原因说明：主要系去年获得租金减免导致租赁费同比增长及人力成本同比增长所致。

管理费用变动原因说明：主要系修理费支出同比下降所致。

财务费用变动原因说明：主要系未确认融资费用同比下降所致。

资料来源：杭州解百集团股份有限公司2023年年度报告。

项目练习

一、单项选择题

1.下列各项中，不属于商品流通企业经营中必须经过的环节是（　　）。

　　A.商品销售　　　　B.商品购进　　　　C.商品生产　　　　D.商品储存

2.下列各项中，一般适用于异地商品购销业务的交接货方式是（　　）。

　　A.送货制　　　　B.自选制　　　　C.发货制　　　　D.提货制

3.企业在购进商品时，如遇月末商品先到，货款结算凭证尚未到达，则（　　）。

　　A.按实际价入账　　　　　　　　B.按暂估价入账

　　C.不入账　　　　　　　　　　　D.按过去的入库价入账

4.期末如果计算的结存商品金额偏低，则（　　）。

　　A.商品销售成本会偏高，毛利额就偏低

　　B.商品销售成本会偏低，毛利额就偏低

　　C.商品销售成本会偏高，毛利额就偏高

　　D.商品销售成本会偏低，毛利额就偏高

5.鲜活商品在经营过程中发生正常损耗，正确的处理方式是（　　）。

　　A.发生时计入销售费用　　　　　　B.发生时计入主营业务成本

　　C.不调整账务　　　　　　　　　　D.月末计入主营业务成本

6.商品流通企业核算与管理的重点是（　　）。

　　A.费用　　　　B.收入　　　　C.存货　　　　D.货币资金

7.购入商品在采购验收入库时发现实收数多于应收数，后查明是自然溢余所致，则应贷记（　　　）账户。

　　A.管理费用　　　　B.库存商品　　　　C.在途物资　　　　D.销售费用

　8.商品批发企业购进商品短缺，如查明属于运输单位的责任，则应借记（　　　）账户。

　　A.其他应付款　　　B.其他应收款　　　C.营业外支出　　　D.销售费用

　9.大中型批发企业通常采用的存货核算方法是（　　　）。

　　A.数量售价金额核算法　　　　　　　B.进价金额核算法

　　C.数量进价金额核算法　　　　　　　D.售价金额核算法

　10.经营鲜活商品的零售企业对库存商品采用的核算方法通常是（　　　）。

　　A.售价金额核算法　　　　　　　　　B.数量进价金额核算法

　　C.进价金额核算法　　　　　　　　　D.数量售价金额核算法

　11.零售企业在进行商品销售时，按售价结转销售成本不是为了（　　　）。

　　A.简化核算手续　　　　　　　　　　B.便于管理商品

　　C.便于比较销售盈亏　　　　　　　　D.正确反映实物负责人的经济责任

　12.对于零售企业购进退补价业务，如果商品已经售出，在核算上应调整（　　　）账户。

　　A.本年利润　　　B.库存商品　　　C.主营业务成本　　　D.商品进销差价

　13."商品进销差价"账户是（　　　）账户的抵减账户。

　　A."商品采购"　　　　　　　　　　B."库存商品"

　　C."主营业务收入"　　　　　　　　　D."受托代销商品"

　14.零售企业商品盘点后，如发生盘盈，在查明原因前，应按（　　　）记入"待处理财产损溢"账户。

　　A.进价　　　　B.售价　　　　C.调拨价　　　　D.重估价

　15.零售企业计算已销商品进销差价方法中最准确的是（　　　）。

　　A.毛利率法　　　　　　　　　　　　B.分柜组差价率计算法

　　C.综合差价率计算法　　　　　　　　D.实际进销差价计算法

　16.假设某零售企业平时采用分柜组差价率计算法，年终采用实际进销差价计算法计算已销商品进销差价，那么年底12月结转的已销商品进销差价是（　　　）。

　　A.对12月已销商品进销差价及前11个月已销商品进销差价偏差的调整数

　　B.对前11个月已销商品进销差价偏差的调整数

　　C.对12月已销商品进销差价偏差的调整数

　　D.对12月已销商品进销差价的调整数

　17.库存商品期末的（　　　）价值低于账面净值的，应计提存货跌价准备。

　　A.重置成本　　　B.现值　　　C.可变现净值　　　D.公允价值

　18.进价金额核算法适用于（　　　）。

　　A.粮食企业　　　　　　　　　　　　B.工业品批发公司

　　C.专业性强的零售企业　　　　　　　D.经营鲜活商品的零售企业

　19.直运商品销售成本的计算方法，应采用（　　　）。

A.个别计价法　　B.加权平均法　　C.移动加权平均法　D.先进先出法

20.采用（　　）的企业，期末库存商品采用以存计销的方法倒挤商品销售成本。

A.售价金额核算法　　　　　　　　B.数量进价金额核算法

C.进价金额核算法　　　　　　　　D.数量售价金额核算法

二、多项选择题

1.商品零售企业的经营特点有（　　）。

A.数量进价金额核算法　　　　　　B.一般为现金交易

C.经营种类有限　　　　　　　　　D.交易次数频繁

2.下列各项中，属于鲜活商品的特点的有（　　）。

A.售价变动频繁　B.易损耗变质　C.季节性强　　　　D.数量零星

3.下列各项中，不应作为商品购进业务核算的有（　　）。

A.本单位为发放员工福利而购进的商品

B.合作商家赠送的样品

C.为收取手续费而替其他企业代购的商品

D.以物易物取得的商品

4.商品流通企业一般无须设置的科目有（　　）。

A.生产成本　　　B.其他业务成本　C.其他业务收入　D.制造费用

5."在途物资"账户用以核算企业购入商品的采购成本，包括（　　）。

A.增值税一般纳税人的增值税进项税额

B.商品的货款

C.采购商品的消费税、进口关税等

D.增值税小规模纳税人采购商品的增值税进项税额

6.受托代销业务需设置的会计账户有（　　）。

A.委托代销商品　　　　　　　　　B.受托代销商品款

C.受托代销商品　　　　　　　　　D.发出商品

7.批发企业直运商品销售与仓库商品销售的主要区别有（　　）。

A.通过"材料成本差异"账户核算　B.不通过"库存商品"账户核算

C.随时结转销售成本　　　　　　　D.月末一次结转销售成本

8.零售企业采用售价金额核算法，已销商品进销差价的计算方法有（　　）。

A.实际进销差价计算法　　　　　　B.综合差价率计算法

C.分柜组差价率计算法　　　　　　D.个别差价率计算法

9.售价金额核算法不适用于（　　）。

A.工业品批发企业　　　　　　　　B.零售企业

C.制造企业　　　　　　　　　　　D.经营贵重商品的零售企业

10.零售企业采用售价金额核算法，购进商品发生进货补价，同时更正零售价格，核算时涉及"银行存款""在途物资"（　　）等账户。

A."应收账款"　B."应交税费"　　C."库存商品"　　D."商品进销差价"

11.采用售价金额核算法的零售企业，已销商品进销差价的计算是否准确，直接关系到（　　）的准确性。

    A.商品销售收入　　　　　　　　　B.期末库存商品价值

    C.商品销售税金　　　　　　　　　D.商品销售成本

12.采用售价金额核算法的零售企业，月末尚未分摊进销差价的"商品进销差价"账户中包括（　　）。

    A.结存商品应保留的进销差价　　　B.购进商品的进销差价

    C.已销商品实现的进销差价　　　　D.削价商品的进销差价

13.下列各项中，需要设置"发出商品"账户的有（　　）。

    A.分期收款销售商品　　　　　　　B.预收货款销售商品

    C.委托代销商品　　　　　　　　　D.直运销售商品

14直运商品销售业务的特点不包括（　　）。

    A.通过"库存商品"账户核算　　　B.月末一次结转销售成本

    C.不通过"库存商品"账户核算　　D.商品购销脱节

15.联营模式包括（　　）。

    A.经销商负责货源、组织进货　　　B.商场统一管理销售活动

    C.商场提供销售场所　　　　　　　D.经销商自行收款

三、判断题

1.采用直运商品销售，可以不通过"库存商品"账户，而直接在"在途物资"账户进行核算。（　　）

2.按售价金额核算的企业在购进商品发生短缺或溢余时，应按商品的售价记入"待处理财产损溢"账户。（　　）

3.实物负责小组为了掌握本部门商品进销存的动态和销售计划完成情况，便于向财会部门报账，因此，要编制"商品进销存日报表"。（　　）

4.由于联营模式下，商场在将商品转让给最终顾客之前不控制该商品，商场只是为专柜方提供场地、运营、收银等服务，所以商场属于代理人身份，按净额法确认收入。（　　）

5.库存商品发生短缺，不论是自然损耗还是责任事故，经领导批准后，均列入"销售费用"。（　　）

6.企业对于未计提过跌价准备的、完全丧失了使用价值的商品，应按其账面价值借记"资产减值损失"账户，贷记"存货跌价准备"账户。（　　）

7.代收手续费替其他单位代销的商品不属于商品销售的范围。（　　）

8.购进专供本单位自用的商品属于商品购进的范围。（　　）

9.采用先进先出法计算出来的商品销售成本，比较接近现行的市场价值。（　　）

10.购进商品发生退价的，如果商品已经全部售出，则用退回的货款冲减"主营业务成本"和增值税进项税额。（　　）

11.商业折扣应按总价法进行核算。（　　）

12."商品进销差价"账户是"库存商品"账户的备抵调整账户。（　　）

13.零售业务的经营特点，决定了零售企业的商品核算可采用售价金额核算法。（　　）

14.采用预收账款方式销售商品的，应于商品发出时，确认收入的实现。（　　）

15.商品流通企业进货费用金额较小的，发生时也可直接计入当期的销售费用。

（　　）

四、业务核算题

（一）商品批发企业业务的核算

1.练习商品购进的核算

东江商品批发企业为增值税一般纳税人，2024年5月发生的部分经济业务如下，请根据业务内容编制会计分录：

（1）3日，从外地购入洗衣粉200箱，每箱48元，共计9 600元，增值税1 248元，收到对方由银行转来的结算凭证，承付全部价款，商品未到。

（2）6日，上述商品到达，实收洗衣粉190箱。短缺10箱，原因待查。

（3）8日，收到毛巾厂通知，上月购入的500条毛巾每条少收5元，并补来增值税专用发票，计列价款2 500元，增值税325元。东江商品批发企业开出转账支票支付了货款。经查，该批毛巾已售出200条，并已结转了销售成本。

（4）10日，经查，5月6日业务中洗衣粉短缺10箱为供货方少发。供货方立即补发，并已验收入库。

（5）12日，仓库发现上月购进的沐浴露有30件存在质量问题，经协商，厂家同意退货，已收到红字增值税专用发票，货款600元，增值税78元，款存银行。

（6）15日，售往外地新湖公司玻璃花瓶2 600个，每个售价22元，增值税税率13%。已收到增值税专用发票，货款57 200元，增值税7 436元，商品已发出，并以现金代垫运费1 100元，已通过银行办妥了托收手续。

（7）19日，收到新湖公司的拒付理由书，原因是商品质量与合同不符。经查，发给新湖公司的商品确有质量问题，经协商决定每个花瓶折让5元，共折让货款13 000元，增值税1 690元，已开具增值税专用发票，并已电汇支付款项。

要求：根据以上经济业务编制相应的会计分录。

2.练习委托代销商品的核算

东江服装厂委托北江服装批发公司代销男装200件，每件协议委托售价为不含税价120元，北江服装批发公司按不含税委托售价的10%收取手续费，已知东江服装厂生产该男装的成本是90元，增值税税率为13%。

月末北江服装批发公司实际销售50件。东江服装厂收到北江服装批发公司发来的代销清单时，向北江服装批发公司开具了增值税专用发票。北江服装批发公司收到发票后即支付了货款。

要求：根据上述业务分别编制东江服装厂和北江服装批发公司相应的会计分录。

（1）东江服装厂的会计核算。

①发出商品时的会计核算。

②收到代销清单时的会计核算。

③结转代销商品成本的会计核算。

④代销手续费的会计核算。

⑤ 收到北江服装批发公司支付的货款时的会计核算。

（2）北江服装批发公司的会计核算。

① 收到商品时的会计核算。

② 对外销售代销商品后的会计核算。

③ 收到委托方开来的增值税专用发票时的会计核算。

④ 支付货款并计算代销手续费的会计核算。

3.练习批发企业商品销售毛利率的核算

城光服装批发公司采用毛利率法计算商品销售成本，2024年第二季度服装商品购销资料如下：4月服装商品销售额为 132 000 元，5月服装商品销售额为 144 000 元，第一季度毛利率为 15%。经统计，本季度共购进服装商品 420 000 元，季末盘点结存服装商品 84 000 元，季初结存服装商品 12 000 元。

要求：（1）计算4月、5月、6月的商品销售成本。

（2）编制6月结转商品销售成本的会计分录。

（二）商品零售企业业务的核算

1.练习商品零售企业购销存的核算

星星超市为增值税一般纳税人，采用售价金额核算法，平时按售价结转销售收入和销售成本。2024年8月发生的部分经济业务如下：

（1）2日，副食柜组购进什锦糖 50 千克，不含税价为 24 元/千克，增值税专用发票上注明货款 1 200 元，增值税 156 元，签发转账支票付讫。该批糖果零售价为 42 元/千克，商品由副食品柜组验收。

（2）4日，向东江不锈钢批发企业购入保温杯 100 个，不含税进价为 30 元/个，收到增值税专用发票，注明货款 3 000 元，增值税 390 元。商品已运到，验收时发现破损 2 个，缺少 10 个，原因待查。该商品含税零售价为 60 元/个，因商品存在质量问题，货款未付。由百货柜组验收。

（3）6日，经查，上述保温杯破损是物流公司事故造成，物流公司愿意赔偿；缺少的 10 个保温杯系供货方少发，现已补来商品。

（4）7日，发现2日购进的什锦糖包装存在问题，经与供货方协商，同意给予每千克 5 元的价格折让，并已收到供货方开来的红字增值税专用发票和退款。该批什锦糖尚未销售。

（5）10日，当天超市的销售额为 84 524 元，其中，副食柜组 28 564.80 元，服装柜组 18 628.50 元，百货柜组 37 330.70 元。其中，现金支付 6 252.30 元，微信支付 41 861.60 元，支付宝支付 36 400.10 元。其中，副食柜组发生短款 10 元，原因待查。

（6）经查，上述短款是因为收银员张三少收款所致，由其赔偿。

（7）14日，超市举办夏日促销活动，顾客每购买 100 元，可获得 5 元购物券，家电柜组促销当天销售 100 000 元商品，存入银行，当日发出购物券 5 000 元。

（8）20日，百货柜组盘点发现洗衣皂短缺 100 块，零售价为 5 元/块，进价为 3 元/块。原因待查。

（9）经批准，短缺的洗衣皂损失由超市承担。

（10）21日，服装柜组对某款服装（共50件）的售价进行调整，原售价为1 200元/件，现售价为1 300元/件。

要求：根据以上经济业务编制相应的会计分录。

2.练习商品零售企业售价金额核算法下商品销售收入和销售成本的调整

（1）环南超市平时按售价结转成本，月末"库存商品"账户余额440 000元，"主营业务收入"账户本月发生额1 129 000元，月末"商品进销差价"账户余额（调整前）106 000元。要求：采用综合差价率计算法计算已销商品应分摊的进销差价，并编制结转进销差价的分录。

（2）环北超市平时按售价结转成本，月末有关账户资料见表1-17。要求：采用分柜组差价率计算法计算已销商品应分摊的进销差价，并编制会计分录。

表1-17　　　　　　　　　　环北超市5月末有关账户余额　　　　　　　　　　单位：元

柜组	库存商品	商品进销差价	商品销售收入	商品销售成本
副食柜	155 238	224 613.60	821 344.80	821 344.80
服装柜	68 270.40	82 873.20	190 708.80	190 708.80
百货柜	347 414.40	495 589.20	1 634 942.40	1 634 942.40
合计	570 922.80	803 076	2 646 996	2 646 996

（3）阳光超市平时按售价结转成本，年末盘点，期末库存商品按进价计算的总金额为28 648 000元，按售价计算的总金额为48 747 500元，"商品进销差价"账户余额为74 739 500元（调整前）。要求：采用实际进销差价计算法计算已销商品进销差价，并编制结转进销差价的会计分录。

（4）阳光超市平时按售价结转收入，月末"主营业务收入"账户余额如下：百货柜259 900元，服装柜284 760元，食品柜113000元。要求：做调整本月收入的会计分录。

（三）练习鲜活商品零售业务的核算

环南连锁超市是增值税一般纳税人，水果柜组采用进价金额核算法，水果柜组期初商品余额为1 500元，2024年10月发生下列经济业务：

（1）10日，从赵店农业合作社购进西瓜一批3 000千克，含税价格为5.5元/千克，取得农产品销售发票，按9%计算增值税。验收时发现，实收数量为2 990千克，有10千克在运输途中损坏，经审批确定为途中的合理损耗，货款已转账付讫。

（2）10日，水果柜组报来销售收入缴款单，共计销售各种水果25 000元，实收货款中现金4 800元、微信11 000元、支付宝9 200元。

（3）月末对水果柜组进行盘点，其中期末库存商品为1 800元，10月份进货成本共21 600元，据此计算并结转已销商品成本。

要求：根据以上经济业务编制相应的会计分录。

（四）练习商品零售企业联营业务的核算

华发商场是增值税一般纳税人，品牌方俏佳人服装公司与华发商场签订了为期1年的联营合作协议，约定由俏佳人服装公司在华发商场设立销售专柜，联营返点比率为20%。

华发商场只负责收银，专柜销售商品的货款一律交至商场收银系统，不得漏缴。每个月月末进行结算。

9月份，销售了135.60万元商品（含税售价）。根据双方的联营返点协议，华发商场可分得20%，月底结算时，俏佳人服装公司给华发商场开具了增值税专用发票，注明不含税货款1 200 000元，增值税156 000元，同时华发商场给俏佳人服装公司按6%的税率开具了服务费发票，华发商场按约定将扣除返点后的款项支付给了俏佳人服装公司。

要求：根据以上经济业务编制会计分录。

（1）华发商场收款时。

（2）月底收到发票支付货款。

项目二

建筑施工企业会计

学习目标

知识目标	了解建筑施工企业的主要经营业务 掌握建筑施工企业周转材料的会计核算 掌握建筑施工企业临时设施的会计核算 掌握建筑施工企业施工成本的会计核算
能力目标	能胜任建筑施工企业周转材料的会计核算工作 能胜任建筑施工企业临时设施的会计核算工作 能胜任建筑施工企业施工成本的会计核算工作
素养目标	引导学生在学习建筑施工企业会计核算的过程中，具备独立 思考、发现问题、解决问题的能力

任务一　认知建筑施工企业会计

一、认识建筑施工企业

建筑施工企业主要指从事建筑设备安装、工程施工的企业，通常包括建筑公司、工程公司、建设公司、设备安装公司、市政工程公司、装修装饰工程公司等。施工对象是各种房屋建筑物、道路、港口、管线等建筑物和设施。

按照承包工程企业的业务性质和资质能力，可以将建筑施工企业分为工程总承包企业、建筑施工承包企业、专项分包企业三类。

（1）工程总承包企业指可以为工程建设项目提供设计和施工一体化、全过程服务的建筑施工企业。这类企业是建筑行业的"龙头"企业，具有最高的工程建设资质和较多的工程建设专家，经营范围广、营业额高。

（2）建筑施工承包企业指从事工程建设项目施工承包与施工管理的企业。这类企业可通过招投标从建设单位取得工程建设项目，也可以从工程总承包企业，通过工程分包取得工程项目。对所承包的工程项目既可以自行组织施工生产也可以将其中部分工程分包给其他具有相应资质条件的企业。建筑施工承包企业数量较多，属于劳动密集型企业。

（3）专项分包企业指从事工程施工专项分包活动的企业。为工程总承包企业或建筑施工承包企业提供相关专业工种施工的劳务，一般不能单独承包工程。通常规模较小，数量较多，属于劳动密集型企业。

二、建筑施工企业业务流程及核算组织

一个建设项目从计划建设到验收交付，一般要经过工程项目论证、工程招投标、施工准备、工程施工、竣工验收等阶段。项目论证后，开展招投标工作，符合工程项目招投标资质条件的施工企业可通过直接参与工程项目招投标取得工程项目的施工任务，也可通过承接其他施工企业的分包业务而开展施工活动。在取得工程项目的施工任务后，各类施工企业围绕工程项目的设计要求进行施工准备，并组织施工，直至工程竣工验收。建筑施工企业总承包施工流程如图2-1所示。

基建工程是由许多小工程组成的一个体积庞大、结构复杂的整体。按照从大到小的顺序，基建工程一般可划分为建设项目、单项工程、单位工程、分部工程和分项工程五级。建筑施工企业的施工生产地较为分散，企业生产流动性大，施工生产的流动性决定了企业的施工及管理人员、施工机具、材料物资等生产要素，以及施工管理、后勤服务等组织机构，都要随工程地点的转移而流动，因此，施工企业在组织会计核算时，要适应施工分散、流动性大等特点，进行分级管理、分级核算，使会计核算与施工生产有机地结合起来，充分调动各级施工单位的积极性。

建筑施工企业会计采取分级管理、分级核算的办法，可从分项工程开始逐项计算人工、材料消耗数量及其费用金额，经汇总后计算出整个项目的工程成本，使会计核算与施工生产紧密结合、相互监督。

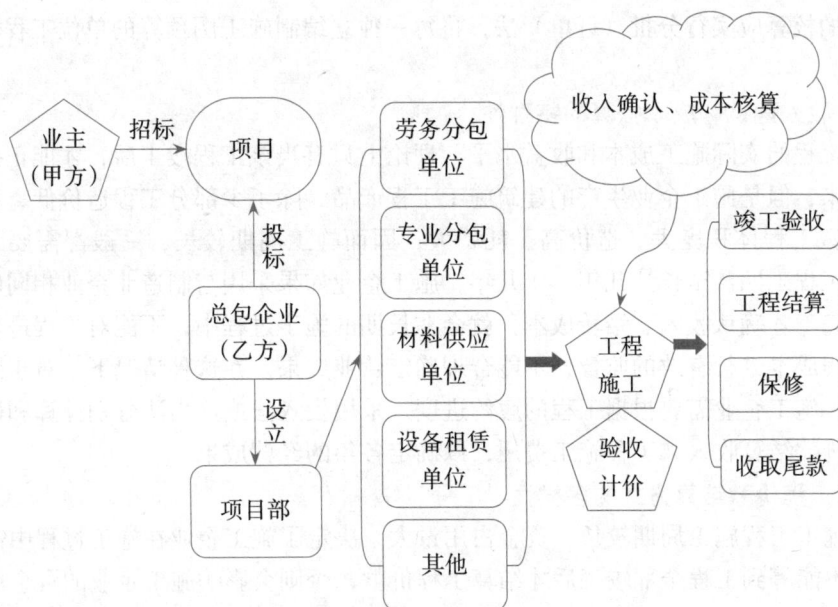

图2-1 建筑施工企业总承包施工流程

与施工企业管理体制相适应，在成本核算上，规模比较大的企业一般采用三级核算体制，即公司、工区和施工队；规模比较小的企业一般采用两级核算体制，即公司和施工队。

在三级核算体制下，公司实行独立核算，是汇总核算单位，负责全面的会计核算工作，汇总整个企业的施工生产成本，审核汇总项目经理部的财务报表和竣工决算，全面进行企业的成本分析，同时核算公司本身的管理费用、财务费用等期间费用；工区实行内部独立核算，单独计算工程成本和盈亏，工区项目经理部核算工程的直接费用和间接费用，并计算工程的实际成本，编制财务报表和竣工决算，进行成本分析，按时向公司提供成本核算资料。施工队是基层核算单位，核算实物工程量、工时、材料消耗、机械使用量等直接成本指标，并检查这些指标计划的执行情况。

在两级核算体制下，施工队核算工程、产品、作业的直接费用或实际成本，按时向公司提供成本核算资料。公司汇总核算全部工程、产品、作业的实际成本。

三、建筑施工企业的会计核算特点

建筑施工企业一般是按照建造合同为客户进行工程施工的，具有施工周期长、产品复杂多样的特点。其生产经营活动与制造业企业的生产经营活动相比，具有自身的特殊性。建筑施工产品具有单件性、固定性的特点，建筑施工过程具有长期性、流动性的特点。对比制造业企业会计，建筑施工企业会计核算相应具有如下行业特点：

（一）核算对象的单件性

由于建筑施工工程各有不同的功能和结构，需要单独的设计图纸，即使是根据同一标准设计进行施工的同类型、同规模的工程，也会因自然条件、交通条件、材料要求和物价水平等不同，造成施工过程中料工费的不同。因此，建筑施工工程只能按照建设要求和单个图纸组织单件生产，不能像制造业企业那样成批生产。其施工生产的这一特性，决定了工程成本的核算应实行分批（订单）法，将每一独立编制施工图预算的单位工程作为成本核算对象。

（二）收入确认和成本核算的特殊性

一项工程的实际施工成本和收益水平，理论上只有当该工程竣工后，才能正确和完整地反映出来，但是施工企业生产的建筑施工工程产品，除了少部分工程造价低、耗费少以外，大多数工程体积庞大、造价高、耗费大，因而施工周期较长，一般都需要跨年度施工，有的工程工期甚至长达几年、十几年，施工企业如果采用与制造业企业相同的核算方法，产品完工才确认收入、结转成本，就会在长期的施工过程中，不能对工程进度、工程质量和工程成本进行有效的监督，不能合理确定营业成果。在这种情况下，对于跨年度施工的工程，施工企业需要根据工程的履约进度，采用投入法或产出法分别计算和确认各年度的工程价款结算收入和工程施工费用，以确定各年的经营成果。

（三）工程价款结算方式的多样性

建筑施工工程施工周期较长，资金占用量大，决定了施工企业在施工过程中需垫支大量资金，不能等到工程全部竣工后才结算工程价款，否则会影响施工企业的资金周转，从而影响施工的正常进行。为了合理地满足工程所需资金的供应，工程价款结算可采用多种方式。除工期较短、造价较低的工程采用竣工后一次结算的方法外，大多采用按月结算、分段结算等方法。

（四）资产核算的特殊性

建筑施工企业跟制造业企业相比，没有固定的厂房、办公楼，施工生产的流动性决定了对施工现场的施工机具、材料物资等生产要素要加强管理，及时反映它们的保管和使用情况，以避免集中核算造成的会计核算与施工生产脱节。施工生产的流动性还决定了企业施工队伍每次转移到一个新的施工现场，都要根据施工的需要搭建各种临时设施。因此，施工企业还需做好有关临时设施的搭建，以及临时设施的价值摊销、维修、报废、拆除等方面的会计核算工作。建筑施工企业的实物性资产主要是原材料、周转材料，还有大量临时设施等，这些资产很多时候只能露天存放，对核算和日常管理有特殊要求。

根据建筑施工企业会计核算的特点，本书重点介绍建筑施工企业周转材料、临时设施的核算，以及工程成本、工程价款结算时的核算。

【明德善思】建筑业是我国国民经济的支柱产业，也是吸纳就业、保障民生的重要领域。2024年，我国建筑业继续保持稳中有进的发展态势，全年建筑业总产值达326 501亿元，同比增长3.9%，占国内生产总值的24.2%，并吸纳了超过5 000万人就业。过去十年，建筑业经历了从建造大国向建造强国的转型，涌现出如大兴国际机场、港珠澳大桥等世界级工程，展示了"中国建造"的强大实力。同时，建筑业"走出去"步伐加快，据2021年《全球工程建设行业报告》的统计，当年有79家中国企业入选全球最大250家国际承包商榜单。

党的二十大报告提出推动绿色发展和生态文明建设，为建筑业指明了发展方向。建筑业正逐步摒弃传统高耗能、高污染模式，转向绿色化、数字化发展。2024年，全国建筑业房屋建筑施工面积达136.8亿平方米，其中绿色建筑面积占比显著提升，显示出建筑业在绿色发展方面的显著成就。

　　人工智能、大数据、物联网等前沿技术深度融入建筑领域,智能建筑系统实时监测建筑状态,优化能耗,提升舒适度;建筑机器人则提高了施工效率和质量。绿色化成为行业不可逆转的趋势,从绿色建材选用到绿色施工管控,建筑业正致力于减少建筑垃圾排放和环境污染,最终为用户提供低碳环保的建筑。

　　在党的二十大精神的引领下,建筑业未来将面临"绿色＋科技"的发展机遇与挑战,技术创新与绿色理念的结合将推动行业实现高质量发展。

　　资料来源:根据国家统计局网站资料编写。

任务二　周转材料的会计核算

　　周转材料是指企业在施工生产过程中能够多次使用并可基本保持原来的形态而逐渐转移价值的工具性材料。

　　周转材料按照在施工中的用途,可以分为如下几类:

　　(1) 模板:指浇灌混凝土用的木模、钢模等,包括配合模板使用的支撑材料、滑膜材料和扣件等。

　　(2) 挡板:指土方工程用的挡板等,包括配合挡板使用的支撑材料,按固定资产管理的固定钢模和现场使用的固定大模板则不包括在内。

　　(3) 架料:指搭脚手架用的竹竿、木杆、竹木跳板、钢管及其扣件等。

　　(4) 其他:指除以上各类之外,作为流动资产管理的其他周转材料,如塔吊使用的轻轨、枕木(不包括附属于塔吊的钢轨)以及施工过程中使用的安全网等。

　　周转材料与低值易耗品一样,在施工过程中起着劳动手段的作用,能多次使用而逐渐转移其价值。周转材料一般都要安装后才能发挥其使用价值,未安装时形同材料,为避免混淆,一般应设专库保管。此外,周转材料种类繁多,用量较大,价值较低,使用期短,收发频繁,易于损耗,需要经常补充和更换。

一、会计科目设置

　　"周转材料"科目核算周转材料的购入、领用、摊销、退库及结算情况。本科目核算在库和在用的各种周转材料的实际成本(或计划成本)的增减变化和摊销情况。可设置"在库周转材料""在用周转材料""周转材料摊销"三个二级明细科目。

　　"周转材料——在库周转材料"科目的账务处理与库存材料相同,核算各种库存周转材料的收发和结存情况。

　　"周转材料——在用周转材料"科目核算周转材料的领用、报废和在用结存情况。

　　"周转材料——周转材料摊销"科目是"周转材料"科目的备抵调整科目,核算周转材料实际价值的损耗。

二、周转材料的核算

　　周转材料可按计划成本法或实际成本法进行核算。

周转材料如果采用计划成本核算，无论总分类核算还是明细分类核算，周转材料的收入、发出和结存均按预先制订的计划成本计价，同时另设成本差异科目，记录实际成本与计划成本的差额，期末将发出和结存周转材料的成本调整为实际成本。

周转材料如果采用实际成本核算，无论总分类核算还是明细分类核算，周转材料的收发及结存均按照实际成本计价。在实际成本法下，在途周转材料使用"在途物资"账户核算，发出时可以采用个别计价法、先进先出法、月末一次加权平均法、移动加权平均法等方法计价，并计入成本费用。

在信息技术普及的情况下，会计人员借助信息化工具，可以快捷高效地对存货的收发按实际成本进行计价，本书主要介绍实际成本法。

【知识链接】部分建筑业上市企业的存货核算政策见表2-1。

表2-1   部分建筑业上市企业的存货核算政策

上市公司	存货核算政策
中国建筑（601668）	存货按照成本进行初始计量。存货成本包括建造成本、采购成本、加工成本和其他成本。原材料、周转材料、在产品以及库存商品等存货发出时，采用先进先出法或加权平均法确定发出存货的成本。周转材料采用分次摊销法进行摊销。存货的盘存制度采用永续盘存制
上海建工（600170）	存货分类为：在产品、周转材料、主要材料、结构件、机械配件、备品备件、库存苗木及花卉、产成品、开发产品和开发成本等。存货按成本进行初始计量，存货成本包括采购成本、加工成本和其他使存货达到目前场所和状态所发生的支出。除周转材料外，其他存货在领用或发出时按加权平均法计价。存货采用永续盘存制。低值易耗品采用一次摊销法；包装物采用一次摊销法

资料来源：根据上述企业2023年年报整理而得。

（一）购入周转材料的核算

建筑施工企业周转材料的购入核算方法与制造业企业基本相同，其采购成本包括买价和采购过程中发生的包装费、运输费、装卸费及运输途中的合理损耗。

【例2-1】2024年5月1日，建英建筑公司为甲工程项目采购定制模板一批，取得增值税专用发票一张，金额10 000元，税额1 300元，以银行存款支付货款，货物已验收入库，该公司对周转材料采用实际成本法核算。

借：周转材料——在库周转材料   10 000
　　应交税费——应交增值税（进项税额）   1 300
　　　贷：银行存款   11 300

（二）周转材料领用及摊销的核算

建筑施工企业应当根据具体情况对周转材料采用一次摊销、分期摊销、分次摊销或者定额摊销的方法，将其成本计入工程成本。无论采用哪种摊销方法，都应定期或在竣工时，进行周转材料的盘点及评估，以调整摊销方法的计算误差，保证工程成本计算的准确。周转材料摊销的会计核算方法见表2-2。

表2-2 周转材料摊销的会计核算方法

名称	特点	计算公式	适用范围
一次摊销法	在领用时就将周转材料的全部价值一次性计入工程成本或有关费用	—	单位价值低、易损耗的周转材料，如安全网等
分期摊销法	根据周转材料的预计使用期限，计算每期的摊销额	每期摊销额＝周转材料原价×（1-残值率）÷预计使用期数	经常使用或使用次数较多的周转材料，如脚手架、跳板、塔吊轻轨、枕木等
分次摊销法	根据周转材料的预计使用次数计算每次的摊销额	每次摊销额＝周转材料原价×（1-残值率）÷预计使用次数	使用次数较少或不经常使用的周转材料，如挡板、定型模板等
定额摊销法	根据实际完成的实物工程量和预算规定的周转材料消耗定额，计算本期的摊销额	本期摊销额＝本期完成的实物工作量×单位工程周转材料消耗定额	损耗与完成实物工程量直接相关的周转材料，如各种模板等

1.采用一次摊销法

领用时，将其实际成本计入有关的成本费用。

借：合同履约成本——工程施工等

　　贷：周转材料——在库周转材料

2.采用其他摊销法

（1）领用时，按其实际成本：

借：周转材料——在用周转材料

　　贷：周转材料——在库周转材料

（2）摊销时，按摊销额：

借：合同履约成本——工程施工等

　　贷：周转材料——周转材料摊销

（3）退库时，按其全部价值：

借：周转材料——在库周转材料

　　贷：周转材料——在用周转材料

【例2-2】2024年5月5日，建英建筑工程公司甲工程领用定制模板。该批模板的账面价值为10 000元，预计使用次数为10次，预计残值占账面价值的10%，采用分次摊销法核算。

（1）领用时，根据"周转材料领用单"，该公司的会计分录如下：

借：周转材料——在用周转材料　　　　　　　　　　　　　　　　　　　　10 000

　　贷：周转材料——在库周转材料　　　　　　　　　　　　　　　　　　　10 000

（2）每次使用摊销时，该公司的会计分录如下：

本次摊销额＝10 000×（1-10%）÷10＝900（元）

借：合同履约成本——工程施工——甲工程——材料费　　　　　　　　　　900

　　贷：周转材料——周转材料摊销　　　　　　　　　　　　　　　　　　　900

【知识链接】假如建英建筑工程公司甲工程对领用的全新模板采用一次摊销法摊销。根据"周转材料领用单"编制如下会计分录：

借：合同履约成本——工程施工——甲工程——材料费　　　　10 000

　　贷：周转材料——在库周转材料　　　　　　　　　　　　　　　10 000

（三）周转材料盘点的会计核算

由于建筑施工企业的周转材料大都在露天使用、堆放，受自然影响损耗较大，而且施工过程中安装拆卸周转材料的技术水平、施工生产工艺的高低对周转材料的使用寿命也有直接影响，因此，在实际工作中，周转材料无论采用哪种摊销方法，平时计算的摊销额一般都不可能与实际价值损耗完全一致。所以，企业需在年终或工程竣工时，对周转材料进行盘点，根据实际损耗调整已提摊销额，以保证工程成本或有关费用的正确性。若是已提摊销额不足，要补提摊销额，对于多提的摊销额要冲回，以达到对工程成本的正确调整。此外，企业清查盘点中若发现短缺、报废的周转材料，应及时办理报废手续，并办理补提摊销。

周转材料短缺、报废时，按入库残料价值，借记"原材料"账户，按已提摊销额，借记"周转材料——周转材料摊销"账户，按应补提的摊销额，借记"合同履约成本——工程施工"等账户，同时，按周转材料的实际成本，贷记"周转材料——在用周转材料"账户。

【例2-3】2024年7月30日，建英建筑公司名下甲工程报废定制模板一批，该批模板实际成本10 000元，已提摊销额8 100元，实际残值400元，残料已验收入库。

应计入"合同履约成本"的总金额 = 10 000 - 400 = 9 600（元）

应补提计入"合同履约成本"的金额 = 9 600 - 8 100 = 1 500（元）

借：原材料　　　　　　　　　　　　　　　　　　　　　　　　400

　　周转材料——周转材料摊销　　　　　　　　　　　　　　8 100

　　合同履约成本——工程施工——甲工程——材料费　　　　1 500

　　贷：周转材料——在用周转材料　　　　　　　　　　　　　　10 000

任务三　临时设施的会计核算

临时设施是指建筑施工企业为了保证施工生产和管理工作的正常进行，而在施工现场建造的生产和生活用的各种临时性的简易设施。临时设施是施工企业长期资产的组成部分。

施工队伍进入新的建筑工地时，为了保证施工的顺利进行，必须搭建一些临时设施。在工程完工以后，这些临时设施就失去了它原来的作用，必须将其拆除或做其他处理。

临时设施通常可分为大型临时设施和小型临时设施两类。

大型临时设施主要包括：①施工人员的临时宿舍；②食堂、浴室、医务室、图书馆、理发室和托儿所等现场临时性文化福利设施；③施工单位及附属企业在现场的临时办公室；④现场各种临时仓库和施工机械设备库；⑤临时铁路专用线、轻便轨道、塔式起重机路基、临时道路、厂区刺网、围墙等；⑥施工过程中应用的临时给水、排水、供电、供热、管道等；⑦施工现场的混凝土构件预制厂、混凝土搅拌站、钢筋加工厂、木材加工厂等临时性建筑物。

小型临时设施主要包括：①现场施工和警卫安全用的小型临时设施，如作业棚、休息棚、茶炉棚、化灰池、施工用不固定的水管、电线、宽三米以内的便道、临时刺网等；②保管器材用的小型临时设施，如简易料棚、工具储藏室等；③行政管理用的小型临时设施，如工地收发室等。

一、科目设置

临时设施的使用期限较长，性质与固定资产相似，施工生产过程中发挥着劳动资料的作用，在使用过程中基本保持其原有的实物形态。因此，临时设施的价值参照固定资产计提折旧的方式，采用一定的摊销方法，分别计入受益的工程成本。

建筑施工企业核算临时设施的成本、摊销及清理情况，可以设置"固定资产——临时设施""累计折旧——临时设施摊销""固定资产清理——临时设施清理"等账户进行核算，也可以单独设置"临时设施"和"临时设施摊销"两个一级科目进行核算。无论是否单独设置"临时设施"科目核算，在资产负债表中均通过"固定资产"项目列报。本任务采用前一种方法进行核算。

二、临时设施的会计核算

(一) 购建临时设施的核算

建筑施工企业用银行存款购入的临时设施，应按购入的实际支出，借记"固定资产——临时设施"账户，贷记"银行存款"账户。

对于需要通过建造安装才能完成的临时设施，需要先通过"在建工程"账户核算。按建造安装过程中发生的各项费用，借记"在建工程"账户，贷记"原材料""应付职工薪酬"等账户；待建造安装完工，达到预定可使用状态时，按建造安装期间发生的实际成本，从"在建工程"账户转入"固定资产——临时设施"账户，即借记"固定资产——临时设施"账户，贷记"在建工程"账户。

【例2-4】2024年4月18日，建英建筑公司在甲工程施工现场搭建临时办公室，领用建筑材料200 000元，发生人工费用60 000元，以银行存款支付与之相关的其他费用40 000元。

```
借：在建工程——临时设施——甲工程临时办公室            300 000
    贷：原材料                                            200 000
        应付职工薪酬                                       60 000
        银行存款                                           40 000
```

【例2-5】2024年4月25日，建英建筑公司在甲工程施工现场搭建的临时办公室交付使用，共发生建设费用300 000元。

```
借：固定资产——临时设施——甲工程临时办公室            300 000
    贷：在建工程——临时设施——甲工程临时办公室            300 000
```

（二）临时设施摊销的核算

建筑施工企业的各种临时设施，应根据其服务方式，合理确定摊销方法，在恰当的期限内将其价值摊入工程成本。

当月增加的临时设施，当月不摊销，从下月起开始摊销；当月减少的临时设施，当月继续摊销，从下月起停止摊销。

摊销时，应根据按月计算的摊销额，借记"合同履约成本——工程施工"等账户，贷记"累计折旧——临时设施摊销"账户。由于临时设施一般在工程完工后需要拆除，所以其摊销期限按照预计使用期限与工程的施工期限孰短的原则确定。临时设施摊销的会计核算方法见表2-3。

表2-3　　　　　　　　　　　临时设施摊销的会计核算方法

名称	概念	公式	适用范围
工期法	工期法是指将临时设施的成本按照工期平均分摊到各期的一种方法，其原理与固定资产折旧的平均年限法相同	临时设施月摊销额＝临时设施成本×（1-预计净残值率）÷预计使用月数	在工程建设期间按月进行摊销的临时设施
工作量法	工作量法是指根据实际工作量计算每期摊销额的一种方法，主要考虑了临时设施的使用强度	每一工作量摊销额＝临时设施成本×（1-预计净残值率）÷预计总工作量 临时设施月摊销额＝临时设施当月实际工作量×每一工作量摊销额	
一次摊销法	直接将临时设施的成本一次性全部计入受益的工程成本	—	价值相对较低的临时设施

【例2-6】沿用【例2-5】的资料，建英建筑公司甲工程施工期限为2年，临时办公室的建设费用为300 000元，预计净残值为4%，采用工期法按月计提临时办公室的折旧。

临时办公室月折旧额＝300 000×（1－4%）÷2÷12＝12 000（元）

借：合同履约成本——工程施工——甲工程——其他直接费　　　12 000

　　贷：累计折旧——临时设施摊销　　　　　　　　　　　　　　　　12 000

（三）临时设施清理的核算

企业出售、拆除、报废的临时设施应转入清理。转入清理的临时设施，按临时设施账面净值，借记"固定资产清理——临时设施清理"账户，按已摊销金额，借记"累计折旧——临时设施摊销"账户，按其账面原值，贷记"固定资产——临时设施"账户。

出售、拆除、报废过程中发生的变价收入和残料价值，借记"银行存款""原材料"等账户，贷记"固定资产清理——临时设施清理"账户，发生的清理费用，借记"固定资产清理——临时设施清理"账户，贷记"银行存款"等账户。

清理结束后，若发生净损失，借记"营业外支出"账户，贷记"固定资产清理——临时设施清理"账户；若发生净收益，则借记"固定资产清理——临时设施清理"账户，贷记"营业外收入"账户。

【例2-7】假设2024年12月25日，建英建筑公司旗下的甲工程竣工，拆除临时办公室，拆除时已提折旧240 000元，在拆除过程中以银行存款支付清理费用3 000元，残料作价25 000元入库。

①将拆除的临时设施转入清理

借：固定资产清理——临时设施清理——甲工程临时办公室　　　　　60 000
　　累计折旧——临时设施摊销　　　　　　　　　　　　　　　　240 000
　　　贷：固定资产——临时设施——甲工程临时办公室　　　　　　300 000

②核算发生的清理费用

借：固定资产清理——临时设施清理——甲工程临时办公室　　　　　3 000
　　　贷：银行存款　　　　　　　　　　　　　　　　　　　　　3 000

③核算回收的残料

借：原材料　　　　　　　　　　　　　　　　　　　　　　　　25 000
　　　贷：固定资产清理——临时设施清理——甲工程临时办公室　　25 000

④结转清理后的净损失

借：营业外支出　　　　　　　　　　　　　　　　　　　　　　38 000
　　　贷：固定资产清理——临时设施清理——甲工程临时办公室　　38 000

任务四　施工成本的核算

建筑施工企业的施工费用是指在施工生产过程中所发生的一定数量的人力、物力和财力的耗费，按一定的建造工程对象进行归集，就构成了建造工程的施工成本。建筑施工企业工程施工成本的核算内容、核算项目、账户设置、核算程序和结算方式跟制造业企业相比，有很大的不同。

一、建筑施工企业工程成本核算概述

（一）成本核算对象的确定

工程成本的成本核算对象是指在成本核算时，确定归集和分配生产费用的具体对象，即承担生产费用的客体。成本核算对象的确定，是设立工程成本明细账，归集和分配生产费用，正确计算工程成本的前提。

施工企业一般应按照与施工图预算相适应的原则，以每一独立签订施工承包合同的单位工程为依据，并结合企业施工组织的特点和加强工程成本管理的要求，来确定工程成本核算对象。

按上述原则，工程成本核算对象的确定方法主要有以下几种：

（1）建筑安装工程通常应以每一独立编制施工图预算的单位工程为成本核算对象。

（2）如果一个单位工程由几个施工单位共同施工，则各施工单位都应以同一单位工程为成本核算对象，各自核算自己完成的部分。

（3）对于规模大、工期长的单位工程，可以将工程划分为若干部分，以分部工程作为成本核算的对象。

（4）如果同一建设项目，由同一单位施工、同一施工地点、同一结构类型且开竣工时间相接近的若干个单位工程组成，则可以合并作为一个成本核算对象。

（5）对于改建、扩建的零星工程，可以将开（竣）工时间相接近、属于同一建设项目的多个单位工程，合并作为一个成本核算对象。

（6）对于土石方工程、桩基工程，可按实际情况与管理需要，以一个单位工程或合并若干单位工程为成本核算对象。

施工企业的成本核算对象应在工程开工以前确定，且一经确定后不得随意变更，更不能相互混淆。

成本核算对象确定以后，施工企业的每项工程成本按计算范围分类，结合管理需要，可分解为分项工程、分部工程、单位工程、单项工程和全部工程成本。这五个工程成本依次为包含关系，后面包含前面。施工企业的工程成本按计算范围的分类见表2-4。

表2-4　　　　　　　　　　　施工企业的工程成本按计算范围的分类

按计算范围分类	概念
全部工程成本	是指建筑施工企业从事各种建筑安装工程施工所发生的全部施工费用，也称作总成本。例如，整条高速公路建设的全部成本
单项工程成本	是指具有独立设计，建成后能独立发挥生产能力和效益的各项工程所发生的全部施工费用。例如，公路建设中某个隧道的工程成本
单位工程成本	是单位工程施工所发生的全部施工费用。例如，公路建设中某个隧道单项工程可分为土建工程、照明和通气工程等单位工程成本
分部工程成本	是指分部工程施工所发生的全部施工费用。例如，基础工程、桥梁上下部工程、路面工程、路基工程等
分项工程	是指分项工程施工所发生的全部施工费用。例如，基础工程可分为围堰、挖基、砌筑基础、回填等

做好成本核算的各项基础工作是保证成本核算工作正常进行，保证成本核算工作质量的前提条件。建筑施工企业应做好成本核算的基础工作，建立健全原始记录制度，建立健全各项财产物资的收发、领退、清查和盘点制度。施工企业所有反映工程成本费用的原始记录和核算资料都必须按照确定的成本核算对象填写清楚，以便于准确地归集和分配施工生产费用。为了集中地反映和计算各个成本核算对象本期应负担的施工生产成本，财务会计部门应该按每一成本核算对象设置工程成本明细账，并按成本项目分设专栏来组织成本核算，以便于正确计算各个成本核算对象的实际成本。

（二）建筑施工成本核算内容

建筑施工成本是指建筑施工企业在施工过程中发生的，按一定的成本核算对象归集的生产费用总和，包括人工费、材料费、机械使用费、其他直接费用和间接费用。

由于人工费、材料费、机械使用费和其他直接费用直接耗用于工程施工过程，也叫"工程直接费用"。间接费用要按照一定标准分配计入各项工程成本，工程直接费用加上分配的间接费用，构成工程施工成本。施工成本项目见表2-5。

表2-5 施工成本项目

成本项目		含义	核算内容
直接费用	人工费	指施工过程中直接从事工程施工的工人以及在施工现场直接为工程制作构件和运料、配料等人员的工资薪酬	工资，奖金、职工福利费，工资性质的津贴、劳动保护费等
	材料费	指施工过程中耗用的构成工程实体的各种材料成本	原材料、辅助材料、构配件、零件、半成品的费用和周转材料的摊销及租赁费用，不包括需要安装设备的价值
	机械使用费	指施工过程中使用机械发生的费用	使用自有施工机械所发生的机械使用费和租用外单位施工机械的租赁费及施工机械进出场费
	其他直接费用	指直接用于工程施工，但不属于材料费、人工费、机械使用费的其他各项费用	在施工过程中发生的材料二次搬运费、临时设施摊销费、生产工具用具使用费、检验试验费、工程定位复测费、场地清理费以及夜间施工增加费等
间接费用		指为施工准备、组织和管理施工生产所发生的全部支出	现场项目管理人员的工资奖金和职工福利费、行政管理用固定资产折旧费及修理费、物料消耗、低值易耗品摊销、取暖费、水电费、办公费、差旅费、财产保险费、工程保修费、劳动保护费及其他费用等

【知识链接】①工程预算是一个建设项目根据施工图、预算定额、取费标准等，对工程项目所需全部费用进行估算的过程。一般情况下，是在开工前，由施工单位进行的，是工程造价的基础。②工程造价一般是指进行某项工程建设所花费的全部费用，即从筹建到竣工验收所发生的全部费用，包括建筑材料、人工、机械设备、施工管理、监理、土地青苗补偿费、勘察设计费等，还包括按规定应计入工程造价的利润和税金、保险费等其他费用，是一个建设项目完工后结转固定资产的基础。工程造价包括工程预算，工程预算属于工程造价。

（三）施工企业施工成本的核算

建筑施工企业的施工成本是指工程实际成本，在施工过程中，为完成建造合同所发生的全部生产费用的总和，不包含期间费用。

施工企业施工成本核算的基本程序如下：

（1）归集各项生产费用，将本期发生的各项经营费用，如材料费、职工薪酬、折旧费等，按其用途，归集到有关成本或费用账户。

（2）分配机械作业费用。期末将归集在"机械作业"账户的费用向各受益对象分配，记入"合同履约成本"账户。

（3）分配施工间接费用。期末将归集在"施工间接费用"账户的费用向各受益工程分配，记入"合同履约成本"有关明细账户。

（4）计算和结转工程成本。期末计算本期已完工程或竣工工程的实际成本，并将竣工工程的实际成本从"合同履约成本"账户转出，尚未竣工工程的实际成本仍然保留在"合同履约成本"账户，不予结转。

（四）账户设置

1."合同履约成本"账户

本账户核算建筑施工企业（建造承包商）为履行当前或预期取得的建造合同所发生的，不属于其他企业会计准则规范范围，且按照《企业会计准则第14号——收入》的规定应当确认为一项资产的成本。本账户可按照建造合同，分别"服务成本""工程施工"等进行明细核算。涉及增值税的，还应进行相应的处理。本账户期末借方余额，反映企业尚未结转的合同履约成本。

"合同履约成本——工程施工"核算企业进行建筑施工工程所发生的各项费用。施工过程中发生的各项费用应按成本核算对象和成本项目进行归集。本账户的借方登记实际发生的各项施工耗费，贷方登记施工企业根据工程合同确定的工程价款结算办法，按月或按期结转已完工程的成本，本账户月末借方余额为未完工程的实际成本。

"合同履约成本——工程施工"可设置"人工费""材料费""机械使用费""其他直接费用""间接费用"等明细账户，分别核算工程施工涉及的人工费、材料费、机械使用费、其他直接费用和间接费用。

（1）各项费用发生时

借：合同履约成本——工程施工——各明细账户

　　贷：银行存款/应付职工薪酬/原材料/周转材料/临时设施摊销/包装物/低值易耗品/机械作业等

（2）合同履约成本结转

借：主营业务成本/其他业务成本

　　贷：合同履约成本——工程施工——各明细账户

【知识链接】在新准则背景下，"工程施工"科目被"合同履约成本"科目所替代，"合同履约成本"记录工程建造过程中发生的原材料、职工薪酬等，实际确认成本时，转入主营业务成本。

2."机械作业"账户

"机械作业"账户核算施工企业（建造承包商）及其内部独立核算的施工单位、机械站和运输队使用自有施工机械和运输设备进行机械作业（包括机械施工和运输作业等）所发生的各项费用。但是企业及其内部独立核算的施工单位，从外单位或本企业其他内部独立核算的机械站租入施工机械发生的机械租赁费，直接在"合同履约成本"账户核算。

"机械作业"账户可按施工机械或运输设备的种类等进行明细核算。施工企业内部独立核算的机械施工、运输单位使用自有施工机械或运输设备进行机械作业所发生的各项费用，可按成本核算对象和成本项目进行归集。企业发生机械作业支出时，借记"机械作业"账户，贷记"原材料""应付职工薪酬""累计折旧"等账户。

会计期末，企业及其内部独立核算的施工单位、机械站和运输队为本单位承包的工程进行机械施工和运输作业的成本，应转入承包工程的成本，借记"合同履约成本——工程施工——机械使用费"账户，贷记"机械作业"账户。对外单位、专项工程等提供机械作业（包括运输作业）的成本借记"劳务成本"账户，贷记"机械作业"账户，该账户期末结转后无余额。

3.　"施工间接费用"账户

"施工间接费用"账户用于核算企业下属的施工生产单位（即工区或施工队）为组织和管理施工生产而发生的各项费用，包括工区或施工队管理人员的薪酬、固定资产折旧费、财产保险费、差旅费、办公费等间接费用。该账户借方登记实际发生的各项间接费用，贷方登记期末分配转入各工程成本的间接费用，期末结转后一般无余额。

（五）建筑施工企业施工成本的归集

1.　材料费用的核算

材料费用包括施工过程中耗用的构成工程实体的主要材料、结构件的费用和有助于工程形成的其他材料的费用，以及周转材料的摊销和租赁费。原材料的核算同周转材料一样，可按计划成本核算，也可按实际成本核算，本章均采用实际成本核算。

建筑施工企业所耗用的材料，除了主要用于工程施工外，还用于临时设施、机械作业等其他方面，因此，企业进行材料费用核算时，必须严格区分材料的用途，只有直接用于工程建设的材料才能直接计入工程成本。

通过归集和分配材料费用，编制材料费用分配表，按照不同项目进行核算，计入各项目的工程成本。

【例2-8】2024年6月，亚军建筑公司第一工程处有两项在建工程，1号工程4月开工，尚未完工，2号工程6月开工，当月竣工。1号工程按月结算工程价款，2号工程竣工后一次性结算工程价款。两项工程在同一施工地点，为此共用一个项目部。亚军建筑公司为增值税一般纳税人，适用一般计税方法，适用的增值税税率为9%。现以该项目部6月份发生的业务为例，说明其工程成本的核算过程。第一工程处月末编制月度材料费用分配表见表2-6。

表2-6　　　　　　　　　　　　　　　材料费用分配表

领用单位：第一工程处　　　　　　　2024年6月30日　　　　　　　　　　单位：元

核算对象	主要材料				水泥预制件	其他材料	合计
	钢材	水泥	其他主要材料	合计			
1号工程	120 000	50 000	15 000	185 000	350 000	8 000	543 000
2号工程	90 000	30 000	12 000	132 000	70 000	3 000	205 000
合计	210 000	80 000	27 000	317 000	420 000	11 000	748 000

根据表2-6的资料，该公司应编制如下会计分录：

①2024年6月30日，核算1号工程应承担的各种材料费用。

借：合同履约成本——工程施工——1号工程——材料费　　　　543 000

　　贷：原材料——主要材料　　　　　　　　　　　　　　　　185 000

　　　　　　　——水泥预制件　　　　　　　　　　　　　　　350 000

　　　　　　　——其他材料　　　　　　　　　　　　　　　　　8 000

②2024年6月30日，核算2号工程应承担的各种材料费用。

借：合同履约成本——工程施工——2号工程——材料费　　　205 000

　　贷：原材料——主要材料　　　　　　　　　　　　　　　　132 000

　　　　　　——水泥预制件　　　　　　　　　　　　　　　　　70 000

　　　　　　——其他材料　　　　　　　　　　　　　　　　　　3 000

2. 人工费用的核算

人工费用可区分为内部人工、外包人工进行核算。

内部人工主要是指内部工程队，内部工程队人员的工资由企业直接发放。内部工程队是企业基层的组织形式，由工程项目部管理。内部人工费一般有计件工资、计时工资和加班工资等。企业在核算内部人工费时，应严格区别内部人工费的用途。月末，将所归集的内部人工费直接记入各有关账户。能分清受益对象的，直接计入各受益工程的成本；不能分清受益对象的，需按照每项工程的工人实际工时或定额工时进行分配后再计入各项工程成本。

外包人工费是指建筑施工企业与劳务分包企业或劳务派遣机构签订包工合同，以实际完成的实物工程量，按月根据合同规定的结算方式结算的人工费。通过归集和分配人工费用，按照不同项目进行核算，计入各项目的工程成本。

【例2-9】2024年6月30日，亚军建筑公司第一工程处结算内部人工费用共370 000元，其中，1号工程270 000元、2号工程100 000元。

根据以上资料，作如下会计分录：

借：合同履约成本——工程施工——1号工程——人工费——内部　　270 000

　　　　　　　　　　　　——2号工程——人工费——内部　　100 000

　　贷：应付职工薪酬　　　　　　　　　　　　　　　　　　　　370 000

【例2-10】2024年6月30日，亚军建筑公司第一工程处结算外包人工费用共95 400元，收到外部劳务公司甲公司开具的增值税专用发票，外部劳务费90 000元，增值税5 400元。其中，1号工程70 000元、2号工程20 000元。

根据以上资料，作如下会计分录：

借：合同履约成本——工程施工——1号工程——人工费——外包　　70 000

　　　　　　　　　　　　——2号工程——人工费——外包　　20 000

　　应交税费——应交增值税（进项税额）　　　　　　　　　　　5 400

　　贷：应付账款——甲公司　　　　　　　　　　　　　　　　　95 400

3. 机械使用费的核算

机械使用费包括施工过程中使用自有施工机械所发生的机械使用费和租用外单位施工机械的租赁费以及施工机械安装、拆迁和进出场费等。

（1）使用自有施工机械

使用自有施工机械或运输设备作业过程中发生的费用，应首先按机组或单机在"机械作业"账户进行归集，计算每台班的实际成本。月末根据使用的台班数，计算确定各成本核算对象应分摊的机械使用费，进行分配结转，借记"合同履约成本——工程施工——机械使用费"账户，贷记"机械作业"账户。

【例2-11】2024年6月，亚军建筑公司第一工程处自有的1台推土机领用燃料柴油的实际成本为6 500元，应付机械操作人员工资及其他薪酬共计11 050元，以银行存款支付维修费3 900元，另外，计提折旧费2 600元。

借：机械作业——推土机 24 050
　　贷：原材料——柴油 6 500
　　　　应付职工薪酬 11 050
　　　　银行存款 3 900
　　　　累计折旧 2 600

【例2-12】沿用【例2-11】的资料，2024年6月亚军建筑公司第一工程处自有的推土机实际发生费用24 050元，按台班分配机械费用，本月提供10个台班，其中为1号工程提供4个台班，为2号工程提供6个台班。

推土机单位台班实际成本 = 24 050 ÷ 10 = 2 405（元/台班）

1号工程应分配的机械使用费 = 2 405 × 4 = 9 620（元）

2号工程应分配的机械使用费 = 2 405 × 6 = 14 430（元）

借：合同履约成本——工程施工——1号工程——机械使用费 9 620
　　　　　　　　　　　　　　——2号工程——机械使用费 14 430
　　贷：机械作业——推土机 24 050

（2）租用施工机械

如果建筑施工企业是从外单位或本企业其他内部独立核算的机械站租入施工机械，按规定支付的租赁费，直接记入"合同履约成本——工程施工——机械使用费"账户，不通过"机械作业"账户核算。

【例2-13】2024年6月30日，亚军建筑公司第一工程处收到天霸公司机械租赁费结算账单，租用挖掘机的租赁费为50 000元，增值税税额为6 500元，取得增值税专用发票，以转账支票支付了租赁费。根据本月工作台账记录，1号工程共使用50台班，2号工程共使用30台班。

单位台班机械租赁费 = 50 000 ÷（50 + 30）= 625（元/台班）

1号工程应负担的机械租赁费 = 625 × 50 = 31 250（元）

2号工程应负担的机械租赁费 = 625 × 30 = 18 750（元）

借：合同履约成本——工程施工——1号工程——机械使用费 31 250
　　　　　　　　　　　　　　——2号工程——机械使用费 18 750
　　应交税费——应交增值税（进项税额） 6 500
　　贷：银行存款 56 500

4.其他直接费用的核算

其他直接费用是指在施工过程中发生的除上述三项直接费用以外的其他可直接计入各成本核算对象的费用，包括施工生产中发生的安全措施费、流动施工津贴、生产工具用具使用费、材料二次搬运费、检验试验费、工程定位复测费、工程点交和场地清理费用等。

施工企业发生的其他直接费用，凡能分清受益对象的，应直接计入受益对象的成本，即借记"合同履约成本——工程施工"各工程明细账户，贷记"银行存款"等账户；凡不能分清受益对象的，可采用合理的分配方法，分摊计入有关成本核算对象。几个工程共同发生且不能直接确定成本核算对象的其他直接费用，可以先行在"合同履约成本——工程施工——其他直接费用"明细账户中归集，月末或竣工时，按照定额用量预算费用或以工程的工料成本作为分配基数编制"其他直接费用分配表"，再按照费用分配表进行结转，即借记"合同履约成本——工程施工"各工程明细账户，贷记"合同履约成本——工程施工——其他直接费用"账户。

【例2-14】2024年6月15日，亚军建筑公司第一工程处用银行存款支付检验费19 000元，增值税1 140元。其中，1号工程检验费12 000元、2号工程检验费7 000元。

借：合同履约成本——工程施工——1号工程——其他直接费用　　　　12 000

　　　　　　　　　　——2号工程——其他直接费用　　　　　　　 7 000

　　应交税费——应交增值税（进项税额）　　　　　　　　　　　　 1 140

　贷：银行存款　　　　　　　　　　　　　　　　　　　　　　　　　20 140

5.施工间接费用的核算

施工间接费用是指为完成合同发生的、非直接归属于合同成本核算对象而应分配计入有关合同成本核算对象的各项费用支出，是企业所属各施工单位（分公司、工程处、工区、施工队、项目经理部）为组织和管理工程施工所必须发生的各项费用，主要包括临时设施摊销费用和施工、生产单位发生的管理人员工资、奖金、福利费、劳动保护费、固定资产折旧费及修理费、物料消耗、低值易耗品摊销、取暖费、水电费、办公费、差旅费、财产保险费、工程保修费等，作用类似于"制造费用"账户。

如果项目部只有一个成本核算对象，施工间接费用可直接计入成本核算对象的成本中，借记"合同履约成本——工程施工——×工程——间接费用"等账户，贷记有关账户。

如果项目部同时有多个成本核算对象，施工间接费用可增设"施工间接费用"账户，先通过"施工间接费用"账户进行归集，成本计算期末再采用系统、合理的方法分配计入各工程成本。费用发生时，借记"施工间接费用"账户，贷记有关账户；期末分配计入有关工程成本时，借记"合同履约成本——工程施工——×工程——间接费用"账户，贷记"施工间接费用"账户。分配时，一般以各成本核算对象的直接成本为标准进行分配。工程施工间接费用一览表见表2-7。

表2-7　　　　　　　　　　　　　工程施工间接费用一览表

间接费用	内容
临时设施摊销费	指为保证施工和管理的正常进行而建造的各种临时性生产和生活设施，如临时宿舍、文化福利及公用设施，仓库、办公室、加工厂，以及规定范围内道路及水、电管线等临时设施的摊销费
管理人员工资	管理人员工资，指施工单位管理人员的工资、奖金和工资性津贴
职工福利费	指施工单位管理人员发生的职工福利费支出不超过工资薪金总额14%的部分
劳动保护费	指用于施工单位职工的劳动保护用品和技术安全设施的购置、摊销和修理费，防暑饮料、洗涤用品等物品的购置费或补助费，以及工地上职工洗澡、饮水的燃料费等

间接费用	内容
办公费	指施工单位管理部门办公用的文具、纸张、账表、印刷、邮电、书报、会议、水电、烧水和集体取暖（包括现场临时宿舍取暖）用煤等费用
交通差旅费	指施工单位职工因公出差期间的旅费、住宿补助费，市内交通费和误餐补助费，职工探亲路费，职工离退休、离职一次性路费，工伤人员就医路费，以及现场管理使用的交通工具的燃料费、养路费及牌照费等
折旧费	指施工单位施工管理和试验部门等使用属于固定资产的房屋、设备、仪器，以及不实行内部独立核算的辅助生产单位的厂房等的折旧费
修理费	指施工单位施工管理和试验部门等使用属于固定资产的房屋、设备、仪器，以及不实行内部独立核算的辅助生产单位的厂房等的经常修理费和大修理费
工具用具使用费	指施工单位施工管理和试验部门等使用不属于固定资产的工具、器具、家具和检验、试验、测绘、消防用具等的购置、摊销和维修费
保险费	指施工管理用财产、车辆的保险费，以及海上、高空、井下作业等特殊工种的安全保险费

【例2-15】2024年6月，亚军建筑公司第一工程处有1号工程和2号工程，项目经理部发生费用如下：工资41 000元、折旧费9 042元、电费2 000元，增值税专用发票注明电费的增值税为260元，电费及其增值税已用银行存款支付。施工间接费用以各成本核算对象的直接成本为标准进行分配。

（1）费用发生时

借：施工间接费用　　　　　　　　　　　　　　　　　　　52 042

　　应交税费——应交增值税（进项税额）　　　　　　　　　260

　　　贷：应付职工薪酬　　　　　　　　　　　　　　　　　　　41 000

　　　　累计折旧　　　　　　　　　　　　　　　　　　　　　9 042

　　　　银行存款　　　　　　　　　　　　　　　　　　　　　2 260

（2）月末分配结转时

施工间接费用分配表见表2-8。

表2-8　　　　　　　　　　施工间接费用分配表

施工单位：第一工程处　　　　　　2024年6月30日　　　　　　金额单位：元

成本核算对象	工程直接费用	分配率	应分配金额
1号工程	935 870	0.04	37 434.80
2号工程	365 180	0.04	14 607.20
合计	1 301 050	0.04	52 042

表2-8中，1号工程和2号工程直接费用的计算见表2-9。

表2-9　　　　　　　　　　　工程直接费用明细表　　　　　　　　　单位：元

工程直接费用名称	1号工程	2号工程	来源
材料费	543 000	205 000	例2-8
人工费（内部）	270 000	100 000	例2-9
人工费（外部）	70 000	20 000	例2-10
机械使用费	40 870	33 180	例2-12、例2-13
其他直接费用	12 000	7 000	例2-14
合计	935 870	365 180	

表2-8中的分配率计算如下：

分配率 = 52 042 ÷（935 870 + 365 180）= 0.04

1号工程应分配的金额=935 870 × 0.04 = 37 434.80（元）

2号工程应分配的金额=365 180 × 0.04 = 14 607.20（元）

借：合同履约成本——工程施工——1号工程——间接费用　　　37 434.80

　　　　　　　　　　　　　　——2号工程——间接费用　　　14 607.20

　　贷：施工间接费用　　　　　　　　　　　　　　　　　　　　　52 042

（六）已完工程实际成本的计算

计算工程成本是建筑施工企业会计核算的重要内容，企业应按照工程成本结算时间与工程价款结算时间一致的原则，根据不同工程价款结算方式，按期（指工程结算期）结算已完工程成本。现行工程价款结算方式主要有竣工后一次结算、分段结算和分期（月或季）结算等，企业不论是定期还是不定期结算已完工程成本，当月发生的生产费用必须在当月按照成本核算对象和成本项目进行归集与分配。

在这个过程里，需要按月或按期计算未完工程和已完工程的实际成本，待工程竣工时还应计算竣工工程的实际成本，并按施工合同的规定及时结算已完工程价款。未完工程又称"未完施工"，是指已投料施工，但在月末或期末尚未完成预算定额规定的工序和内容的分部分项工程；"已完工程"是在月末或期末已经完成了预算定额规定的全部工序和内容，不需要继续施工的分部分项工程，亦称"已完施工"；"竣工工程"是指按施工图规定，全部完工，经验收合格，可以移交发包单位使用的工程项目。工程价款结算方式及相应工程实际成本计算方法见表2-10。

表2-10　　　　　　　　工程价款结算方式及相应工程实际成本计算方法

结算方法	概念	已完工程实际成本的计算方法	已完工程实际成本	适用范围
工程成本竣工结算法	是指建设项目在竣工后一次结算工程价款的方式	归集施工过程发生的施工费用，在工程竣工后，所归集的全部施工费用，就是该项工程的实际成本总额	工程竣工后，归集的自开工起至竣工止的工程施工成本累计总额，就是竣工工程的实际成本	工程量小、造价低、工期短、合同约定竣工后一次结算工程价款的工程

续表

结算方法	概　念	已完工程实际成本的计算方法	已完工程实际成本	适用范围
工程成本月份结算法	是指建筑施工单位按照工程进度或者工程量的完成情况，按月跟业主进行款项结算	按月计算单位工程中已完成的分部分项工程成本，办理工程成本中间的结算	已完工程实际成本＝期初未完施工实际成本＋本期成本费用实际发生额－期末未完施工实际成本	工程量大、工期长、造价高、合同约定定期（或分段）结算工程价款的工程
工程成本分段结算法	即按照工程进度，划分不同阶段，在合同规定工程部位完工的月份，进行结算	已完工程实际成本的计算原理，与上述月份结算法相似		

1.竣工后一次结算方式下工程成本的计算

工程项目竣工后一次结算已完工程实际成本，是指在工程成本竣工结算法下以合同工程为成本计算对象，归集施工过程中发生的施工费用，在工程竣工后，所归集的全部施工费用，就是该项工程的实际成本总额。适用于工程量小、造价低、工期短、合同约定竣工后一次结算工程价款的工程。

工程竣工后，归集的自开工起至竣工止的工程施工成本累计总额，就是竣工工程的实际成本。

【例2-16】2024年6月，亚军建筑公司第一工程处2号工程当月开工，并于当月竣工，于竣工后一次性结算工程价款。亚军建筑公司为增值税一般纳税人，适用一般计税方法，适用的增值税税率为9%。合同履约成本明细账见表2-11。

表2-11　　　　　　　　　　　　合同履约成本明细账

明细科目：工程施工

成本核算对象：2号工程　　　　　　　　2024年6月30日　　　　　　　　单位：元

2024年		凭证号数	摘要	直接成本				间接费用	工程成本合计
月	日			材料费	人工费	机械使用费	其他直接费用		
6	1		期初已完工实际成本						
6	1		期初未完工实际成本						
6	30		分配材料费	205 000					205 000
6	30		分配内包人工费		100 000				100 000
6	30		分配外包人工费		20 000				20 000
6	30		分配自有机械使用费			14 430			14 430
6	30		分配租赁机械费			18 750			18 750
6	30		分配其他直接费用				7 000		7 000
6	30		分配间接费用					14 607.20	14 607.20

续表

2024年		凭证号数	摘要	直接成本				间接费用	工程成本合计
月	日			材料费	人工费	机械使用费	其他直接费用		
6	30		本期施工费用发生额	205 000	120 000	33 180	7 000	14 607.20	379 787.20
			减：期末未完施工成本						
			本期已完工程施工成本	205 000	120 000	33 180	7 000	14 607.20	379 787.20
			自开工起累计已完工程实际成本	205 000	120 000	33 180	7 000	14 607.20	379 787.20

$$
\begin{aligned}
\text{2号工程本期已完工程施工成本} &= 205\,000 + 100\,000 + 20\,000 + 14\,430 + 18\,750 + 7\,000 + 14\,607.20 \\
&= 379\,787.20（元）
\end{aligned}
$$

2.定期（或分段）结算方式下工程成本的计算

定期（或分段）结算方式下工程成本的计算，是指在工程成本月份结算法或分段结算法下，计算单位工程中已完分部分项工程成本，办理工程成本中间的结算。适用于工程量大、工期长、造价高、合同约定定期（或分段）结算工程价款的工程。

在定期（或分段）结算方式下，"已完工程"是指已经完成预算定额规定的工序与施工内容，本企业不需要再进行加工的分部分项工程。分部分项工程是构成工程项目的基本要素，也是编制工程预算最基本的计量单位，有一定的工作内容和质量标准。虽然这部分工程不是竣工工程，也不具有完整的使用价值，但企业已不需要再进行任何施工活动，就可以确定它的工程数量和质量，故能够将其作为"已完工程"，计算其实际成本，并按合同价格向业主收取工程价款。相反，凡在期末尚未完成预算定额规定的全部工序与施工内容的分部分项工程称为"未完施工"，这部分"未完施工"不能向业主收取工程价款。

$$
\text{本期已完工程实际成本} = \text{期初未完施工实际成本} + \text{本期成本费用实际发生额} - \text{期末未完施工实际成本}
$$

其中，"期初未完施工实际成本"和"本期成本费用实际发生额"可以直接从"合同履约成本——工程施工"有关明细账中取得，而"期末未完施工实际成本"则需按一定的方法计算取得。

（1）期末未完工程实际成本的计算

期末未完工程实际成本可采用预算单价计算，也可采用实际成本计算，预算单价计算又分为估价法和估量法，这里仅介绍估价法。

估价法，又称约当产量法，是指期末根据现场施工情况，对未完工程进行盘点，将月末未完施工的实物量，按其已完工序和已做工作占分部分项工程的百分比，折合成相当于已完工程的实物量，再乘以分部分项工程的预算单价，并加计一定比例的施工管理费，即为期末未完施工的预算成本。

在实际工作中，如果当期完成的全部工程量中未完工程所占的比重比较小，而且期初、期末未完施工的数量变化不大，为了简化成本核算手续，未完施工不分摊管理费用，可将未完施工的预算成本视同其实际成本。

期末未完施工预算成本 = 期末未完施工折合成已完工程实物量 × 该分部分项工程预算单价

未完施工盘点单见表2-12。

表2-12　　　　　　　　　　　　未完施工盘点单

编制单位：第一工程处　　　　　　　2024年6月30日

| 单位工程名称 | 分部分项工程 | | 已做工序 | | | | 预算成本（元） | 其中 | | |
	名称	预算单价（元）	工程名称或内容	占分部分项工程的比例	已完数量	折合分部分项工程量		材料费（元）	人工费（元）	机械使用费（元）
1号工程	墙面抹灰	5	抹一遍	50%	36 000m²	18 000m²	90 000	40 000	35 000	15 000
合计							90 000	40 000	35 000	15 000

（2）已完工程实际成本的计算

【例2-17】2024年6月，亚军建筑公司第一工程处4月开工的1号工程，尚未竣工，按月结算工程价款。亚军建筑公司为增值税一般纳税人，适用一般计税方法，适用的增值税税率为9%。

合同履约成本明细账见表2-13。

表2-13　　　　　　　　　　　　合同履约成本明细账

明细科目：工程施工

成本核算对象：1号工程　　　　　　　　2024年6月30日　　　　　　　　单位：元

| 2024年 | | 凭证号数 | 摘要 | 直接成本 | | | | 间接费用 | 工程成本合计 |
月	日			材料费	人工费	机械使用费	其他直接费用		
6	1		期初已完工实际成本	764 000	678 000	83 000	24 000	51 000	1 600 000
6	1		期初未完工实际成本	41 000	35 000	6 000			82 000
6	30		分配材料费	543 000					543 000
6	30		分配内包人工费		270 000				270 000
6	30		分配外包人工费		70 000				70 000
6	30		分配自有机械使用费			9 620			9 620
6	30		分配租赁机械费			31 250			31 250
6	30		分配其他直接费用				12 000		12 000
6	30		分配间接费用					37 434.80	37 434.80
6	30		本期施工费用发生额	543 000	340 000	40 870	12 000	37 434.80	973 304.80
			减：期末未完施工成本	40 000	35 000	- 15 000			90 000
			本期已完工程施工成本	544 000	340 000	31 870	12 000	37 434.80	965 304.80
			自开工起累计已完工程实际成本	1 308 000	1 018 000	114 870	36 000	88 434.80	2 565 304.80

1号工程本期已完工程施工成本 = 82 000 + 973 304.80 - 90 000 = 965 304.80（元）

任务五　工程价款结算的会计核算

工程价款是指建筑施工企业因承包建筑安装工程项目，按承包合同和工程结算办法的规定，将已完工程或竣工工程向发包单位办理结算而取得的价款。通过工程价款结算，可以及时补偿企业在施工生产过程中发生的资金耗费，保证再生产活动的顺利进行。

如前所述，工程价款结算的方式如下：①竣工后一次结算，企业在工程竣工后，按规定的内容和程序，会同有关人员编制"竣工工程决算表"，并据以编制"工程价款结算单"，送发包单位，据以办理结算；②按月结算，企业需按月编制"已完工程月报表"和"工程价款结算单"，送发包单位，据以办理结算；③分段结算，以单项（或单位）工程为对象，按工程进度将其划分为不同施工阶段，按阶段进行工程价款结算，企业要在合同规定工程部位完工的月份，编制"已完工程月报表"和"工程价款结算单"，送发包单位，据以办理结算；④双方在合同中约定的其他方式等。工程价款结算均要以合同约定为核心。

（一）建筑工程收入的确认

财政部2017年公布了关于修订印发《企业会计准则第14号——收入》的通知，新准则自2018年1月1日起实施，执行本准则的建筑施工企业，不再执行2006年印发的《企业会计准则第14号——收入》《企业会计准则第15号——建造合同》，以及2006年印发的《〈企业会计准则第14号——收入〉应用指南》。

在此背景下，收入确认的核心是确定建造工程项目的履约进度，工程履约进度可以按投入法或产出法来确认。

1.投入法

投入法是根据企业为履行履约义务的投入确定履约进度，通常可采用投入的材料数量、花费的人工工时或机器工时、发生的成本和时间进度等投入指标确定履约进度。当企业从事的工作或发生的投入是在整个履约期间内平均发生的，企业也可以按照直线法确认收入。产出法下有关产出指标的信息有时可能无法直接观察获得，或者企业为获得这些信息需要花费很高的成本，可能需要采用投入法来确定履约进度。

2.产出法

产出法是根据已转移给客户的商品对于客户的价值确定履约进度，通常可采用实际测量的完工进度、评估已实现的结果、已达到的工程进度节点、已完工或交付的产品等产出指标确定履约进度。企业在评估是否采用产出法确定履约进度时，应当考虑具体的事实和情况，并选择能够如实反映企业履约进度和向客户转移商品控制权的产出指标。当选择的产出指标无法计量控制权已转移给客户的商品时，不应采用产出法。

（二）建筑施工工程结算的核算

建筑施工工程自建是常见的施工形式，但对比制造业企业，建筑施工企业需要具备特定工程项目的承包资质，才能承接建筑项目，往往甲级资质的企业会与工程需求方签订一个总工程合同，再根据情况选择将部分工程分包出去，对应的核算分为自建和分包。

1. 自建工程的核算

自建工程开工前一般都会有工程预算，根据工程的总成本预算和已经发生的工程成本，可以按照投入法或产出法确认工程项目的履约进度，再根据履约进度确认工程收入。

在新收入准则下，原来的"工程结算"科目被"合同结算"科目所取代，"合同结算"科目核算同一合同下属于在某一时段内履行履约义务涉及与客户结算对价的合同资产或合同负债。

"合同结算"是一个具有双重性质的账户，可能是资产，也可能是负债。"合同结算"账户下设两个二级账户："合同结算——价款结算"和"合同结算——收入结转"。"合同结算——收入结转"解决的是"主营业务收入"的确认问题，这里确认的收入是施工单位在核算时按履约进度计算的，而"合同结算——价款结算"解决的是"应收账款"的确认问题，这里的应收账款是建设方对施工单位分阶段完成履约进度情况愿意支付的金额，两者计量的金额往往不一致，故使用两个二级科目，即用"合同结算——收入结转"和"合同结算——价款结算"来分别核算。"合同结算"账户知识点见表2-14。

表2-14　　　　　　　　　　　　　　"合同结算"账户知识点

合同结算明细	概念	报表列示
合同结算——收入结转	按履约进度结转的收入金额	①期末余额在借方的，根据其流动性，在资产负债表中分别列示为"合同资产"或"其他非流动资产"项目
合同结算——价款结算	反映定期与客户进行结算的金额	②期末余额在贷方的，根据其流动性，在资产负债表中分别列示为"合同负债"或"其他非流动负债"项目

【例2-18】2024年1月1日，华南建筑公司与山水公司签订一项大型建造工程合同，根据双方的合同，该工程的造价为6 300万元，工程期限为1年半，华南建筑公司负责工程的施工及全面管理，山水公司按照第三方工程监理公司确认的工程完工量，每半年与华南建筑公司结算一次；预计2025年6月30日竣工；预计可能发生的总成本为4 000万元。假定该建造工程整体构成单项履约义务，并属于在某一时段履行的履约义务，华南建筑公司采用投入法（即成本法）确定履约进度，不考虑其他相关因素。华南建筑公司工程结算相关资料一览表见表2-15。

表2-15　　　　　　　　华南建筑公司工程结算相关资料一览表

项目：某工程　　　　　　　　　　　　　　　　　　　　　　　　　　单位：元

项目	2024.06.30	2024.12.31	2025.06.30
合同总价款	63 000 000	63 000 000	63 000 000
累计实际发生的成本	15 000 000	30 000 000	41 000 000
预计完成合同尚需发生的成本	25 000 000	10 000 000	
应结算合同价款	25 000 000	11 000 000	27 000 000
实际收到价款	20 000 000	10 000 000	33 000 000

上述价款均不含增值税额，华南建筑公司与山水公司均为增值税一般纳税人，假定

结算工程款时即发生增值税纳税义务，增值税税率为9%，华南建筑公司的账务处理如下：

①2024年1月1日至6月30日实际发生领用材料、应付职工薪酬等各项工程成本时：

借：合同履约成本　　　　　　　　　　　　　　　　　　　15 000 000
　　贷：原材料、应付职工薪酬等　　　　　　　　　　　　　　　　15 000 000

②2024年6月30日：

履约进度 = 1 500 ÷ 4 000 × 100% = 37.5%

合同收入 = 6 300 × 37.5% = 2 362.50（万元）

借：合同结算——收入结转　　　　　　　　　　　　　　　23 625 000
　　贷：主营业务收入　　　　　　　　　　　　　　　　　　　　　23 625 000

借：主营业务成本　　　　　　　　　　　　　　　　　　　15 000 000
　　贷：合同履约成本　　　　　　　　　　　　　　　　　　　　　15 000 000

借：应收账款　　　　　　　　　　　　　　　　　　　　　27 250 000
　　贷：合同结算——价款结算　　　　　　　　　　　　　　　　　25 000 000
　　　　应交税费——应交增值税（销项税额）　　　　　　　　　　2 250 000

借：银行存款　　　　　　　　　　　　　　　　　　　　　21 800 000
　　贷：应收账款　　　　　　　　　　　　　　　　　　　　　　　21 800 000

当日，"合同结算"账户的余额为贷方137.50万元（2 500 − 2 362.50），表明华南建筑公司已经与客户结算但尚未履行履约义务的金额为137.50万元，由于华南建筑公司预计该部分履约义务将在2024年完成，因此，应在资产负债表中作为"合同负债"列示。

③2024年7月1日至12月31日实际发生领用材料、应付职工薪酬等各项工程成本时：

借：合同履约成本　　　　　　　　　　　　　　　　　　　15 000 000
　　贷：原材料、应付职工薪酬等　　　　　　　　　　　　　　　　15 000 000

④2024年12月31日：

履约进度 = 3 000 ÷ 4 000 × 100% = 75%

合同收入 = 6 300 × 75% − 2 362.50 = 2 362.50（万元）

借：合同结算——收入结转　　　　　　　　　　　　　　　23 625 000
　　贷：主营业务收入　　　　　　　　　　　　　　　　　　　　　23 625 000

借：主营业务成本　　　　　　　　　　　　　　　　　　　15 000 000
　　贷：合同履约成本　　　　　　　　　　　　　　　　　　　　　15 000 000

借：应收账款　　　　　　　　　　　　　　　　　　　　　11 990 000
　　贷：合同结算——价款结算　　　　　　　　　　　　　　　　　11 000 000
　　　　应交税费——应交增值税（销项税额）　　　　　　　　　　990 000

借：银行存款　　　　　　　　　　　　　　　　　　　　　10 900 000
　　贷：应收账款　　　　　　　　　　　　　　　　　　　　　　　10 900 000

当日，"合同结算"账户的余额为借方1 125万元（2 362.50 − 1 100 − 137.50），表明华南建筑公司已经履行履约义务，但尚未与客户结算的金额为1 125万元，由于该部分金额将在2024年内结算，因此，应在资产负债表中作为"合同资产"列示。

⑤2025年1月1日至6月30日实际发生领用材料、应付职工薪酬等各项工程成本时：

借：合同履约成本　　　　　　　　　　　　　　　　　　　　11 000 000
　　贷：原材料、应付职工薪酬等　　　　　　　　　　　　　　　　11 000 000

⑥2025年6月30日，由于当日该工程已竣工决算，其履约进度为100%。

合同收入 = 6 300 - 2 362.50 - 2 362.50 = 1 575（万元）

借：合同结算——收入结转　　　　　　　　　　　　　　　　15 750 000
　　贷：主营业务收入　　　　　　　　　　　　　　　　　　　　15 750 000

借：主营业务成本　　　　　　　　　　　　　　　　　　　　11 000 000
　　贷：合同履约成本　　　　　　　　　　　　　　　　　　　　11 000 000

借：应收账款　　　　　　　　　　　　　　　　　　　　　　29 430 000
　　贷：合同结算——价款结算　　　　　　　　　　　　　　　　27 000 000
　　　　应交税费——应交增值税（销项税额）　　　　　　　　　2 430 000

借：银行存款　　　　　　　　　　　　　　　　　　　　　　35 970 000
　　贷：应收账款　　　　　　　　　　　　　　　　　　　　　　35 970 000

当日，"合同结算"账户的余额为零（1 125 + 1 575 - 2 700）。

2.对分包工程进行竣工结算

由于工程项目周期长、工作量大，总包方通常可以将一些技术难度不大的项目交给其他施工企业，签订分包合同，总包方对建设单位负责，分包方对总包单位负责。这是最常见的工程施工方式，不管是总包方还是分包方，都是基于建筑施工合同来进行会计核算的。

分包给外单位，会计上有两种核算方法：

（1）分包工程作为自行完成的工作量。总包企业对分包工程施工全过程按本企业施工组织计划进行管理，支付的分包工程款作为本公司的施工成本，记入"合同履约成本"账户，后转入"主营业务成本"账户，也就是与自己承建的工程做同样的处理，这是最常见的处理方式。

（2）分包工程不作为自行完成的工作量。以预算或者工程造价分包给施工单位后，总包企业只对分包企业施工过程进行技术监督，结算已完分包工程款时，直接记入"主营业务成本"账户。

【例2-19】华南建筑公司承包一项工程，工期3个月，总承包收入为12 000 000元，其中土石方工程以2 000 000元分包给银河工程公司，此分包工程作为企业自行完成的工作量核算。华南建筑公司完成该工程自建部分累计发生合同成本6 700 000元，其中支付人员薪酬3 500 000元，领用库存材料2 000 000元，用银行存款支付其他费用1 200 000元。项目在当年12月如期完工。上述价款均不含增值税税额，假定结算工程款时即发生增值税纳税义务，增值税税率为9%。华南建筑公司应做如下会计处理：

①华南建筑公司完成自己承担部分发生费用时，会计处理如下：

借：合同履约成本——工程施工　　　　　　　　　　　　　　6 700 000
　　贷：应付职工薪酬　　　　　　　　　　　　　　　　　　　　3 500 000
　　　　原材料　　　　　　　　　　　　　　　　　　　　　　2 000 000
　　　　银行存款　　　　　　　　　　　　　　　　　　　　　1 200 000

②该工程分包工程完工验收，审核分包单位银河工程公司发来的"工程价款结算

单"，并确认应付工程款。收到增值税专用发票，此分包工程作为企业自行完成的工作量核算。

借：合同履约成本——工程施工　　　　　　　　　　　　　　2 000 000

应交税费——应交增值税（进项税额）　　　　　　　　180 000

贷：应付账款——应付分包款——银河工程公司　　　　　　　2 180 000

假如此分包工程不作为自行完成的工作量，总包企业只对分包企业施工过程进行技术监督，结算已完分包工程款时，直接记入"主营业务成本"账户。

③支付分包工程款。

借：应付账款——应付分包款——银河工程公司　　　　　　　2 180 000

贷：银行存款　　　　　　　　　　　　　　　　　　　　　2 180 000

④华南建筑公司确认该项目收入与费用。

借：合同结算——收入结转　　　　　　　　　　　　　　　12 000 000

贷：主营业务收入　　　　　　　　　　　　　　　　　　　12 000 000

借：主营业务成本　　　　　　　　　　　　　　　　　　　8 700 000

贷：合同履约成本——工程施工　　　　　　　　　　　　　8 700 000

借：应收账款　　　　　　　　　　　　　　　　　　　　13 080 000

贷：合同结算——价款结算　　　　　　　　　　　　　　　12 000 000

应交税费——应交增值税（销项税额）　　　　　　　　1 080 000

拓展阅读

中国建筑（601668）是我国专业化发展最久、市场化经营最早、一体化程度最高、全球规模最大的投资建设集团之一，在房屋建筑工程、基础设施建设与投资、房地产开发与投资、勘察设计等领域居行业领先地位。中国建筑位居2023年《财富》世界500强榜单第13位、《财富》中国500强榜单第4位、《工程新闻记录》（ENR）"全球最大250家工程承包商"榜单首位。2023年，中国建筑第18次获得国务院国资委年度考核A级评价。其2023年利润表及现金流量表相关项目变动分析表见表2-16。

表2-16　　　　　　　2023年利润表及现金流量表相关项目变动分析表　　　　　金额单位：千元

项目	本期数	上年同期数	变动比例（%）
营业收入	2 265 529 244	2 055 052 070	10.2
营业成本	2 042 723 831	1 840 182 381	11.0
销售费用	7 628 182	6 543 630	16.6
管理费用	34 402 175	33 996 779	1.2
财务费用	18 577 073	19 673 762	−5.6
研发费用	46 073 572	49 753 236	−7.4

项目	本期数	上年同期数	变动比例（%）
经营活动产生的现金流量净额	11 030 123	3 828 927	188.1
投资活动产生的现金流量净额	−26 501 519	−11 477 252	/
筹资活动产生的现金流量净额	30 450 196	16 520 628	84.3

2023年报告期内各项目变动分析如下：

营业收入变动原因说明：公司持续加强市场开拓力度，加快推进项目履约进度，业绩规模稳步增长。

营业成本变动原因说明：业务规模持续扩大，营业成本相应增加。

销售费用变动原因说明：公司地产业务在预售期加强营销力度，相应的业务费用和销售佣金等有一定增长。

管理费用变动原因说明：随着公司业务规模的扩大，管理人员和业务活动相应增加，办公费、差旅费、折旧及摊销等随之增长。

财务费用变动原因说明：主要是由于本年汇兑损失较上年减少。

研发费用变动原因说明：主要是公司不断健全研发投入制度，优化研发投入结构，提高研发投入效益。

经营活动产生的现金流量净额变动原因说明：主要是公司加强现金流管理，本期收取的工程款、购房款等增加所致。

投资活动产生的现金流量净额变动原因说明：主要是公司购建固定资产、无形资产等投资活动支付的现金增加所致。

筹资活动产生的现金流量净额变动原因说明：主要是公司取得借款和发行债券收到的现金增加所致。

资料来源：中国建筑股份有限公司2023年年度报告。

项目练习

一、单项选择题

1.（　　）指从事工程施工专项分包活动的企业，其为工程总承包企业或建筑施工承包企业提供相关专业工种施工的劳务，一般不能单独承包工程。

　　A.总承包企业　　　　　　　　　B.建筑施工承包企业

　　C.专项分包企业　　　　　　　　D.房地产开发企业

2.一般情况下，施工企业成本核算的对象是（　　）。

　　A.分部工程　　　B.分项工程　　　C.单位工程　　　D.工程项目

3.建筑安装企业塔吊、轻轨等经常使用的周转材料适用的摊销方法是（　　）。

　　A.一次摊销法　　B.分期摊销法　　C.分次摊销法　　D.定额摊销法

4.几个工程共同发生且不能直接确定成本核算对象的其他直接费用，可以先行在

（　　）明细账中归集，月末或竣工时，按照编制的费用分配表进行结转。

  A.直接成本　　　B.直接费用　　　C.其他直接费用　　　D.其他费用

 5.（　　）是指建筑安装企业为了保证施工生产和管理工作的正常进行，而在施工现场建造的生产和生活用的各种临时性的简易设施。

  A.周转材料　　　B.临时设施　　　C.机械作业　　　D.间接费用

 6.（　　）是指施工过程中耗费的构成工程实体或有助于工程实体形成的各项费用支出，是可以直接计入工程对象的费用，包括人工费、材料费、机械使用费和其他直接费用等。

  A.直接成本　　　B.间接成本　　　C.施工成本　　　D.材料成本

 7.施工企业临时设施的清理应通过（　　）明细账户进行核算。

  A."固定资产清理"　　　　　　　B."待处理财产损溢"

  C."合同履约成本"　　　　　　　D."工程施工"

 8."合同履约成本——工程施工"账户的期末余额表示（　　）。

  A.期末竣工工程成本

  B.期末原材料成本

  C.期末尚未完工的工程成本

  D.期末企业为在建工程准备的各种物资的成本

 9.周转材料的购入、领用、摊销、退库及结算情况通过（　　）账户核算。

  A."周转材料"　　　　　　　　　B."原材料"

  C."在库周转材料"　　　　　　　D."在用周转材料"

 10.（　　）是指为施工准备、组织和管理施工生产的全部费用的支出，是非直接用于也无法直接计入工程对象，但为进行工程施工所必须发生的费用，包括管理人员工资、办公费、交通差旅费等。

  A.直接成本　　　B.间接成本　　　C.施工成本　　　D.材料成本

 11.甲建筑工程领用一批全新挡板，实际成本36 000元，预计净残值率2%，预计使用期限20个月，则此批挡板的月摊销额为（　　）元。

  A.1 800　　　　B.1 864　　　　C.1 764　　　　D.1 664

 12.一次摊销法指的是（　　）。

  A.根据周转材料的预计使用期限，计算每期的摊销额

  B.在领用时就将周转材料的全部价值一次性计入工程成本或有关费用

  C.根据实际完成的实物工程量和预算规定的周转材料消耗定额，计算本期的摊销额

  D.根据周转材料的预计使用次数，计算每次的摊销额

 13.工程项目收入确认的核心是确定建造工程项目的（　　）。

  A.完工程度　　　B.完工百分比　　　C.已发生成本　　　D.履约进度

 14.（　　）账户记录按实际履约进度应确认的主营业务收入，一般是借方金额。

  A."合同结算——价款结算"　　　　B."合同结算——收入结算"

  C."合同结算"　　　　　　　　　　D."合同负债"

 15.若分包工程不作为自行完成的工作量，以预算或者工程造价分包给施工单位后，总包企业只对分包企业施工过程进行技术监督，结算已完分包工程款，施工过程中的物

料、人工等耗费由（　　）自行核算。

 A.总包单位 B.分包单位 C.施工单位 D.总承包方

16.施工企业按月计提临时设施摊销费时，应贷记的账户是（　　）。

 A."临时设施摊销"   B."管理费用"

 C."工程施工"   D."累计折旧——临时设施摊销"

17.下列各项中，属于建造合同收入内容的是（　　）。

 A.机械作业收入   B.材料销售收入

 C.固定资产出租收入   D.因合同索赔形成的收入

18.企业在施工现场搭建临时办公室发生的费用，应先通过（　　）账户核算。

 A."临时设施" B."在建工程" C."固定资产" D."工程施工"

19.甲建筑公司承接一项施工合同，合同总价款为1 000万元，预计总成本为800万元。截至本期末，累计实际发生成本240万元，采用成本法确认履约进度。该公司本期应确认的收入金额是（　　）。

 A.300万元 B.0 C.327万元 D.275万元

20.大部分工程项目的价款结算不会采用的方法是（　　）。

 A.工程竣工验收后一次结算价款 B.按月结算

 C.分段结算   D.发包方预付工程款

二、多项选择题

1.建筑施工企业会计核算的特点有（　　）。

 A.成本核算对象具有单件性 B.核算周期具有长期性

 C.收入确认具有阶段性 D.价款结算具有特殊性

2.建筑施工企业周转材料的摊销方法包括（　　）。

 A.一次摊销法 B.分期摊销法 C.分次摊销法 D.定额摊销法

3.建筑施工企业会计核算的直接成本包括（　　）。

 A.人工费   B.材料费

 C.机械使用费   D.其他直接费用

4.建筑施工企业进行工程核算时应设置的账户有（　　）。

 A.施工间接费用 B.机械作业 C.生产成本 D.制造费用

5.下列各项中，属于施工企业在施工现场建造的临时设施的有（　　）。

 A.临时库房 B.简易作业棚 C.临时办公室 D.道路

6.建筑施工工程成本的构成包括（　　）。

 A.直接成本 B.间接成本 C.施工成本 D.材料成本

7.报废周转材料的账务处理需要经过的环节可能有（　　）。

 A.摊销额补提   B.分配材料成本差异

 C.残料回收   D.冲销原值和已提摊销额

8.建筑施工企业的人工费用可分为（　　）进行核算。

 A.内部人工 B.外包人工 C.人工费 D.材料费

9.在施工生产过程中，建筑施工企业需要核算到"工程施工"账户下"合同成本"明细账户的有（　　）。

A.建筑工人的工资　　　　　　　　B.工地管理人员的工资

C.所领用的施工材料　　　　　　　D.自有挖掘机施工领用的燃料

10.建筑工程收入的确认方法包括（　　　）。

A.完工百分比法　　B.收入法　　　　C.产出法　　　　　D.投入法

11.资产负债表日，"合同结算"账户的期末余额在借方的，根据其流动性，在资产负债表中分别列示为"合同资产"或"其他非流动资产"项目。期末余额在贷方的，根据其流动性，在资产负债表中分别列示为（　　　）项目。

A.合同负债　　　　　　　　　　　B.其他非流动负债

C.其他非流动资产　　　　　　　　D.合同资产

12.自建工程开工前一般都会有工程预算，根据工程的总成本预算和已经发生的工程成本，可以按照投入法或产出法确认工程项目的履约进度，再根据履约进度确认工程收入。工程结算的方法有（　　　）。

A.一次结算法　　B.分段结算法　　C.分期结算法　　　D.分次结算法

13.建筑施工企业会计核算的间接成本包括（　　　）。

A.职工福利费　　B.办公费　　　　C.修理费　　　　　D.交通差旅费

14.下列各项中，属于施工企业工程成本的其他直接费用的有（　　　）。

A.材料的二次搬运费　　　　　　　B.临时设施摊销费

C.生产工具使用费　　　　　　　　D.检验试验费

15.下列各项中，属于施工企业存货的有（　　　）。

A.结构件　　　　B.原材料　　　　C.周转材料　　　　D.机械作业

三、判断题

1.建筑施工企业的施工生产地较为分散，企业生产流动性大，建筑安装企业会计需要采取分级管理、分级核算的办法。这样可以使会计核算与施工生产紧密结合、相互监督。
（　　　）

2.间接成本中的修理费指施工单位施工管理和试验部门等使用属于固定资产的房屋、设备、仪器，以及不实行内部独立核算的辅助生产单位的厂房等的经常修理费和大修理费。
（　　　）

3.间接成本是指为施工准备、组织和管理施工生产的全部费用的支出，是非直接用于也无法直接计入工程对象，但为进行工程施工所必须发生的费用，包括管理人员工资、施工人员工资、办公费、交通差旅费等。
（　　　）

4.分期结算法：在每一期终了，按照已完工程报表，编制每一期的工程价款结算账单，并办理结算。
（　　　）

5.外包人工费是指建筑安装企业与劳务分包企业或劳务派遣机构签订包工合同，以实际完成的实物工程量，按月根据合同规定的结算方式结算人工费。
（　　　）

6.盘点时发现周转材料短缺数量不大的，可按周转材料报废处理。　　（　　　）

7.建筑安装企业所耗用的材料，除了主要用于工程施工外，还用于临时设施、机械作业等其他方面，因此，企业进行材料费核算时，不需要严格区分材料的用途，只有直接用于工程建设的材料才能直接计入工程成本。
（　　　）

8.周转材料是指企业在施工生产过程中能够多次使用并可基本保持原来的形态而逐渐

转移价值的工具性材料。　　　　　　　　　　　　　　　　　　　　（　　）

9.施工企业就是通常所说的房地产开发企业。　　　　　　　　　　　（　　）

10."合同结算"科目是一个具有双重性质的会计科目，可能是资产也可能是负债。
　　　　　　　　　　　　　　　　　　　　　　　　　　　　　　　（　　）

11.收入确认的核心是确定建造工程项目的履约进度，工程履约进度可以按投入法或产出法来确认。　　　　　　　　　　　　　　　　　　　　　　　　（　　）

12.产出法是根据已转移给客户的商品对于客户的价值确定履约进度，通常可采用实际测量的完工进度、评估已实现的结果、已达到的工程进度节点、已完工或交付的产品等产出指标确定履约进度。　　　　　　　　　　　　　　　　　　　（　　）

13.资产负债表日，"合同结算"账户的期末余额在借方的，根据其流动性，在资产负债表中分别列示为"合同资产"或"其他非流动资产"项目。　　　　　（　　）

14.建筑施工企业与制造业企业对"在产品"的界定基本一致。　　　　（　　）

15.分包给外单位，会计上有两种核算方法，分别是分包工程作为自行完成的工作量；分包工程不作为自行完成的工作量。　　　　　　　　　　　　　　（　　）

四、业务核算题

（一）练习周转材料的核算

A工程2024年1月发生如下经济业务：

（1）2024年1月10日，购入作为周转材料的脚手架一批，价款72 000元，增值税9 360元，发票已送达，货款已通过银行支付，材料已验收入库。

（2）2024年1月，领用脚手架一批，脚手架按实际成本法核算，账面原值72 000元。

（3）2024年1月，该批脚手架预计使用20个月，预计净残值率为4%，采用分期摊销法核算每月摊销额。

（4）2025年8月，脚手架全部报废，收回材料价值2 500元，脚手架已正常计提了19个月的摊销额。

要求：请根据经济业务编制会计分录。

（二）练习临时设施的核算

亚军建筑公司为增值税一般纳税人，2024年发生的部分经济业务如下：

（1）2024年1月18日，因A工程建设需要，在施工现场搭建一个临时仓库，发生实际成本225 000元，其中，领用材料的实际成本为146 880元，应付搭建人员工资为54 000元，应付福利费为7 560元，以银行存款支付的其他费用为16 560元，搭建完成后随即交付使用。

（2）2024年2月28日，A工程预计施工期限为2年，临时仓库预计净残值为4%，本月开始采用工期法按月计提临时仓库的折旧。

（3）2025年12月31日，由于工程已竣工，临时仓库无须使用，将其拆除，转入清理，其账面累计已提折旧额为207 000元，支付拆除人员工资2 000元，收回残料6 000元，已验收入库，清理工作结束。

要求：根据以上经济业务编制相应的会计分录。

（三）练习施工成本的核算

亚军建筑公司为增值税一般纳税人，适用一般计税方法，适用的增值税税率为9%，其第一工程处2024年11月有两项在建工程，1号工程6月开工，2号工程11月开工。1号工程按月结算工程价款，2号工程竣工后一次性结算工程价款。两项工程在同一施工地点，为此共用一个项目经理部。

（1）第一工程处月末编制月度材料费用分配表见表2-17。

表2-17　　　　　　　　　　　　　　　材料费用分配表
领用单位：第一工程处　　　　　　　　　2024年11月　　　　　　　　　　　　单位：元

核算对象	主要材料				水泥预制件	其他材料	合计
	钢材	水泥	其他主要材料	合计			
1号工程	144 000	60 000	18 000	222 000	385 000	8 800	615 800
2号工程	108 000	36 000	14 400	158 400	77 000	3 300	238 700
合计	252 000	96 000	32 400	380 400	462 000	12 100	854 500

（2）第一工程处本月发生内部人工费用共418 100元，其中，1号工程300 000元、2号工程118 100元。

（3）第一工程处本月发生外包人工费用共181 260元，收到外部劳务公司甲公司开具的增值税专用发票，外部劳务费171 000元，增值税10 260元。其中，1号工程140 000元、2号工程31 000元。

（4）第一工程处收到天霸公司机械租赁费结算账单，本月租用挖掘机的租赁费为55 000元，增值税税额为7 150元，取得增值税专用发票，以转账支票支付了租赁费。根据本月工作台账记录，1号工程共使用50台班，2号工程共使用30台班。

（5）本月项目经理部发生费用如下：工资62 400元、折旧费25 416元、电费2 000元，增值税专用发票注明电费的增值税为260元，电费及其增值税以银行存款支付。施工间接费用以各成本核算对象的直接成本为标准进行分配。1号和2号工程已发生的直接费用分别为1 090 175元、408 425元。

（6）截至11月底，1号工程尚未完工，2号工程已经完工。

要求：根据以上经济业务编制相应的会计分录并计算2号工程成本。

（四）练习工程价款结算的核算

2024年1月1日，A公司与B公司签订一项桥梁建造工程合同，合同造价为10 000万元，工程期限为一年半，预计2025年6月30日竣工；预计可能发生的总成本为8 000万元；A公司全面负责桥梁的施工和管理，B公司按合同约定，每半年与A公司结算一次。该桥梁建设合同构成单项履约义务，并属于在某一时段履行的履约义务，A公司采用已发生成本占预计总成本比例计算履约进度。

2024年6月30日，桥梁建造累计发生领用材料、应付职工薪酬等各项工程成本2 500万元，B公司与A公司结算合同价款3 500万元，A公司实际收到价款3 000万元；

2024年12月31日，桥梁建造累计发生领用材料、应付职工薪酬等各项工程成本6 000万元，B公司与A公司结算合同价款3 000万元，A公司实际收到价款2 700万元；

2025年6月30日，桥梁建造累计发生领用材料、应付职工薪酬等各项工程成本8 100万元，B公司与A公司结算合同竣工价款3 500万元，并支付剩余合同款4 300万元。

　　上述价款均不含增值税额。假定A公司与B公司增值税纳税义务在结算时即发生，B公司在实际支付价款的同时支付其对应的增值税款，增值税税率为9%，不考虑其他相关因素。

　　要求：根据上述资料，编制A公司相关业务的会计分录。

项目三

房地产开发企业会计

学习目标

知识目标 | 了解房地产开发企业的主要经营业务
理解房地产开发企业的核算特点
掌握房地产开发企业开发成本的会计核算
掌握房地产开发企业开发产品的会计核算

能力目标 | 能胜任房地产开发企业开发成本的会计核算工作
能胜任房地产开发企业开发产品的会计核算工作

素养目标 | 引导学生在房地产开发企业会计核算工作过程中，养成诚实守信、爱岗敬业的职业精神

任务一 认知房地产开发企业会计

一、房地产开发企业认知

房地产又称不动产，是房产和地产的总称。房地产开发是房地产开发企业根据城市建设总体规划和社会经济发展的要求，在依法取得土地使用权（开发权、经营权）的基础上，对土地及其地上建筑物进行建设、改造、利用等生产建设与经营管理的活动。

房地产开发企业既是房地产产品的生产者，又是房地产商品的经营者。一般房地产开发企业开发项目有四个阶段（如图3-1所示）。

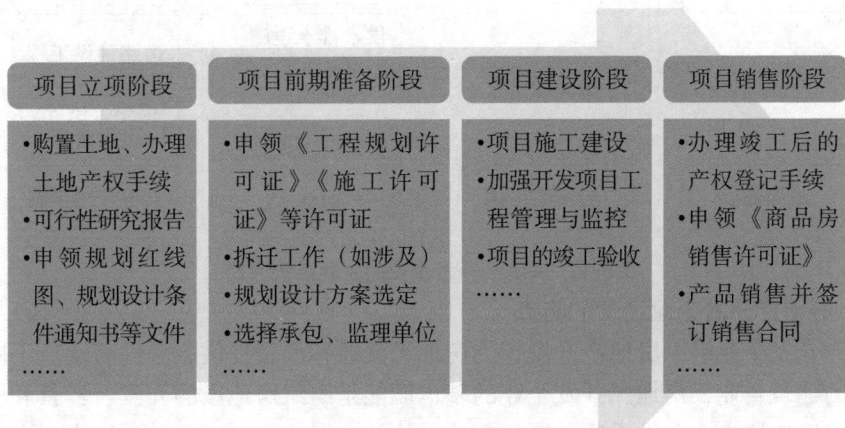

项目立项阶段	项目前期准备阶段	项目建设阶段	项目销售阶段
•购置土地、办理土地产权手续 •可行性研究报告 •申领规划红线图、规划设计条件通知书等文件 ……	•申领《工程规划许可证》《施工许可证》等许可证 •拆迁工作（如涉及） •规划设计方案选定 •选择承包、监理单位 ……	•项目施工建设 •加强开发项目工程管理与监控 •项目的竣工验收 ……	•办理竣工后的产权登记手续 •申领《商品房销售许可证》 •产品销售并签订销售合同 ……

图3-1 房地产开发流程图

二、房地产开发企业的主要经营活动及其特点

（一）房地产开发企业的主要经营活动

房地产开发企业的主要经营活动是建筑产品的开发与经营，包括土地的开发与经营、房屋的开发与经营、城市基础设施和公共配套设施的开发、代建工程的开发等。房地产开发企业所进行的开发项目，既可以自行进行施工建设，也可以采用发包的形式由其他建筑安装企业完成。

1.土地的开发与经营

土地的开发与经营，是指土地平整、管道铺设和道路建设等基础设施建设。开发完成的土地，既可有偿转让给其他单位使用，也可自行建造房屋和其他设施，用于销售或出租。

2.房屋的开发与经营

房屋的开发是指房屋的建造，房屋的经营是指房屋的出售或出租。企业可以在开发完成的土地上继续开发房屋，开发完成后，可作为商品作价出售或出租。企业开发的房屋，按用途可分为商品房、出租开发产品和周转房等。

3.城市基础设施和公共配套设施的开发

配套设施是指企业根据城市建设规划的要求，或开发项目建设规划的要求，为满足居住的需要而与开发项目配套建设的各种服务性设施。城市基础设施主要包括能源设施、供水排水设施、交通设施等；公共配套设施主要是指住宅区内的市政公用设施和绿地，如教育、医疗卫生、文化体育、商业服务、行政管理、社区服务和绿地等设施。

4.代建工程的开发

代建工程的开发，是指企业接受政府或其他单位委托代为开发的工程。其主要包括：房屋建设工程，道路铺设工程，供热、供气、供水管道以及其他公用设施等的建设。

房地产开发企业的主要经营活动如图3-2所示。

图3-2　房地产开发企业的主要经营活动

（二）房地产开发企业经营的特点

房地产开发企业组织房地产开发，为房地产流通和消费提供服务性劳动。不同于生产建筑产品的建筑企业，房地产开发企业的基本职能是组织房地产的开发、经营和服务。房地产业在国民经济产业分类中属于第三产业，建筑业属于第二产业。房地产开发企业的经营业务主要有如下特点：

1.开发经营的计划性

企业征用的土地和建设的房屋、基础设施以及其他设施都应严格控制在国家计划范围之内，按照规划、征地、设计、施工、配套、管理"六统一"原则和企业的建设计划、销售计划进行开发经营。

2.开发产品的特殊性

房地产开发企业的产品作为商品进入市场，按照供需双方合同协议规定的价格销售或市场公允价格作价转让，其具有特殊性，如房地产产品的不可移动性，只能在固定地点上进行开发建设与销售，同时，商品的价格受所处地理位置、交通条件、基础设施、配套工程等相关因素的影响较大。

3.开发经营业务的复杂性

复杂性包括两个方面：

（1）经营业务内容复杂，企业除了土地和房屋开发外，还要建设相应的基础设施和公共配套设施，其经营业务囊括了从征地、拆迁、勘察、设计、销售到售后服务全过程；

（2）经营业务涉及面广、经济往来对象多，企业不仅因购销关系与设备、材料物资供应单位等发生经济往来，而且因工程的发包和招标与勘察设计单位、施工单位发生经济往来，还因受托代建开发产品、出租开发产品等与委托单位、承租单位发生经济往来。

4.开发建设周期长，投资数额大

开发产品从规划设计开始，经可行性研究、征地拆迁、安置补偿、七通一平、建筑安装、配套工程、绿化环卫工程等多个开发阶段，上述每一个开发阶段往往都需要跨年度进行，少则一两年，多则三四年甚至更长时间，同时也需投入大量资金。资金筹集包括预收购房定金或建设资金，预收代建工程款，土地开发及商品房贷款，发行公司债券和股票等多种渠道。

5.经营风险大

开发产品单位价值高、建设周期长、负债经营程度高、不确定因素多，一旦决策失误，导致销售不畅，将造成大量开发产品积压，使企业资金周转困难，导致企业陷入困境。

三、房地产开发企业会计核算的特点

房地产业与一般制造业的会计核算相比，其特点主要体现在以下四个方面：

（一）项目开发周期长，影响收入确认的时效性

房地产开发的性质决定了一个项目从取得土地使用权、立项审批报建到开工建设乃至项目竣工交付使用，少则一两年，多则三四年甚至更长时间。从会计核算的角度看，项目开发节点对房地产开发企业的会计核算结果产生直接的影响。除开发周期外，还有合同条款、各地法律和监管的要求等方面，也使得房地产开发企业销售收入的确认会比较复杂。

（二）采取预售方式收款，商品房交付与收款相分离

房地产开发企业属资金密集型行业，投资金额一般比较大。为了缓解企业的资金压力，房产销售往往采取预售方式，即在商品尚未建造完成时便向客户收取价款。由此形成商品房交付与收款存在较大的时间差异。

（三）成本核算内容不同

成本核算内容一般包括土地征用及拆迁补偿费、前期工程费、建筑安装工程费、基础设施费、配套设施费以及开发间接费，跟制造业企业的制造成本核算内容完全不同。另外，房地产开发企业的产品种类多且设计多样，导致开发产品的成本组成具有很大的差异，使得成本核算非常复杂。房地产开发企业的成本计算方法不同于制造业企业，较多采用单件法（或订单法）。

（四）开发成本计量滞后，影响成本确认

由于建设工程的特殊性，一方面，项目施工与其工程成本结算存在时间差异，成本计量落后于工程进度；另一方面，城市基础设施及公共配套设施的建设往往落后于商品房的建设。因此，在工程竣工交付以前，项目开发成本往往无法得到准确的计量。

【明德善思】房地产是中国式现代化进程中的重要领域，党的二十大报告中，对房地产的具体表述为"坚持房子是用来住的、不是用来炒的定位，加快建立多主体供给、多渠道保障、租购并举的住房制度"，彰显了党和政府对民生福祉的高度重视，体现了我党以人民为中心的发展思想和人民至上、民生为重的发展取向。

近年来，我国在住房和房地产及城市工作领域取得了显著成就。第一，在住房和房地

产方面，截至2023年年底，我国城镇人均住房建筑面积超过40平方米；累计建设各类保障性住房和棚改安置住房6 400多万套，约1.5亿名群众喜圆安居梦，低保、低收入住房困难家庭基本实现应保尽保。第二，在城市工作方面，扎实推进城市更新行动，改造城镇老旧小区，加快城市基础设施建设。截至2023年年底，我国城市建成区面积达到6.4万平方公里，常住人口城镇化率达到66.16%，超过9.3亿人生活在城镇。城市功能不断完善，城市人居环境持续改善。累计改造城镇老旧小区超过25万个，惠及4 400多万户、约1.1亿人。第三，在建筑业发展方面，推进建筑业工业化、数字化、绿色化转型升级，努力为经济发展、民生改善作贡献。

资料来源：根据住房和城乡建设部网站资料编写。

任务二　开发成本的会计核算

一、房地产开发成本的概念

房地产开发成本是指各开发工程项目应负担的各项费用支出。成本核算是将施工和经营过程中发生的各项费用，按各成本核算对象进行归集和分配，以确定各开发工程项目的实际成本。

（一）按开发用途进行分类

（1）土地开发成本，是指房地产开发企业在开发土地（即建设用地）过程中所发生的各项费用支出。

（2）房屋开发成本，是指房地产开发企业在开发各种房屋（包括商品房、出租开发产品、周转房等）过程中所发生的各项费用支出。

（3）配套设施开发成本，是指房地产开发企业开发的能有偿转让的大型配套设施，以及开发的不能有偿转让、不能直接计入开发产品成本的公共配套设施所发生的各项费用支出。

（4）代建工程开发成本，是指房地产开发企业接受委托单位的委托，代为开发建设除土地、房屋以外的其他工程所发生的各项费用支出。

（二）按成本内容的构成进行分类

按成本内容的构成，开发成本可分为：土地征用及拆迁补偿费、前期工程费、建筑安装工程费、基础设施费、配套设施费和开发间接费。各成本项目概念及具体内容见表3-1。

表3-1　　　　　　　　　　　　　各成本项目概念及具体内容

项目名称	概念	具体内容
土地征用及拆迁补偿费	企业因开发而征用土地所发生的各项费用	土地征用费、耕地占用税、劳动力安置费及有关地上地下附着物拆迁补偿净支出（即扣除拆迁旧建筑物回收的残值）、安置动迁用房支出等

续表

项目名称	概念	具体内容
前期工程费	项目在开发前期发生的各项费用	项目的规划、设计，项目可行性研究，水文、地质勘察、测绘，"三通一平"（通水、通电、通路、场地平整）等
建筑安装工程费	项目在开发过程中发生的各项建筑安装工程费支出	以出包方式支付给承包单位的建筑安装工程费、以自营方式发生的列入开发项目工程施工图预算的各项费用
基础设施费	项目在开发过程中发生的各项基础设施支出	道路、供水、供电、供气、供暖、排污、排洪、通信、照明、环卫、绿化等
配套设施费	项目发生的独立的、非营业性（不能有偿转让）的公共配套设施支出	派出所、居委会、幼儿园、消防设施、水塔、公厕、锅炉房、自行车棚等
开发间接费	企业为开发产品而发生的，且不能将其直接归属于成本核算对象的各项间接费用	工资、福利费、折旧费、修理费、办公费、水电费、劳动保护费等

二、房地产开发的成本核算对象

房地产开发成本的核算应遵循一定的步骤和顺序，应按成本核算对象归集开发产品的直接费用及所发生的开发间接费用，期末对本期发生的间接费用进行分配，在核算对象完工时再合理分配计算完工产品的实际成本。

房地产开发企业在确定成本核算对象时，一般按以下原则来确定：

（1）一般开发项目以每一独立编制设计预算的开发工程作为成本核算对象；

（2）若是同一开发地点的群体开发项目，其结构类型相同、开（竣）工时间接近、由同一施工单位施工，可合并为一个成本核算对象；

（3）若项目规模大、工期长，可按项目的一定区域来划分成本核算对象，也可按项目的开发周期划分成本核算对象。

三、账户设置

为了归集和分配各项开发费用和确定各开发项目的实际成本，房地产开发企业应设置"开发成本"和"开发间接费用"两个成本类账户。

（一）"开发成本"账户

用于核算房地产开发企业在房地产开发过程中发生的开发支出，包括土地开发成本、房屋开发成本、配套设施开发成本、代建工程开发成本。该账户的借方登记各成本核算对象所发生的各项开发费用，贷方登记结转的、已开发完成并验收合格的开发项目的实际成本。该账户的借方余额反映企业在建开发项目的实际成本。该账户按开发成本的用途（如土地开发、房屋开发、配套设施开发、代建工程开发等）设置二级明细账户，按成本核算对象（如A项目、B项目）设置三级明细账户，按开发成本的构成项目（如土地征用及拆迁补偿费、前期工程费、建筑安装工程费、基础设施费、配套设施费、开发间接费等）设置四级明细账户。

（二）"开发间接费用"账户

用于核算企业内部独立核算单位为开发产品而发生的各项间接费用，包括工资、福利费、折旧费、修理费、办公费、水电费、劳动保护费、周转房摊销等。这些费用虽也属于直接为开发而发生的费用，但不能确定具体应负担该费用的产品项目，因而无法将其直接计入各项开发产品成本。为了简化核算手续，先将其记入"开发间接费用"账户，然后在期末按照适当的分配标准，分摊计入各项开发产品成本核算对象。其分配标准，可按各开发产品实际发生的直接费用比例进行分配，也可按各开发项目预算开发间接费用比例进行分配。该账户的借方登记发生的各项间接费用，贷方登记分配结转的开发间接费用，该账户期末无余额。

四、开发成本的会计核算

（一）土地开发成本的核算

土地开发是房地产开发企业的主要经营业务之一。用于建设的土地，需地方政府统一审批、统一征用和统一管理。

土地开发成本应在"开发成本——土地开发"明细账户中核算，包括因开发土地而发生的各项费用，如土地征用及拆迁补偿费、前期工程费、建筑安装工程费、基础设施费、配套设施费、开发间接费等。在费用发生时，借记"开发成本——土地开发"账户，贷记"银行存款""应付账款"等账户。若发生开发间接费用，应先借记"开发间接费用"账户，贷记有关账户，期末再按一定标准分配结转应由土地开发成本负担的金额，借记"开发成本——土地开发"账户，贷记"开发间接费用"账户。

土地开发产品为建设用地，按其用途分为两类：一类是为了销售或有偿转让的商品性建设用地，结转其成本时，应借记"开发产品——土地"账户，贷记"开发成本——土地开发"账户；另一类是为本企业建设商品房或其他经营性房屋而开发的自用建设用地，结转其成本时，应借记"开发成本——房屋开发"账户，贷记"开发成本——土地开发"账户。土地开发成本的核算步骤如图3-3所示。

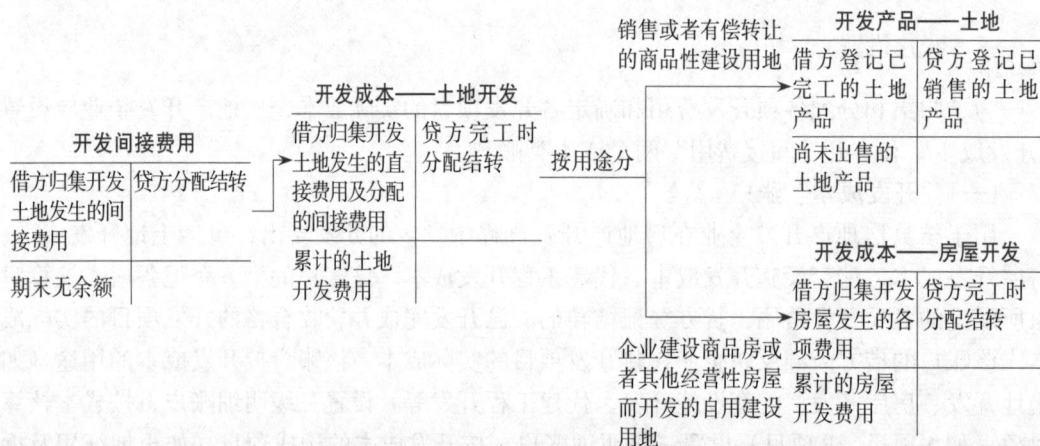

图3-3　土地开发成本的核算步骤

【例3-1】光明房地产开发公司是增值税一般纳税人，2024年10月土地开发支出见表3-2，其中A地块作为商品性建设用地，B地块作为自用建设用地。

表3-2　　　　　　　　　　光明房地产开发公司开发支出资料一览表

项目：土地开发　　　　　　　　　2024年10月　　　　　　　　　单位：元

支出项目	土地开发项目	
	A地块（商品性土地开发）	B地块（自用土地开发）
支付土地征用及拆迁补偿费	550 000	800 000
支付设计单位前期工程款	20 000	35 000
应付施工单位基础设施款	50 000	60 000
应分配开发间接费	303 000	

以上数据均不含税，假定不考虑除增值税以外的税费，会计处理如下：

①用银行存款支付土地征用及拆迁补偿费：

借：开发成本——土地开发——A地块——土地征用及拆迁补偿费　550 000

　　　　　　　　　　——B地块——土地征用及拆迁补偿费　800 000

　　贷：银行存款　　　　　　　　　　　　　　　　　　　1 350 000

②用银行存款支付设计单位前期工程款，增值税专用发票上注明设计费55 000元，增值税3 300元：

借：开发成本——土地开发——A地块——前期工程费　　20 000

　　　　　　　　　　——B地块——前期工程费　　35 000

　　应交税费——应交增值税（进项税额）　　　　3 300

　　贷：银行存款　　　　　　　　　　　　　　　58 300

③结算应付施工单位基础设施款，取得的增值税专用发票上注明价款110 000元，增值税税额9 900元：

借：开发成本——土地开发——A地块——基础设施费　　50 000

　　　　　　　　　　——B地块——基础设施费　　60 000

　　应交税费——应交增值税（进项税额）　　　　9 900

　　贷：应付账款——应付工程款　　　　　　　　119 900

④分配应计入地块开发成本的间接费用。假设本月汇集的应分摊的开发间接费用是303 000元，按各开发产品实际发生的直接成本进行分配，各开发产品实际发生的直接成本为1 515 000元（见表3-3）。

表3-3　　　　　　　　　光明房地产开发公司开发间接费用分配表

项目：土地开发　　　　　　　　　2024年10月　　　　　　　　　金额单位：元

开发产品名称	直接费用	分配率	分配金额
A地块	620 000	0.2	124 000
B地块	895 000	0.2	179 000
合计	1 515 000	0.2	303 000

借：开发成本——土地开发——A地块——开发间接费　　　　　124 000

　　　　　　　　　　　——B地块——开发间接费　　　　　179 000

　　贷：开发间接费用　　　　　　　　　　　　　　　　　　　　303 000

⑤假定该土地开发工程本月完工并验收合格，其中A地块作为商品性建设用地，B地块作为自用建设用地。结转完工工程开发成本：

借：开发产品——土地——A地块　　　　　　　　　　　　　744 000

　　贷：开发成本——土地开发——A地块——土地征用及拆迁补偿费　550 000

　　　　　　　　　　　　　　　　——前期工程费　　　　　　20 000

　　　　　　　　　　　　　　　　——基础设施费　　　　　　50 000

　　　　　　　　　　　　　　　　——开发间接费　　　　　　124 000

借：开发成本——房屋开发——B地块　　　　　　　　　　　1 074 000

　　贷：开发成本——土地开发——B地块——土地征用及拆迁补偿费　800 000

　　　　　　　　　　　　　　　　——前期工程费　　　　　　35 000

　　　　　　　　　　　　　　　　——基础设施费　　　　　　60 000

　　　　　　　　　　　　　　　　——开发间接费　　　　　　179 000

光明房地产开发公司A地块开发成本明细账见表3-4。

表3-4　　　　　　　　　　光明房地产开发公司A地块开发成本明细账

项目名称：A地块　　　　　　　　　　2024年10月　　　　　　　　　单位：元

2024年		凭证号数	摘要	开发成本项目						合计
月	日			土地征用及拆迁补偿费	前期工程费	基础设施费	开发间接费	公共配套设施费	建筑安装工程费	
略	略	略	支付土地征用及拆迁补偿费	550 000						550 000
			支付设计单位前期工程款		20 000					20 000
			支付施工单位基础设施款			50 000				50 000
			分配开发间接费				124 000			124 000
			结转完工成本	550 000	20 000	50 000	124 000			744 000

光明房地产开发公司B地块开发成本明细账见表3-5。

表3-5　　　　　　　　　　　　　光明房地产开发公司B地块开发成本明细账

项目名称：B地块　　　　　　　　　　　　2024年10月　　　　　　　　　　　　单位：元

2024年		凭证号数	摘要	开发成本项目						合计
月	日			土地征用及拆迁补偿费	前期工程费	基础设施费	开发间接费	公共配套设施费	建筑安装工程费	
略	略	略	支付土地征用及拆迁补偿费	800 000						800 000
			支付设计单位前期工程款		35 000					35 000
			支付施工单位基础设施款			60 000				60 000
			分配开发间接费				179 000			179 000
			结转完工成本	800 000	35 000	60 000	179 000			1 074 000

（二）配套设施开发成本的核算

房地产开发业务中形成的公共配套设施是指房地产开发企业按照市政规划要求、项目营运需要开发而成，供全体业主或者社会大众共同使用的设施，如配电房、文体场馆、银行、超市等，房地产开发的配套设施，一般可分为两类，其会计处理不同：

第一类，在商品房小区内不能有偿转让的公共配套设施，如水塔、居委会、派出所、幼儿园、自行车棚等，其会计处理是将开发过程中的成本归集在"开发成本——配套设施开发"账户，待竣工后按建筑面积直接或分配转入其成本核算对象"开发成本——房屋开发"账户。

第二类，能有偿转让的城市规划中规定的大型配套设施项目，如营业性公共配套设施（商店、银行、邮局等）、小区内非营业性的公共配套设施（如中小学、医院等），其产权归企业所有，因此房地产开发企业应当在开发过程中单独为每一个公共配套设施设置账套，归集开发过程中所产生的开发成本，记入"开发成本——配套设施开发"账户，待项目竣工决算后将其转入"开发产品——配套设施"账户。

另外，房地产开发企业在开发过程中，常常是住宅项目已完工并开售，但在售房合同、协议或广告、模型中明确承诺建造的公共配套设施还没有动工，这类公共配套设施往往不可撤销，或按照法律法规的规定必须配套建造，比如居委会、派出所等。这种房屋与公共配套设施建设不同步的情况普遍存在，使得房屋应负担的配套设施费，无法按配套设施的实际开发成本进行结转和分配，只能先通过预提方式计入房屋的开发成本中。预提的配套设施费计算如下：

　　　　某开发产品预提的配套设施费＝该开发产品预算成本×预提率

　预提率＝该配套设施预算成本÷应负担该配套设施各开发产品的预算成本合计×100%

在配套设施完工后，其预提费用应与实际支出数对比，如产生差额，按预提数的比例，调整有关开发成本。公共配套设施开发成本的核算步骤如图3-4所示。

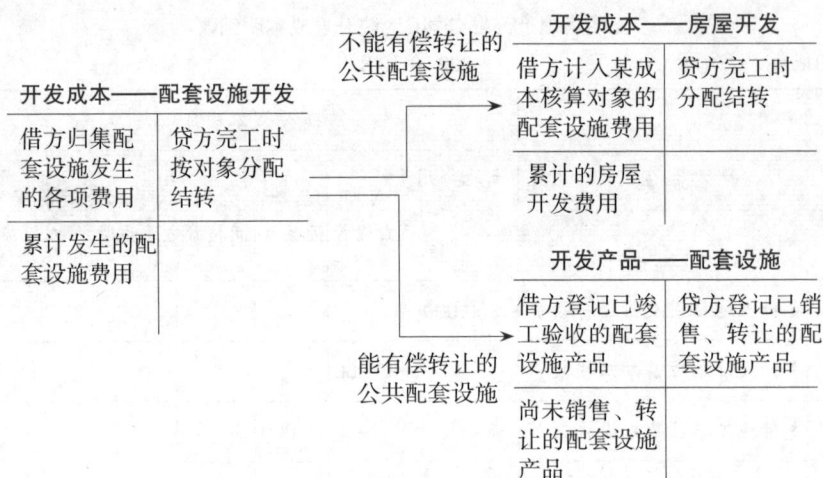

图3-4　公共配套设施开发成本的核算步骤

【例3-2】光明房地产开发公司为增值税一般纳税人，2024年开发丽清小区，共两幢住宅楼，其中A幢建筑面积30 000平方米，B幢建筑面积60 000平方米。另外，小区内规划配套建设一个商场、一座水塔和一间幼儿园，配套设施均发包给施工企业施工。三个配套设施规划如下：

（1）商场建成验收后有偿转让给商业部。

（2）水塔作为居民生活配套设施，与商品房同步开发建设，且不能有偿转让，按A幢和B幢住宅楼的建筑面积分摊，计入A幢、B幢住宅楼的成本中。

（3）幼儿园暂未开建。按规划是作为楼盘的配套设施服务居民，不能有偿转让。因其与商品房开发建设不同步，为正确计算商品房成本，其支出经批准采用预提方法，在楼盘开建时，按建筑面积分摊预提计入A幢、B幢住宅楼的成本。假设按预算，幼儿园的开发成本为900 000元。

住宅楼、商场和水塔均于2024年开工，当年完工，配套设施开发支出见表3-6。

表3-6　　　　光明房地产开发公司丽清小区的配套设施开发支出资料一览表

项目：配套设施　　　　　　　　　　　　　2024年10月　　　　　　　　　　　　　单位：元

支出项目	商场	水塔
支付征地拆迁费	200 000	60 000
支付设计单位前期工程款	60 000	18 000
应付承包施工企业基础设施款	78 000	80 000
应付承包施工企业建筑安装工程费	620 000	49 000
合计	958 000	207 000

以上数据均不含税，假定不考虑除增值税以外的税费，会计处理如下：

（1）小区商品房开建时，预提应由A幢、B幢负担的幼儿园配套设施费：

分配率=900 000÷（30 000 + 60 000）= 10（元/平方米）

A幢应分配的预提配套设施费（幼儿园）= 10×30 000 = 300 000（元）

B幢应分配的预提配套设施费（幼儿园）= 10 × 60 000 = 600 000（元）

借：开发成本——房屋开发——A幢——配套设施费   300 000

             ——B幢——配套设施费   600 000

  贷：应付账款——预提配套设施费——幼儿园   900 000

（2）用银行存款支付征地拆迁费：

借：开发成本——配套设施开发——商场——土地征用及拆迁补偿费 200 000

                 ——水塔——土地征用及拆迁补偿费   60 000

  贷：银行存款   260 000

（3）用银行存款支付设计单位前期工程款，收到的专用发票上注明设计费78 000元，增值税4 680元：

借：开发成本——配套设施开发——商场——前期工程费   60 000

                 ——水塔——前期工程费   18 000

  应交税费——应交增值税（进项税额）   4 680

  贷：银行存款   82 680

（4）应付承包施工企业基础设施款，收到的专用发票上注明工程款158 000元，增值税14 220元：

借：开发成本——配套设施开发——商场——基础设施费   78 000

                 ——水塔——基础设施费   80 000

  应交税费   应交增值税（进项税额）   14 220

  贷：应付账款——应付工程款   172 220

（5）应付承包施工企业建筑安装工程费，收到的专用发票上注明工程款669 000元，增值税60 210元：

借：开发成本——配套设施开发——商场——建筑安装工程费   620 000

                 ——水塔——建筑安装工程费   49 000

  应交税费——应交增值税（进项税额）   60 210

  贷：应付账款——应付工程款   729 210

（6）商场建成并经验收，转让给商业部：

借：开发产品——配套设施——商场   958 000

  贷：开发成本——配套设施开发——商场——土地征用及拆迁补偿费 200 000

                      ——前期工程费   60 000

                      ——基础设施费   78 000

                      ——建筑安装工程费   620 000

（7）水塔建成并经验收，按开发产品的建筑面积分配到A幢、B幢成本中，A幢建筑面积30 000平方米，B幢建筑面积60 000平方米：

分配率=207 000 ÷（30 000 + 60 000）= 2.3（元/平方米）

A幢应分配的配套设施费（水塔）= 2.3 × 30 000 = 69 000（元）

B幢应分配的配套设施费（水塔）= 2.3 × 60 000 = 138 000（元）

借：开发成本——房屋开发——A幢——配套设施费   69 000

             ——B幢——配套设施费   138 000

贷：开发成本——配套设施开发——水塔——土地征用及拆迁补偿费　　60 000

　　　　　　　　　　　　　　　——前期工程费　　　　　　　　18 000

　　　　　　　　　　　　　　　——基础设施费　　　　　　　　80 000

　　　　　　　　　　　　　　　——建筑安装工程费　　　　　　49 000

光明房地产开发公司商场开发成本明细账见表3-7。

表3-7　　　　　　　　　　　光明房地产开发公司商场开发成本明细账

项目名称：商场　　　　　　　　　　　2024年10月　　　　　　　　　　　单位：元

2024年			摘要	开发成本项目						合计
月	日	凭证号数		土地征用及拆迁补偿费	前期工程费	基础设施费	建筑安装工程费	公共配套设施费	开发间接费	
略	略	略	支付土地征用及拆迁补偿费	200 000						200 000
			支付设计单位前期工程款		60 000					60 000
			支付基础设施工程款			78 000				78 000
			支付建筑安装工程费				620 000			620 000
			结转完工成本	200 000	60 000	78 000	620 000			958 000

光明房地产开发公司水塔开发成本明细账见表3-8。

表3-8　　　　　　　　　　　光明房地产开发公司水塔开发成本明细账

项目名称：水塔　　　　　　　　　　　2024年10月　　　　　　　　　　　单位：元

2024年			摘要	开发成本项目						合计
月	日	凭证号数		土地征用及拆迁补偿费	前期工程费	基础设施费	建筑安装工程费	公共配套设施费	开发间接费	
略	略	略	支付土地征用及拆迁补偿费	60 000						60 000
			支付设计单位前期工程款		18 000					18 000
			支付基础设施工程款			80 000				80 000
			支付建筑安装工程费				49 000			49 000
			结转完工成本	60 000	18 000	80 000	49 000			207 000

【例3-3】沿用【例3-2】的资料，丽清小区两栋住宅楼，A幢建筑面积30 000平方米，B幢建筑面积60 000平方米。住宅及其他配套设施已于2024年建好，幼儿园于2025年才开建，当年10月建成。幼儿园按规划作为楼盘的配套设施服务居民，不能有偿转让，

因其与商品房开发建设不同步，为正确计算商品房成本，其支出经批准采用预提方法，预计幼儿园的开发成本为900 000元，在2024年楼盘开建时，已按建筑面积分摊预提计入A幢、B幢成本。

2025年10月幼儿园建设完工，相关开发支出见表3-9。

表3-9   光明房地产开发公司丽清小区配套设施开发支出资料一览表

项目名称：幼儿园   2025年10月   单位：元

支出项目	幼儿园
支付征地拆迁费	420 000
支付设计单位前期工程款	59 000
应付承包施工企业基础设施款	88 000
应付承包施工企业建筑安装工程费	387 000
合计	954 000

以上数据均不含税，假定不考虑除增值税以外的税费，会计处理如下：

（1）用银行存款支付征地拆迁费：

借：开发成本——配套设施开发——幼儿园——土地征用及拆迁补偿费420 000

　　贷：银行存款   420 000

（2）用银行存款支付设计单位前期工程款，收到的专用发票上注明设计费59 000元，增值税3 540元：

借：开发成本——配套设施开发 ——幼儿园——前期工程费   59 000

　　应交税费——应交增值税（进项税额）   3 540

　　贷：银行存款   62 540

（3）应付承包施工企业基础设施款，收到的专用发票上注明工程款88 000元，增值税7 920元：

借：开发成本——配套设施开发——幼儿园——基础设施费   88 000

　　应交税费——应交增值税（进项税额）   7 920

　　贷：应付账款——应付工程款   95 920

（4）应付承包施工企业建筑安装工程费，收到的专用发票上注明工程款387 000元，增值税34 830元：

借：开发成本——配套设施开发——幼儿园——建筑安装工程费   387 000

　　应交税费——应交增值税（进项税额）   34 830

　　贷：应付账款——应付工程款   421 830

（5）幼儿园建成并经验收，将其实际发生成本超过预提部分，按一定比例分配到A幢、B幢成本中：

超出预提的开发成本 = 954 000 - 900 000 = 54 000（元）

分配率 = 54 000 ÷（30 000 + 60 000）= 0.6（元/平方米）

A幢应分配的配套设施费（幼儿园）= 0.6 × 30 000 = 18 000（元）

B幢应分配的配套设施费（幼儿园）= 0.6 × 60 000 = 36 000（元）

借：开发成本——房屋开发——A幢——配套设施费 18 000

       ——B幢——配套设施费 36 000

 贷：应付账款——预提配套设施费——幼儿园 54 000

（6）结转幼儿园完工成本：

借：应付账款——预提配套设施费——幼儿园 954 000

 贷：开发成本——配套设施开发——幼儿园——土地征用及拆迁补偿费 420 000

         ——前期工程费 59 000

         ——基础设施费 88 000

         ——建筑安装工程费 387 000

幼儿园完工决算后，若实际成本小于预提成本，按其差额进行账务处理：

借：应付账款——预提配套设施费——幼儿园

 贷：开发成本——房屋开发

光明房地产开发公司丽清小区幼儿园开发成本明细账见表3-10。

表3-10   光明房地产开发公司丽清小区幼儿园开发成本明细账

项目名称：幼儿园   2025年10月   单位：元

| 2025年 | | 凭证号数 | 摘要 | 开发成本项目 | | | | | | 合计 |
月	日			土地征用及拆迁补偿费	前期工程费	基础设施费	建筑安装工程费	公共配套设施费	开发间接费	
略	略	略	支付土地征用及拆迁补偿费	420 000						420 000
			支付设计单位前期工程款		59 000					59 000
			支付基础设施工程款			88 000				88 000
			支付建筑安装工程费				387 000			387 000
			结转完工成本	420 000	59 000	88 000	387 000			954 000

（三）房屋开发成本的核算

房屋开发是房地产开发企业的主要经济业务，按房屋开发的目的和用途可将其主要分为：①为销售而开发建设的商品房；②为出租经营而开发的出租房；③为安置被拆迁居民周转使用而开发建设的周转房。

尽管开发的这些房屋用途不同，但其开发建设的特点、费用支出的内容及费用的性质都大致相同，其开发成本均应在"开发成本——房屋开发"明细账中核算。

企业在开发房屋过程中所发生的各项费用，能分清成本核算对象的，如土地征用及拆迁补偿费、前期工程费、建筑安装工程费、基础设施费、配套设施费等的直接费用，可以直接记入"开发成本——房屋开发"的有关项目中；不能分清成本负担对象或涉及两个成本核算对象的费用，应先在其他账户，如"开发成本——土地开发""开发间接费用"等账户中归集，期末再按一定的标准分配记入"开发成本——房屋开发"账户。

房屋工程竣工验收合格后，应按实际开发成本，自"开发成本——房屋开发"账户的贷方，转入"开发产品——房屋"账户的借方。房屋开发成本的核算步骤如图3-5所示。

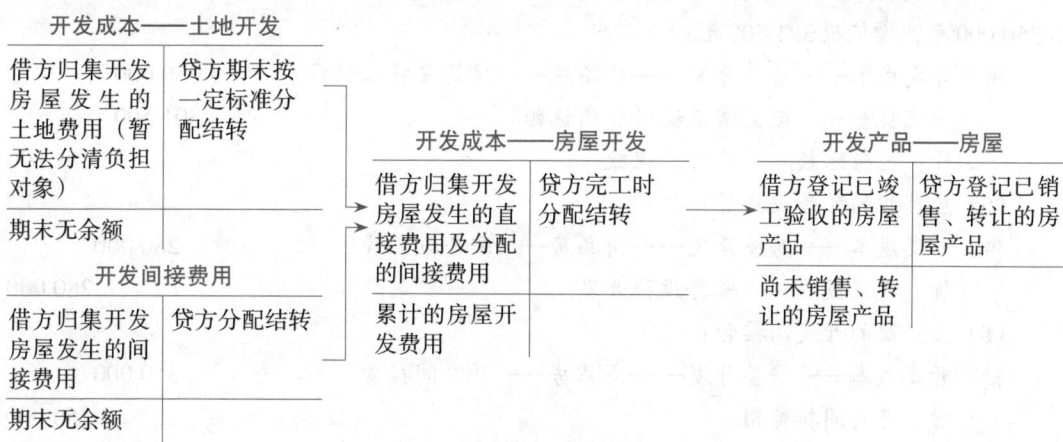

图3-5 房屋开发成本的核算步骤

【例3-4】光明房地产开发公司是增值税一般纳税人，2024年自行开发某栋商品房，该商品房相关开发支出资料见表3-11。

表3-11   光明房地产开发公司开发商品房开发支出资料一览表

项目：某商品房   2024年10月   单位：元

支出项目	支出费用
支付商品房拆迁补偿费	800 000
支付设计单位前期工程款	1 550 000
应付施工单位基础设施款	1 800 000
应付建筑工程有限公司商品房工程进度款	3 350 000
应负担的配套设施费	280 000
应分配的开发间接费	350 000
合计	8 130 000

以上数据均不含税，假定不考虑除增值税以外的税费，会计处理如下：

（1）用银行存款支付商品房拆迁补偿费：

借：开发成本——房屋开发——商品房——土地征用及拆迁补偿费   800 000
　　贷：银行存款   800 000

（2）用银行存款支付设计单位前期工程款，增值税专用发票上注明设计费1 550 000元，增值税93 000元：

借：开发成本——房屋开发——商品房——前期工程费   1 550 000
　　应交税费——应交增值税（进项税额）   93 000
　　贷：银行存款   1 643 000

（3）应付施工单位基础设施款，收到的专用发票上注明工程款1 800 000元，增值税162 000元：

借：开发成本——房屋开发——商品房——基础设施费　　　　1 800 000
　　应交税费——应交增值税（进项税额）　　　　　　　　　162 000
　　　贷：应付账款——应付工程款　　　　　　　　　　　　　　　　1 962 000

（4）应付建筑工程有限公司商品房工程进度款，收到的专用发票上注明工程款
3 350 000元，增值税301 500元：

借：开发成本——房屋开发——商品房——建筑安装工程费　　3 350 000
　　应交税费——应交增值税（进项税额）　　　　　　　　　301 500
　　　贷：应付账款——应付工程款　　　　　　　　　　　　　　　　3 651 500

（5）应负担的配套设施费：

借：开发成本——房屋开发——商品房——配套设施费　　　　280 000
　　　贷：开发成本——配套设施开发　　　　　　　　　　　　　　　280 000

（6）应分配的开发间接费：

借：开发成本——房屋开发——商品房——开发间接费　　　　350 000
　　　贷：开发间接费用　　　　　　　　　　　　　　　　　　　　　350 000

（7）开发的商品房完工，结转其实际成本：

借：开发产品——房屋——商品房　　　　　　　　　　　　　8 130 000
　　　贷：开发成本——房屋开发——商品房——土地征用及拆迁补偿费　800 000
　　　　　　　　　　　　　　　　　　——前期工程费　　　　　1 550 000
　　　　　　　　　　　　　　　　　　——基础设施费　　　　　1 800 000
　　　　　　　　　　　　　　　　　　——建筑安装工程费　　　3 350 000
　　　　　　　　　　　　　　　　　　——配套设施费　　　　　280 000
　　　　　　　　　　　　　　　　　　——开发间接费　　　　　350 000

光明房地产开发公司商品房开发成本明细账见表3-12。

表3-12　　　　　　　　　光明房地产开发公司商品房开发成本明细账

项目名称：某商品房　　　　　　　　2024年10月　　　　　　　　　单位：元

2024年		凭证号数	摘要	开发成本项目						
月	日			土地征用及拆迁补偿费	前期工程费	基础设施费	建筑安装工程费	公共配套设施费	开发间接费	合计
略	略	略	支付商品房拆迁补偿费	800 000						800 000
			支付设计单位前期工程款		1 550 000					1 550 000
			支付基础设施工程款			1 800 000				1 800 000
			支付建筑安装工程费				3 350 000			3 350 000
			分配配套设施费					280 000		280 000
			分配开发间接费						350 000	350 000
			结转完工成本	800 000	1 550 000	1 800 000	3 350 000	280 000	350 000	8 130 000

（四）代建工程开发成本的核算

代建工程是指开发企业接受委托单位的委托，代为开发的各种工程，主要包括：房屋建设工程，道路铺设工程，供热、供气、供水管道以及其他公用设施等的建设。代建工程通常以有单独的施工图设计，能单独编制施工图预算，在技术上可以单独施工的单位工程或单项工程为一个成本核算对象，若代建工程规模大、工期长或有独特的技术要求，也可以分部分项工程作为成本核算对象。

房地产开发企业接受委托代为开发的建设用地和房屋，其建设内容和特点与企业的土地开发和房屋开发基本相同，分别在"开发成本——土地开发"和"开发成本——房屋开发"两个明细账户内核算，待代建工程竣工验收合格，转入"开发产品——代建工程"账户的借方。

其他代建工程开发项目发生各项开发直接费用时，借记"开发成本——代建工程开发"账户，贷记有关账户。期末，分配结转开发间接费用时，借记"开发成本——代建工程开发"账户，贷记"开发间接费用"账户。待代建工程竣工验收合格，应按实际开发成本，自"开发成本——代建工程开发"账户的贷方，转入"开发产品——代建工程"账户的借方。代建工程开发成本的核算步骤如图3-6所示。

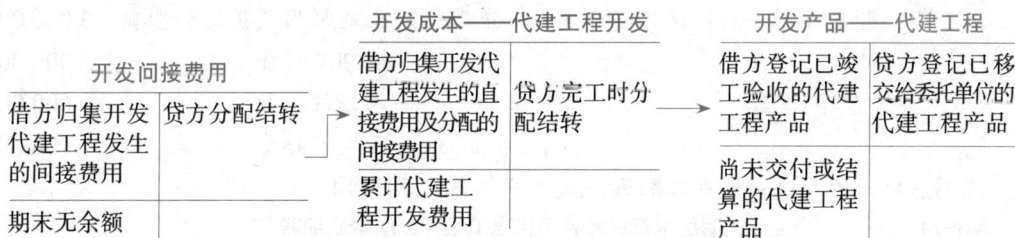

图3-6 代建工程开发成本的核算步骤

【例3-5】光明房地产开发公司是增值税一般纳税人，接受市政工程管理部门委托，代为扩建丽清小区旁边的道路。工程目前已完工并验收合格。扩建过程中有关开发支出见表3-13。

表3-13 光明房地产开发公司扩建道路开发支出资料一览表

项目：丽清小区道路　　　　2024年10月　　　　单位：元

支出项目	支出费用
支付拆迁补偿费	3 000 000
支付设计单位前期工程款	300 000
应付承包施工企业基础设施款	2 000 000
分配开发间接费	100 000
合计	5 400 000

以上数据均不含税，假定不考虑除增值税以外的税费，会计处理如下：

（1）用银行存款支付拆迁补偿费：

借：开发成本——代建工程开发——道路——土地征用及拆迁补偿费 3 000 000

　　　　贷：银行存款　　　　　　　　　　　　　　　　　　　　　　　　　3 000 000

　　（2）用银行存款支付前期工程款，收到的专用发票上注明设计费300 000元，增值税18 000元：

　　　　借：开发成本——代建工程开发——道路——前期工程费　　　　300 000
　　　　　　应交税费——应交增值税（进项税额）　　　　　　　　　　 18 000
　　　　　　贷：银行存款　　　　　　　　　　　　　　　　　　　　　 318 000

　　（3）应付承包施工企业基础设施工程款，收到的专用发票上注明工程款2 000 000元，增值税180 000元：

　　　　借：开发成本——代建工程开发——道路——基础设施费　　　 2 000 000
　　　　　　应交税费——应交增值税（进项税额）　　　　　　　　　 180 000
　　　　　　贷：应付账款——应付工程款　　　　　　　　　　　　　 2 180 000

　　（4）分配开发间接费：

　　　　借：开发成本——代建工程开发——道路——开发间接费　　　　100 000
　　　　　　贷：开发间接费用　　　　　　　　　　　　　　　　　　　 100 000

　　（5）工程已完工：

　　　　借：开发产品——代建工程——道路　　　　　　　　　　　　 5 400 000
　　　　　　贷：开发成本——代建工程开发——道路——土地征用及拆迁补偿费 3 000 000
　　　　　　　　　　　　　　　　　　　　　　　　——前期工程费　　　 300 000
　　　　　　　　　　　　　　　　　　　　　　　　——基础设施费　　 2 000 000
　　　　　　　　　　　　　　　　　　　　　　　　——开发间接费　　　 100 000

　　光明房地产开发公司代建工程开发成本明细账见表3-14。

表3-14　　　　　　　　光明房地产开发公司代建工程开发成本明细账

项目名称：丽清小区道路　　　　　　　　2024年10月　　　　　　　　单位：元

| 2024年 | | 凭证号数 | 摘要 | 开发成本项目 | | | | | | 合计 |
月	日			土地征用及拆迁补偿费	前期工程费	基础设施费	开发间接费	公共配套设施费	建筑安装工程费	
略	略	略	支付拆迁补偿费	3 000 000						3 000 000
			支付设计单位前期工程款		300 000					300 000
			支付基础设施工程款			2 000 000				2 000 000
			分配开发间接费				100 000			100 000
			结转完工成本	3 000 000	300 000	2 000 000	100 000			5 400 000

任务三 开发产品的会计核算

一、开发产品的概念和种类

（一）开发产品的概念

开发产品是指房地产开发企业已完成全部开发过程并验收合格，符合国家建设标准和设计要求，可以按照合同规定的条件移交购货单位，或者作为商品对外销售、出租，或者用于安置拆迁居民，供其周转使用的产品。在不同的用途下，企业需要进行不同的账务处理，主要是收入的确认和成本的结转。

（二）开发产品的种类

开发产品按其内容划分主要分为以下四类：

1.土地开发产品

土地开发产品，是指房地产开发企业为出租或有偿转让而开发经营的商品性建设用地，主要包括：为有偿转让或出租而开发的商品性建设用地，属于企业的最终产品；为建设商品房、经营房和周转房而开发的自用建设用地，属于企业的中间产品，若近期不使用，已完成的自用建设用地也视为最终产品。

2.房屋开发产品

房屋开发产品，是指房地产开发企业建设完工的，可以对外销售或经营的房屋。其主要包括：为销售而开发建设的商品房；为出租经营而开发的出租开发产品；为安置被拆迁居民周转使用而开发建设的周转房。

3.配套设施开发产品

配套设施开发产品，是指属于市政建设规划的大型配套设施，具体包括两大类：一类是开发小区内能有偿转让（包括出售方式或出租方式）的公共配套设施，如商店、邮局、银行用房等，该类配套设施作为企业的最终产品，在开发完成后，作为企业的开发产品；另一类是开发小区内不能有偿转让的公共配套设施，如居委会用房、幼儿园用房、水塔等，该类配套设施作为企业的中间产品，在开发完成后，计入小区内房屋的开发成本。

4.代建工程开发产品

代建工程开发产品，是指企业接受其他单位委托，代为开发建设的各项工程，包括建设用地、房屋和其他工程。

二、房地产开发产品销售收入的确认

房地产开发企业由于自身经营的特点，在收入的确认与会计核算上有其自身特点。

根据新收入准则，房地产开发企业应该在合同订立时确定商品或服务的控制权是在某一时段内还是某一时点转移。房地产合同销售收入应在某一时段内还是某一时点确认，取决于对具体合同条款进行的审慎分析，还要考虑当地的法律及监管环境。房地产开发企业应首先评估履约义务是否在某一时段内逐步履行，若不是，则商品和服务的控制权在某一时点转移。目前，我国商品房的销售，大部分上市公司是以时点确认收入，本任务案例均采用此做法。

【知识链接】我国部分房地产上市企业对于收入确认的政策描述见表3-15。

表3-15　　　　　　　我国部分房地产上市企业对于收入确认的政策描述

房地产上市企业	收入确认的政策描述
中洲控股（000042.SZ）	本集团在同时满足以下条件时，认定客户取得房地产开发产品控制权并确认收入： 1. 买卖双方签订销售合同并在国土资源部门备案； 2. 房地产开发产品已竣工并验收合格； 3. 收到客户的全部购房款或取得收取全部购房款的权利（如银行同意发放按揭款的书面承诺函）； 4. 办理了交房手续，或者根据购房合同约定的条件视同客户已接收
美好置业（000667.SZ）	本集团在同时满足以下条件时，确认土地整理服务收入： 本集团向客户提供一级土地整理服务，因在本集团履约的同时客户即取得并消耗本集团履约所带来的经济利益，根据履约进度在一段时间内确认收入，履约进度的确定方法为产出法，即根据实际工作量占合同总工作量的比例确定，土地整理服务合同总工作量为土地整理各环节工作量之和，某环节完成的工作量按拆迁或还建面积和还建事项的完成情况等综合确定

三、账户设置

（一）"开发产品"账户

该账户为资产类账户，核算企业已完工开发产品的实际成本。借方登记已竣工验收的开发产品的实际成本，贷方登记月末结转的已销售、转让或结算的开发产品的实际成本，期末借方余额为尚未销售、转让和结算的开发产品的实际成本。该账户应按企业开发产品的组成内容（如土地、房屋、配套设施、代建工程等）设置二级明细账户，按成本核算对象设置三级明细账户。

（二）"主营业务收入"账户

该账户为损益类账户，核算房地产开发企业对外销售、转让、结算或出租其开发产品等取得的收入情况，当企业实现上述收入，应按照签订的销售合同实际价款记账，借记"银行存款""应收账款"等账户，贷记"主营业务收入"账户。"主营业务收入"账户应按主营业务收入的类别设置明细账，如"土地转让收入""商品房销售收入""配套设施销售收入""代建工程结算收入"等。

（三）"主营业务成本"账户

该账户为损益类账户，核算房地产开发企业对外销售、转让或出租其开发产品等所发生的实际成本，当企业确认上述收入并相应结转成本时，应按该开发产品已销部分或折旧（摊销）的实际成本记账，借记"主营业务成本"账户，贷记"开发产品"等账户。"主营业务成本"账户应按成本的类别设置明细账，如"土地转让成本""商品房销售成本""出租开发产品成本""配套设施销售成本""代建工程结算成本"等。

四、房地产开发产品的核算

（一）房屋开发产品的核算

1.商品房销售的核算

销售商品房是房地产开发企业的主要经营业务之一，其会计处理和一般的制造业企业销售产品类似，都要确认收入和结转成本。但房地产开发企业的商品房产品价值高，经营风险大，其销售方式也与一般制造业企业存在很多不同之处。

房地产商品销售的前提是取得销售许可证，若是销售期房，还需取得预售许可证。在此基础上，还要经过签订预售合同并预收房款、签订正式销售合同、工程竣工验收合格并交付买方验收确认、收取房款、办理产权过户等销售环节。

在我国，房地产开发企业商品房销售包括现房销售和商品房预售两种模式。

（1）现房销售

现房销售是指房地产开发企业将已竣工验收合格的商品房出售给买受人，并由买受人支付房价款的行为。

【例3-6】光明房地产开发公司是增值税一般纳税人，通过现房交易方式出售商品房（已办理入住），房款13 080 000元（含税）存入银行，并开具增值税专用发票。竣工结算时，房屋开发成本为7 000 000元。该项目支付的土地出让金为2 180 000元，可供出售建筑面积为8 000平方米，当期销售面积为2 000平方米。假定不考虑除增值税以外的税费，会计处理如下：

①在办理完房屋交付手续后确认收入，并结转成本：

借：银行存款　　　　　　　　　　　　　　　　　　　13 080 000
　　贷：主营业务收入——商品房销售收入　　　　　　　　　12 000 000
　　　　应交税费——应交增值税（销项税额）　　　　　　　 1 080 000
借：主营业务成本——商品房销售成本　　　　　　　　 7 000 000
　　贷：开发产品——房屋　　　　　　　　　　　　　　　　 7 000 000

②确认可抵减销售额的土地价款：

$$\text{当期允许扣除的土地价款} = \frac{\text{当期销售房地产项目建筑面积}}{\text{房地产项目可供销售建筑面积}} \times \text{支付的土地价款}$$

$$= 2\,000 \div 8\,000 \times 2\,180\,000 = 545\,000\,（元）$$

$$\text{当期允许扣除的土地价款冲减的销项税额} = \text{当期允许扣除的土地价款} \div (1+9\%) \times 9\%$$

$$= 545\,000 \div (1+9\%) \times 9\% = 45\,000\,（元）$$

借：应交税费——应交增值税（销项税额抵减）　　　　　45 000
　　贷：主营业务成本——商品房销售成本　　　　　　　　　　45 000

【知识链接】国家以土地所有者的身份将土地使用权在一定年限内出让给房地产开发企业，房地产开发企业必须支付土地出让金。国土资源部门收到的土地出让金只能开具省级以上（含省级）财政部门监（印）制的财政票据，这样支付的土地出让金无法取得增值税专用发票进行进项税额抵扣。土地费用是房地产开发企业的一项重大成本费用，为了减轻房地产开发企业的增值税税负，国家税务总局公告〔2016〕18号等规定，房地产开发企业中的增值税一般纳税人销售自行开发的房地产项目，适用一般计税方法计税，可按照取得的全部价款和价外费用，扣除当期销售房地产项目对应的土地价款后的余额计算销售额，即房地产开发企业在一般计税方式下计算增值税销售额时，可按差额扣除土地价款。

销售额的计算公式如下：

销售额 =（全部价款和价外费用 - 当期允许扣除的土地价款）÷（1 + 9%）

当期允许扣除的土地价款按照以下公式计算：

$$\text{当期允许扣除的土地价款} = \frac{\text{当期销售房地产项目建筑面积}}{\text{房地产项目可供销售建筑面积}} × \text{支付的土地价款}$$

土地价款并不是一次性差额扣除的，而是随着销售比例逐期扣除。当期销售房地产项目建筑面积，是指当期进行增值税纳税申报的销售额对应的建筑面积。房地产项目可供销售建筑面积，是指房地产项目可以出售的总建筑面积，不包括销售房地产项目时未单独作价结算的配套公共设施的建筑面积。

（2）商品房预售

商品房预售是指房地产开发企业将正在建设中的商品房预先出售给买受人，并由买受人支付定金或者房价款的行为。2023年，我国期房销售面积占比达77.46%，远高于现房，说明多数商品房在竣工之前就已经预售给消费者。通过这种销售方式，企业可以提前收回资金，为后续经营提供保障。

【例3-7】光明房地产开发公司是增值税一般纳税人，取得土地450平方米，土地价款2 180 000元，在该土地上开发商品房项目，总可售建筑面积为1 350平方米。2024年1月预售商品房，取得含税收入13 080 000元，已销售建筑面积1 215平方米。假定2025年6月交付房屋，当期可抵扣的进项税额为350 000元，该商品房实际成本为5 450 000元。假定不考虑除增值税以外的税费，会计处理如下：

①2024年1月，预售商品房：

借：银行存款   13 080 000
　　贷：合同负债   13 080 000

预交增值税 = 13 080 000 ÷（1 + 9%）× 3% = 360 000（元）

借：应交税费——预交增值税   360 000
　　贷：银行存款   360 000

月末，结转预交增值税：

借：应交税费——未交增值税   360 000
　　贷：应交税费——预交增值税   360 000

②2025年6月，交付房屋：

确认收入金额 = 13 080 000 ÷（1 + 9%）= 12 000 000（元）

增值税销项税额 = 12 000 000 × 9% = 1 080 000（元）

借：合同负债   13 080 000
　　贷：主营业务收入——商品房销售收入   12 000 000
　　　　应交税费——应交增值税（销项税额）   1 080 000

借：主营业务成本——商品房销售成本   5 450 000
　　贷：开发产品——房屋   5 450 000

③2025年6月，计算可扣除的土地价款抵减的销项税额：

$$\text{当期允许扣除的土地价款} = \frac{\text{当期销售房地产项目建筑面积}}{\text{房地产项目可供销售建筑面积}} \times \text{支付的土地价款}$$

$$=1\,215 \div 1\,350 \times 2\,180\,000 = 1\,962\,000（元）$$

当期允许扣除的土地价款抵减的销项税额 = 当期允许扣除的土地价款 ÷（1 + 9%）× 9%

$$= 1\,962\,000 \div（1 + 9\%）\times 9\% = 162\,000（元）$$

借：应交税费——应交增值税（销项税额抵减）　162 000
　　贷：主营业务成本——商品房销售成本　162 000

④2025年6月末，结转相关明细账户：

借：应交税费——应交增值税（销项税额）　1 080 000
　　贷：应交税费——应交增值税（进项税额）　350 000
　　　　——应交增值税（销项税额抵减）　162 000
　　　　——应交增值税（转出未交增值税）　568 000
借：应交税费——应交增值税（转出未交增值税）　568 000
　　贷：应交税费——未交增值税　568 000

【知识链接】房地产开发企业的预售款为不动产交付业主之前所收到的款项，包括定金、分期取得的预收款（含首付款、按揭款和尾款），但不含签订房地产销售合同之前所收取的诚意金、认筹金和订金等。为保证税收及时缴纳入库，国家税务总局公告2016年第18号规定，房地产开发企业采取预收款方式销售自行开发的房地产项目，应在收到预收款时按照3%的预征率预缴增值税。

$$\text{应预缴税款} = \text{预收款} \div（1 + \text{适用税率或征收率}）\times 3\%$$

适用一般计税方法计税的，按照9%的适用税率计算；适用简易计税方法计税的，按照5%的征收率计算。

2. 出租开发产品的核算

出租开发产品是指房地产开发企业开发完成后用于出租经营的房屋，如写字楼、商铺等，不同于企业其他固定资产的是，它的盈利是以收取租金的方式实现的，应通过"投资性房地产"科目核算。

投资性房地产，是指为赚取租金或资本增值，或两者兼有而持有的房地产，主要包括：已出租的建筑物、已出租的土地使用权、持有并准备增值后转让的土地使用权等。投资性房地产应当能够单独计量和出售。"投资性房地产"科目为资产类科目，借方登记企业外购、自行建造或接受投资方式取得的投资性房地产；贷方登记企业出售、转让或由于投资性房地产转换为其他资产而减少的投资性房地产。期末余额在借方，反映企业投资性房地产的价值。

投资性房地产的后续计量模式有成本模式和公允价值模式。房地产开发企业通常采用成本模式对投资性房地产进行后续计量，本书对出租开发产品的讲解采用成本模式进行后续计量。

建筑物作为投资性房地产的确认时点一般为租赁期开始日，即建筑物进入出租状态，开始赚取租金的日期。房地产开发企业出租开发产品，一般应该在出租合同规定日期收取租金时，确认收入（即使当期未收到租金）。

（1）出租开发产品增加的核算

房地产开发企业应在拟出租开发产品竣工后，借记"开发产品——房屋——出租开发产品"账户，贷记"开发成本——房屋开发"账户。签订出租合同或协议后，如果投资性房地产采用成本模式计量，该项投资性房地产应当按该项开发产品在转换日的账面价值，由"开发产品"账户转入"投资性房地产"账户进行核算。借记"投资性房地产"账户，贷记"开发产品"等账户；收取租金时，借记"银行存款"等账户，贷记"主营业务收入""其他业务收入"等账户。

【例3-8】光明房地产开发公司是增值税一般纳税人，出租业务是该公司的主营业务之一。本月将部分竣工的房屋转为投资性房地产，用于出租，该房屋的总成本为3 000 000元。在开发完工后，投入出租经营，每月收取租金10 900元。假定不考虑除增值税以外的其他税费，公司采用成本模式核算该投资性房地产，会计处理如下：

①出租开发产品竣工后：

借：开发产品——房屋——出租开发产品　　　　　　　　　3 000 000
　　贷：开发成本——房屋开发　　　　　　　　　　　　　　　　3 000 000

②投入出租经营：

借：投资性房地产　　　　　　　　　　　　　　　　　　　3 000 000
　　贷：开发产品——房屋——出租开发产品　　　　　　　　　　3 000 000

③每月收取租金时：

借：银行存款　　　　　　　　　　　　　　　　　　　　　　10 900
　　贷：主营业务收入——出租房租金收入　　　　　　　　　　　　10 000
　　　　应交税费——应交增值税（销项税额）　　　　　　　　　　　900

（2）出租开发产品折旧（摊销）的核算

出租开发产品在租赁经营期间，由于损耗等原因，其价值会逐渐减少。企业应根据出租开发产品的原始价值、净残值和预计折旧（摊销）年限，计算其损耗价值，并按月将折旧（摊销）计入经营成本。按月计提出租开发产品折旧（摊销）额时，应借记"主营业务成本"账户，贷记"投资性房地产累计折旧（摊销）"等账户。

出租开发产品折旧（摊销）额的计算公式：

出租开发产品月折旧（摊销）率=（1－估计净残值率）/预计使用年限÷12
出租开发产品月折旧（摊销）额=出租开发产品原值×出租开发产品月折旧（摊销）率

【例3-9】沿用【例3-8】的资料，假定该出租房月折旧率为0.15%，计提本月折旧额，会计处理如下：

月折旧额=3 000 000×0.15%=4 500（元）

借：主营业务成本——出租房折旧　　　　　　　　　　　　　4 500
　　贷：投资性房地产累计折旧　　　　　　　　　　　　　　　　4 500

【知识链接】按成本模式进行后续计量的投资性房地产中的建筑物计提折旧记入"投资性房地产累计折旧"账户；按成本模式进行后续计量的投资性房地产中的土地使用权摊销记入"投资性房地产累计摊销"账户；如果房、地没有分别核算，可以统一使用"投资性房地产累计折旧（摊销）"这一账户来反映。

（3）出租开发产品修理的核算

出租开发产品在租赁期间发生的日常维护修理费用，不满足投资性房地产确认条件的，应当在发生时计入当期损益，借记"主营业务成本""其他业务成本"等账户，贷记"银行存款""应付职工薪酬"等账户。

【例3-10】沿用【例3-8】的资料，在该房屋出租期间，承租单位要求对房屋进行修理，共发生费用80 000元，其中：人工费30 000元、材料费40 000元、其他费用10 000元，用银行存款支付，取得的是普通发票，会计处理如下：

借：主营业务成本——出租开发产品成本   80 000
    贷：应付职工薪酬   30 000
       原材料   40 000
       银行存款   10 000

（4）出租开发产品减少的核算

企业出售、转让投资性房地产时，应当将处置收入扣除其账面价值和相关税费后的金额计入当期损益。应于销售实现时，借记"银行存款"等账户，贷记"主营业务收入"等账户。若处置采用成本模式计量的投资性房地产，还需要按出租产品摊余价值借记"主营业务成本"等账户，按出租产品累计已提折旧（摊销）额借记"投资性房地产累计折旧（摊销）"账户，按出租产品原始价值贷记"投资性房地产"账户。

【例3-11】光明房地产开发公司将原用于出租的房屋对外销售，房款3 052 000元存入银行，并开具增值税专用发票。该房屋账面原值为3 000 000元，账面累计已提折旧额为270 000元。房屋已移交买受人。假定不考虑除增值税以外的税费，会计处理如下：

①收到房屋销售款：

借：银行存款   3 052 000
    贷：主营业务收入——出租开发产品销售收入   2 800 000
       应交税费——应交增值税（销项税额）   252 000

②同时，结转销售成本：

借：主营业务成本——出租开发产品成本   2 730 000
    投资性房地产累计折旧   270 000
    贷：投资性房地产   3 000 000

3.周转房的核算

周转房是指房地产开发企业用于安置拆迁居民周转使用，产权归本企业所有的房屋，包括：在开发建设过程中已明确为安置拆迁居民周转使用的房屋；企业开发完成的商品房在尚未销售之前用于安置拆迁居民周转使用的部分；搭建的用于安置拆迁居民周转使用的临时性简易房屋。

为了反映和监督企业周转房的增减变动及其摊销的情况，企业应设置"周转房"账户，并在该账户下设置"在用周转房"和"周转房摊销"两个明细账户进行核算。"在用周转房"二级账户核算在用周转房原始价值，借方登记增加的在用周转房原始价值，贷方登记减少的在用周转房原始价值，借方余额反映在用周转房的原始价值。"周转房摊销"

二级账户核算周转房的价值摊销，贷方登记按月提取的在用周转房摊销额，借方登记改变周转房用途、对外销售应冲减的已提摊销额，贷方余额反映在用周转房的累计已提摊销额。

（1）周转房增加的核算

企业开发明确用于安置拆迁居民周转使用的周转房和临时简易房屋，在开发完成时，将其开发成本先转入"开发产品——房屋——周转房"账户，当房屋实际投入安置使用时，再从"开发产品——房屋——周转房"转入"周转房——在用周转房"账户。

【例3-12】光明房地产开发公司是增值税一般纳税人，其为安置某小区的动迁居民，将建造的1栋商品房作为周转房。该商品房实际开发成本为6 000 000元。会计处理如下：

① 商品房完工结转开发成本：

借：开发产品——房屋——周转房   6 000 000
　　贷：开发成本——房屋开发   6 000 000

② 商品房作为周转房使用：

借：周转房——在用周转房   6 000 000
　　贷：开发产品——房屋——周转房   6 000 000

（2）周转房摊销的核算

在使用过程中，周转房随着自然力的侵蚀，会逐渐发生损耗而减少其价值。周转房损耗价值的摊销主要采用年限平均摊销法，一般按月计提，其计算公式如下：

$$月摊销率 = （1 - 估计净残值率） \div （预计摊销年限 \times 12）$$

$$月摊销额 = 周转房账面原值 \times 月摊销率$$

周转房损耗价值的摊销额在"周转房——周转房摊销"账户核算，对能确定其由某项土地或房屋开发项目负担的，应计入该土地或房屋的开发成本，借记"开发成本——土地开发"或"开发成本——房屋开发"账户，贷记"周转房——周转房摊销"账户；对不能确定其由某项土地或房屋开发项目负担的周转房摊销额，应借记"开发间接费用"账户，贷记"周转房——周转房摊销"账户。

【例3-13】沿用【例3-12】的资料，该周转房在使用过程中，按月计提摊销额，该商品房预计使用年限50年，假定期末无残值，会计处理如下：

按月计提周转房摊销：

月摊销额 = 6 000 000 ÷ （50 × 12） = 10 000 （元）

借：开发成本——房屋开发——周转房   10 000
　　贷：周转房——周转房摊销   10 000

（3）周转房修理费用的核算

房地产开发企业的周转房在供拆迁居民使用过程中发生的修理费，应按其受益对象，作为开发期间的费用计入土地、房屋、配套设施的开发成本。实际发生修理费用时，若能确定其为某个开发项目负担的，借记"开发成本——土地开发""开发成本——房屋开发"等账户；若不能确定其归属的开发项目，应借记"开发间接费用"账户，贷记"银行存款""应付职工薪酬"等账户。

【例3-14】沿用【例3-12】的资料，该周转房在使用数月后，发生修理费用，专用发票上注明修理费为30 000元，增值税税额2 700元，以银行存款支付，会计处理如下：

借：开发成本——房屋开发——周转房　　　　　　　　　　　　　　30 000

　　应交税费——应交增值税（进项税额）　　　　　　　　　　　　2 700

　　　贷：银行存款　　　　　　　　　　　　　　　　　　　　　　　　32 700

（4）周转房减少的核算

周转房减少是指改变周转房的用途，将其转作商品房对外销售。在销售成立时，借记"银行存款""应收账款"等账户，贷记"主营业务收入"账户。企业结转作为商品房销售的周转房的实际成本时，按周转房的摊余价值，借记"主营业务成本"账户，按周转房累计摊销额，借记"周转房——周转房摊销"账户，按周转房原值，贷记"周转房——在用周转房"账户。

【例3-15】光明房地产公司把周转房作为商品房对外销售，房款6 758 000元存入银行，并开具增值税专用发票。该周转房成本为6 000 000元，账面累计已提摊销额为1 200 000元，假定不考虑除增值税以外的税费，会计处理如下：

①周转房改变用途对外出售，确认销售收入：

借：银行存款　　　　　　　　　　　　　　　　　　　　　　　　6 758 000

　　　贷：主营业务收入——周转房销售收入　　　　　　　　　　　　6 200 000

　　　　　应交税费——应交增值税（销项税额）　　　　　　　　　　　558 000

②同时，结转销售成本：

借：主营业务成本——周转房成本　　　　　　　　　　　　　　　4 800 000

　　周转房——周转房摊销　　　　　　　　　　　　　　　　　　1 200 000

　　　贷：周转房——在用周转房　　　　　　　　　　　　　　　　　6 000 000

（二）土地使用权转让的核算

土地开发是房地产开发企业的经营业务之一。房地产开发企业开发的商品性建设用地，按照法律和合同的规定，在完成相应的开发后，可将土地使用权进行转让，并在转让时签订转让合同，在合同中载明土地的位置、四周边界和面积、地上附着物、土地用途、建筑物高度、绿化面积、土地转让期限、土地转让金的支付方式和违约责任等。

土地使用权转让的交易，可以采用协议、招标、拍卖等方式。其转让的收入记入"主营业务收入"账户，转让的成本记入"主营业务成本"账户。

【例3-16】沿用【例3-1】的资料，光明房地产开发公司将开发完工的A地块商品性建设用地的使用权转让给某公司，不含税转让价1 000 000元，增值税90 000元，款项通过银行收讫。A地块开发成本为744 000元。假定不考虑除增值税以外的税费，会计处理如下：

①确认土地转让收入：

借：银行存款　　　　　　　　　　　　　　　　　　　　　　　　1 090 000

　　　贷：主营业务收入——土地转让收入——A地块　　　　　　　　1 000 000

　　　　　应交税费——应交增值税（销项税额）　　　　　　　　　　90 000

②结转土地转让成本：

借：主营业务成本——土地转让成本——A地块　　　　　　　　　744 000

　　　贷：开发产品——土地——A地块　　　　　　　　　　　　　　744 000

（三）配套设施转让的核算

房地产开发企业在开发过程中按照城市规划开发的大型配套设施项目，如商店、银行、邮局等，可以进行有偿转让。

有偿转让的配套设施，企业应在办理财产交接手续，并将配套设施工程价款结算账单提交有关单位时确认收入，记入"主营业务收入"账户；月末对转让配套设施的实际开发成本进行结转，记入"主营业务成本"账户。

【例3-17】沿用【例3-2】的资料，光明房地产开发公司将开发的商场配套设施有偿转让给某公司，不含税转让价1 500 000元，增值税135 000元，款项通过银行收讫。该商场开发成本为958 000元。假定不考虑除增值税以外的税费，会计处理如下：

①确认商场转让收入：

借：银行存款	1 635 000
贷：主营业务收入——配套设施转让收入——商场	1 500 000
应交税费——应交增值税（销项税额）	135 000

②结转商场转让成本：

借：主营业务成本——配套设施转让成本——商场	958 000
贷：开发产品——配套设施——商场	958 000

（四）代建工程移交的核算

房地产开发企业代委托单位开发的代建工程，应在工程竣工验收、办理财产交接手续，并将代建工程价款结算账单提交委托单位时确认收入，记入"主营业务收入"账户；结转代建工程成本，记入"主营业务成本"账户。

【例3-18】沿用【例3-5】的资料，光明房地产开发公司代为扩建的道路工程已完工验收，并交付市政工程管理部门使用，不含税价款7 000 000元，增值税630 000元，款项通过银行收讫。该代建工程开发成本为5 400 000元。假定不考虑除增值税以外的税费，会计处理如下：

①确认代建工程转让收入：

借：银行存款	7 630 000
贷：主营业务收入——代建工程结算收入	7 000 000
应交税费——应交增值税（销项税额）	630 000

②结转代建工程转让成本：

借：主营业务成本——代建工程结算成本	5 400 000
贷：开发产品——代建工程——道路	5 400 000

拓展阅读

房地产行业在我国国民经济中起着重要的作用，在房地产行业快速发展的背景下，房地产业务成为我国经济增长的主要动能之一，房地产业已成为中国经济支柱之一。

下面以万科为例介绍房地产行业的情况。

万科企业股份有限公司（000002）（以下简称"万科集团"）于1984年在深圳经济特

区成立，1991年发行A股在深交所上市，万科的主营业务包括"房地产开发及相关资产经营"和"物业服务"。近年来，在房地产开发和物业服务业务固有优势的基础上，万科积极拓展业务版图，已进入物流仓储服务、租赁住宅、商业开发和运营、标准办公与产业园、酒店与度假、教育、食品等领域。

2023年，全年房地产开发业务销售金额3 761.2亿元，位居行业第二，但行业深度调整给公司经营带来巨大压力。归属于上市公司股东的净利润为121.6亿元，同比下降46.4%。净利润下降的主要原因是房地产开发业务结算规模和结算毛利率下降，部分开发项目计提了减值。

2023年报告期内，万科集团房地产开发及相关资产经营业务的主要情况见表3-16。

表3-16　　　　　　　万科集团2023年主营业务经营情况　　　　　　金额单位：万元

行业	营业收入		营业成本		毛利率		营业利润率	
	金额	增减	金额	增减	数值	增减	数值	增减
主营业务	45 917 283.34	-7.47%	38 853 808.85	-2.73%	15.38%	下降4.12个百分点	11.34%	下降3.25个百分点
其中：房地产开发及相关资产经营业务	42 974 579.46	-8.65%	36 351 343.36	-3.68%	15.41%	下降4.37个百分点	11.13%	下降3.50个百分点
物业服务	2 942 703.88	14.17%	2 502 465.49	13.45%	14.96%	增加0.54个百分点	14.47%	增加0.58个百分点

万科集团2023年主营业务营业收入中，来自房地产开发及相关资产经营业务的营业收入为4 297.5亿元，占比93.59%，同比下降8.65%；来自物业服务的营业收入为294.3亿元，占比6.41%，同比增长14.17%。房地产开发业务实现合同销售面积2 566万平方米，合同销售金额3 761.2亿元，同比分别下降6.2%和9.8%。

资料来源：国家统计局相关资料和万科企业股份有限公司2023年年度报告。

项目练习

一、单项选择题

1.房地产开发经营业务具有复杂性，所谓的复杂性包括（　　）。
　A.经营业务内容复杂；涉及面窄，经济往来对象少
　B.经营业务内容复杂；涉及面广，经济往来对象多
　C.经营业务内容简单；涉及面广，经济往来对象多
　D.经营业务内容简单；涉及面窄，经济往来对象少

2.（　　）是指房地产开发企业在开发工程项目过程中所发生的各项费用支出。
　A.开发成本　　B.开发产品　　C.开发间接费用　　D.生产成本

3.房地产开发企业为出租或有偿转让而开发经营的商品性建设用地属于（　　）。
　A.土地开发产品　　　　　　B.房屋开发产品

C.配套设施开发产品　　　　　　　　D.代建工程开发产品

4.房地产开发企业用于核算企业内部独立核算单位为开发产品而发生的费用，但不能确定具体应负担该费用的产品项目，如折旧费、修理费等，属于（　　）。

A.直接费用　　　B.开发间接费用　　　C.期间费用　　　　D.管理费用

5.房屋工程竣工验收合格后，应按实际开发成本转入（　　）账户的借方。

A.开发成本——房屋开发　　　　　　B.开发产品——土地

C.开发产品——房屋　　　　　　　　D.开发产品——代建工程

6.房地产开发企业开发的能有偿转让的配套设施的成本应记入（　　）账户。

A.开发成本——配套设施开发　　　　B.开发间接费用

C.开发成本——房屋开发　　　　　　D.开发成本——土地开发

7.房地产开发企业预售商品房时，所收取的房款，贷方应记入（　　）账户。

A.预收账款　　　B.主营业务收入　　　C.应收账款　　　　D.合同负债

8."开发产品"账户用来核算企业已完工开发产品的实际成本，借方登记（　　）。

A.月末结转的已销售的开发产品的实际成本

B.月末结转的已转让的开发产品的实际成本

C.已竣工验收的开发产品的实际成本

D.尚未销售的开发产品的实际成本

9.房地产开发企业对出租的商品房的折旧（摊销）一般记入（　　）账户。

A.出租开发产品成本　　　　　　　　B.开发成本

C.开发间接费用　　　　　　　　　　D.主营业务成本

10.房地产开发企业对周转房进行修理，发生的修理费应记入（　　）账户。

A.开发产品　　　B.开发成本　　　C.主营业务成本　　　D.销售费用

二、多项选择题

1.下列各项中，属于房地产开发企业主要经营活动的有（　　）。

A.土地的开发与经营

B.房屋的开发与经营

C.城市基础设施和公共配套设施的开发

D.代建工程的开发

2.房地产开发企业的特点包括（　　）。

A.开发经营的计划性　　　　　　　　B.投资数额大

C.开发经营业务复杂　　　　　　　　D.开发建设周期长

3.开发成本中的土地征用及拆迁补偿费包括（　　）。

A.耕地占用税　　　　　　　　　　　B.三通一平费

C.劳动力安置费　　　　　　　　　　D.安置动迁用房支出

4.下列各项中，属于配套设施的有（　　）。

A.商店　　　B.银行　　　C.周转房　　　D.幼儿园

5.房地产开发企业开发的配套设施的开发成本核算，有可能涉及的账户有（　　）。

A.开发成本——土地开发　　　　　　B.开发成本——配套设施开发

C.开发成本——代建工程开发　　　　D.开发成本——房屋开发

6.在"开发成本——代建工程开发"账户核算的代建工程项目包括（　　）。

A.接受委托代为开发的建设用地　　B.接受委托代为开发的房屋

C.代为开发的旅游风景区　　D.代为开发的城市道路

7.房地产开发企业销售现房，在办理完房屋交付手续后确认收入，应借记（　　）账户，贷记（　　）账户。

A.银行存款　　B.合同负债　　C.主营业务成本　　D.主营业务收入

8.采用预售方式销售商品房的，在确认收入时可能涉及的账户有（　　）。

A.长期应收款　　B.合同负债　　C.未实现融资收益　　D.主营业务收入

9.房地产开发企业将竣工后的出租开发产品投入出租经营时，应借记（　　）账户，贷记（　　）账户。

A.投资性房地产　　B.开发产品——房屋——出租开发产品

C.固定资产　　D.开发成本——房屋开发——出租开发产品

10.房地产开发企业开发的周转房进行会计核算时，有可能涉及（　　）账户。

A.周转房——在用周转房　　B.周转房——周转房摊销

C.开发成本——房屋开发　　D.开发间接费用

三、判断题

1.房地产开发企业的开发经营需要投入大量的资金，体现了房地产开发经营业务的复杂性。（　　）

2.开发完成的土地，既可有偿转让给其他单位使用，也可自行建造房屋和其他设施，用于销售或出租。（　　）

3.土地开发成本是指房地产开发企业在开发各种房屋（包括商品房、出租房、周转房、代建房等）过程中所发生的各项费用支出。（　　）

4."开发成本"账户属于成本类账户，借方登记各成本核算对象所发生的各项开发费用。（　　）

5.代建工程开发项目的成本记入"开发产品——代建工程"账户的借方。（　　）

6.房地产开发企业商品房销售包括现房销售和商品房预售两种模式。（　　）

7.商品房预售是指房地产开发企业将正在建设中的商品房预先出售给买受人，并由买受人支付定金或者房价款的行为。（　　）

8.不能有偿转让的配套设施的支出，应全部计入开发产品的开发成本中。（　　）

9.出租开发产品随着使用及自然力的侵蚀，会逐渐发生损耗而减少其价值。企业应按期对出租产品计提折旧或进行摊销。（　　）

10.周转房改变用途对外销售时，应作为固定资产的清理进行核算。（　　）

四、业务核算题

（一）练习开发成本的核算

万恒房地产开发公司为增值税一般纳税人，开发一块土地，其占地面积为20 000平方米，开发完成后作为建设商品房的自用建设用地。

（1）用银行存款支付土地征用及拆迁补偿费200万元。

（2）用银行存款支付前期工程费10万元，增值税税额0.6万元。

（3）由某施工企业承包的基础设施安装工程已竣工，应支付价款50万元，增值税税额 4.5 万元。

（4）应分配开发间接费 5 万元。

（5）假定土地开发工程本月完工并验收合格，月终结转土地的开发成本。

要求：根据以上经济业务编制相应的会计分录，假定不考虑除增值税以外的税费。

（二）练习配套设施开发成本的核算

万恒房地产开发公司为增值税一般纳税人，根据建设规划的要求，在开发小区内建设一间能有偿转让的邮局，发包给施工企业施工：

（1）应付给承包施工企业基础设施费 13 万元，增值税税额 1.17 万元。

（2）应付建筑安装工程费 43 万元，增值税税额 3.87 万元。

（3）该邮局本月已竣工并验收合格，需结转成本。

要求：根据以上经济业务编制相应的会计分录，假定不考虑除增值税以外的税费。

（三）练习房屋开发成本的核算

万恒房地产开发公司为增值税一般纳税人，在已开发完成的自用建设用地内开发建设商品房一栋。

（1）用银行存款支付前期工程费 25 万元，增值税税额 1.5 万元。

（2）用银行存款支付基础设施费 50 万元，增值税税额 4.5 万元。

（3）用银行存款支付建筑安装工程费 85 万元，增值税税额 7.65 万元。

（4）应负担配套设施费 10 万元。

（5）应分配开发间接费 3 万元。

（6）商品房竣工并验收合格，予以工程决算，结转已开发成本。

要求：根据以上经济业务编制相应的会计分录，假定不考虑除增值税以外的税费。

（四）练习代建工程开发成本的核算

万恒房地产开发公司为增值税一般纳税人，接受市政建设指挥部委托，代为兴建岚山风景区。

（1）用银行存款支付土地征用及拆迁补偿费 60 万元。

（2）应付某施工企业建筑安装工程费 85 万元，增值税税额 7.65 万元。

（3）用银行存款支付基础设施费 12 万元，增值税税额 1.08 万元。

（4）应负担开发间接费 5 万元。

（5）月末该风景区竣工，结转其实际成本。

要求：根据以上经济业务编制相应的会计分录，假定不考虑除增值税以外的税费。

（五）练习商品房（现房销售）开发产品的核算

万恒房地产开发公司为增值税一般纳税人，销售 1 栋商品房（现房），收到价款 872 万元，并开具增值税专用发票。该商品房竣工结算时，房屋开发成本为 500 万元。已办理交房手续。该项目支付的土地出让金为 120 万元，可供出售建筑面积为 4 000 平方米，本月销售面积为 1 000 平方米。

（1）确认销售商品房的收入。

（2）结转商品房成本。

（3）确认可抵减销售额的土地价款并转出。

要求：根据以上经济业务编制相应的会计分录，假定不考虑除增值税以外的税费，增值税税率为9%。

（六）练习商品房（预售）开发产品的核算

万恒房地产开发公司为增值税一般纳税人，取得土地500平方米，土地价款300万元，在该土地上开发商品房，总可售建筑面积为1 500平方米，实际开发成本为800万元。

（1）假定本月通过预售商品房，取得含税收入1 635万元。

（2）计算应预交的增值税，并在月末进行结转。

（3）假定1年后交付房屋，确认收入，并结转成本。

（4）已销售建筑面积为1 000平方米，当期可抵扣的进项税额为50万元，计算可扣除的土地价款抵减的销项税额，并在月末结转相关明细科目。

要求：根据以上经济业务编制相应的会计分录，假定不考虑除增值税以外的税费，增值税税率为9%。

（七）练习出租开发产品的核算

万恒房地产开发公司为增值税一般纳税人，开发建造1栋商品房用于出租。

（1）商品房完工结转开发成本，实际开发成本为150万元。

（2）出租房投入出租经营，并收到当月租金8 720元。

（3）按月计提折旧额3 000元。

（4）发生修理费用21 800元，取得的增值税专用发票注明价款20 000元，增值税税额1 800元，用银行存款支付。

（5）若干年后，该公司将出租房作为商品房出售，取得房款218万元已存入银行，并开具增值税专用发票注明价款200万元，增值税税额18万元。

（6）结转已售出租房的成本，账面累计已提折旧额为6万元。

要求：根据以上经济业务编制相应的会计分录，假定不考虑除增值税以外的税费，增值税税率为9%。

（八）练习周转房的核算

万恒房地产开发公司为一般纳税人，开发建造1栋商品房用于安置拆迁居民周转使用。

（1）商品房完工结转开发成本，实际开发成本为400万元。

（2）周转房交付使用。

（3）按月计提摊销额25 000元。

（4）发生修理费用54 500元，取得增值税专用发票注明价款50 000元，增值税税额4 500元，用银行存款支付。

（5）若干年后，将该周转房作为商品房出售，取得房款654万元已存入银行，并开具增值税专用发票注明价款600万元，增值税税额54万元。

（6）结转已售周转房的成本，账面累计已提摊销额为90万元。

要求：根据以上经济业务编制相应的会计分录，假定不考虑除增值税以外的税费，增值税税率为9%。

项目四

物流企业会计

学习目标

知识目标 | 了解物流企业的主要经营业务
掌握物流企业运输业务的会计核算
掌握物流企业装卸业务的会计核算
掌握物流企业仓储业务的会计核算
掌握物流企业配送业务的会计核算

能力目标 | 能胜任物流企业运输业务的会计核算工作
能胜任物流企业装卸业务的会计核算工作
能胜任物流企业仓储业务的会计核算工作
能胜任物流企业配送业务的会计核算工作

素养目标 | 引导学生在学习物流企业会计核算的过程中，遵守相关法律法规，培养诚实守信、客观公正的职业素养

任务一　认知物流企业会计

一、物流企业概述

依据《国民经济行业分类》（GB/T 4754 - 2017），国家统计局在2019年对《生产性服务业统计分类（2015）》进行了修订，重新界定了生产性服务业，生产性服务业是为生产活动提供服务的行业，包括为生产活动提供的研发设计与其他技术服务、货物运输、通用航空生产、仓储和邮政快递服务、信息服务、金融服务、节能与环保服务、生产性租赁服务、商务服务、人力资源管理与职业教育培训服务、批发与贸易经纪代理服务等生产性支持服务。

生产性服务业经营的共同特点是虽然不直接参与生产或者物质产品的转化，却是生产制造不可或缺的产业活动，贯穿生产制造的全过程。生产制造、流通分配、社会消费的各个环节都存在生产性服务活动。生产性服务业种类众多，其中具有代表性的是"交通运输、仓储和邮政业"大类。

交通运输企业是指使用运输工具将货物或者旅客送达目的地，使其空间位置得到转移的企业。第二次技术革命之后，在世界范围内生产和服务都在逐步走向专业化，从产品的生产到商品的使用，从原材料的供应、加工、储存、组装、销售，到产品送到用户手中，整个过程都要靠运输来完成，每个产品都包含了运输的价值。离开交通运输，产品难以投放市场，商品不能实现其价值。

仓储配送业是生产生活的重要组成部分，商品在从生产领域向消费领域转移的过程中，一般都要经过商品的仓储配送阶段，例如采购与生产之间、生产的初加工与精加工之间、生产与销售之间、批发与零售之间、不同运输方式转换等，仓储配送是必不可少的环节。现代仓储以物品储存和管理为主，为客户提供货物储存、保管、中转等仓储服务，大多数情况下还同时为客户提供装卸配送服务，另外，还可提供与制造业相关的后期组装、包装、打码、贴唛头（标签）等增值服务。现代仓储配送业作为供应链管理的核心，已经远远超越了传统意义上的货物存放和管理，不仅包括基本的货物储存、保管和中转服务，还涵盖了技术集成、数据驱动、供应链整合、客户定制化等增值服务。

交通运输业和仓储配送业都是现代物流业的重要组成部分，物流属于"交通运输、仓储和邮政业"大类。社会发展需要商品的流通，商品的流通必然产生物流。物流关系图如图4-1所示。

根据《中华人民共和国国家标准物流术语》（GB/T18354 - 2001），物流是指物品从供应地向接收地的实体流动过程。根据实际需要，将运输、储存、装卸、搬运、包装、流通加工、配送、信息处理等基本功能进行有机结合。从环节构成来看，运输是贯穿整个物流全过程的主线，串联了储存、装卸、搬运、包装、流通加工、配送等各个环节，在互联网和电子商务的推动下，仓储配送越来越重要，不仅跟企业生产密切相关，也跟老百姓的生活息息相关，拉近了商业和生活的距离。

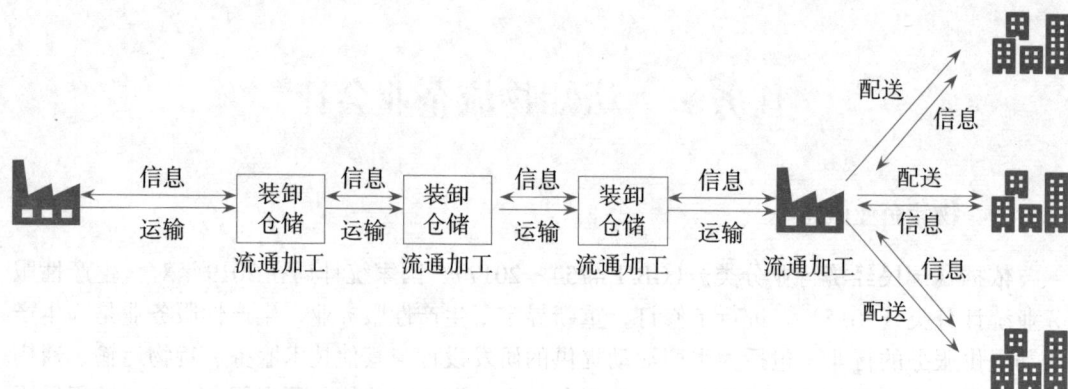

图4-1　物流关系图

二、物流企业生产经营上的特点

生产性服务业与制造业紧密相连,贯穿于企业生产的各个环节,保持工业生产过程的连续性,促进工业技术进步、产业升级和提高生产效率,为其提供保障服务。作为生产性服务企业的物流企业,其经营活动与制造业企业的生产经营活动相比,具有以下特点:

（一）营运过程具有高度的流动性和分散性

物流企业的生产地点分散、跨区域,除机场、港口、车站、仓库等场地相对固定外,其运输生产过程所涉及的范围和空间十分广阔,流动方向分散且不固定。

（二）生产和销售同时进行

例如,物流企业提供的运输服务,只能在运输过程中被消费,其生产经营过程同时也是销售过程。货物的运输劳务服务一旦完成,企业的销售业务也随之结束。物流企业提供的仓储服务同样如此,服务提供完毕即意味着销售业务的结束。

（三）营运生产过程仅消耗劳动工具,不产生新的物质产品

营运生产过程只消耗设备与工具,不消耗原材料,不会改变劳动对象的属性和形态,不会产生新的实物形态的物质产品。因此,在日常管理上,企业需要提高设备的使用效率。

三、物流企业会计核算的特点

物流企业经营业务的特点决定了其会计核算与制造业企业会计核算的不同,其特点主要体现在以下几个方面:

（一）存货核算的独特性

物流企业存货的独特性主要在于其持有存货的目的并非生产或销售,而是为了支持其运输、仓储和配送业务,因此其存货所占比重不大,而且存货中不包括制造业企业和流通业企业大量持有的原材料和库存商品等,而主要以燃料、轮胎及修理用备件、包装物等为主,因而其核算具有一定的独特性。

（二）成本费用构成的独特性

物流企业的成本构成与制造业企业不同,不包含构成产品实体且占比相当高的原材

料。运输业务的成本多是人工成本及与运输工具使用有关的费用，如公路运输的燃料、轮胎、修理费、折旧等，航空运输的器材物资消耗、维修费、折旧等，而仓储业务的成本主要是人力成本及折旧。

（三）成本结转的独特性

物流企业的服务过程与其销售过程是同步的，与一般制造业企业的生产、供应和销售三个阶段不同。其供应过程与制造业企业相同，但物流企业的生产过程与销售过程是统一的，即提供服务的同时也完成了销售过程。因而，不需要进行库存商品的计算与核算，其服务成本就是销售成本。

（四）收入核算的复杂性

物流企业的收入主要来源于运输业务、仓储业务、装卸业务和配送业务等，具有多样性。此外，物流企业还可能涉及对外出租包装物、固定资产及销售材料等业务，这些业务在核算时需要明确区分。

【明德善思】"物畅其流，货通天下"是经济繁荣的标志，在流通体系里，物流联接了生产和消费、内贸和外贸，是实体经济的"筋络"，党的二十大报告提出"建设高效顺畅的流通体系，降低物流成本"的要求，并将其作为建设现代化产业体系的重要内容进行安排部署。

据中国物流与采购联合会数据，2024年全国社会物流总额达360.6万亿元，同比增长5.8%，社会物流总费用与GDP比率为14.1%，全年物流运行稳中有进。

基础设施建设方面，国家持续投入，打造综合交通运输体系，公路、铁路、航空、水运紧密协同。高速公路纵横、高铁风驰电掣、航线星罗棋布、港口吞吐能力攀升。

物流企业积极拥抱大数据、人工智能、物联网等前沿科技，构建智能化物流生态。仓储环节，智能系统凭大数据精准存储分拣；运输途中，物联网与人工智能结合，优化路线，减少能耗时间，增强运输的安全性和可靠性。顺丰、圆通等企业在智能物流应用方面成绩突出，推动国内变革，贡献中国智慧。

物流企业同时加大绿色物流投入，推广新能源车辆，包装使用环保材料，优化流程降能耗污染。城市里新能源快递车穿梭，包装领域可降解材料渐广，缓解环境压力。

资料来源：根据相关资料编写。

任务二　运输业务的会计核算

一、运输业务概述

运输是劳动者在运输线路上通过运输工具和设备实现人与物的空间位移。运输业务按运输方式划分，可分为公路运输、水上运输、铁路运输、航空运输和管道运输五种，要指出的是物流里的交通运输一般指的是货运。

交通运输按其运输方式分类如图4-2所示。

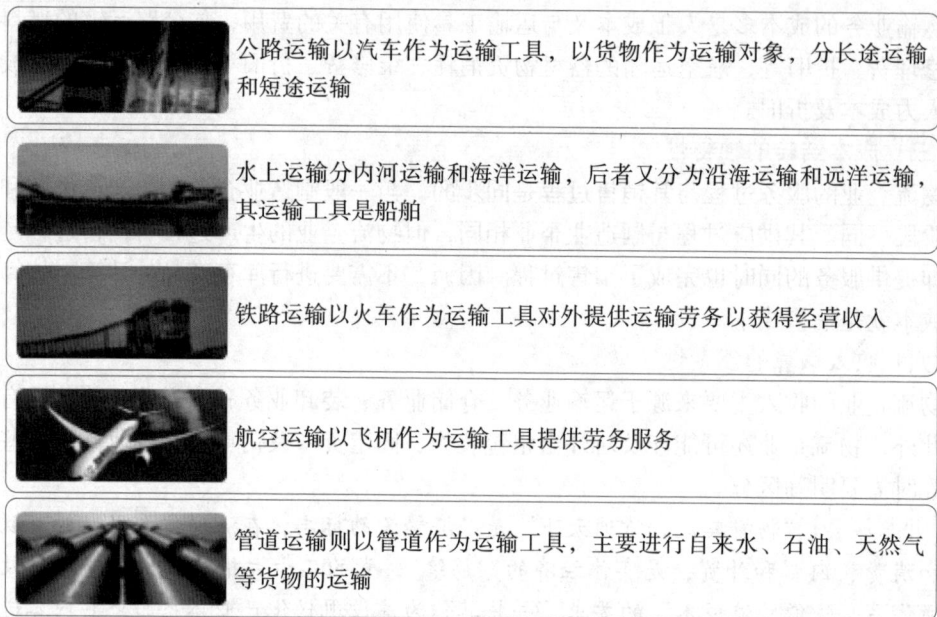

图4-2　交通运输按其运输方式分类

二、运输业务会计核算的特点

跟制造业企业相比，运输业务会计核算的特点主要体现在收入和成本的核算上。

（一）成本核算对象多样化

运输业务的成本核算对象是各类运输业务，以及构成各类运输业务的具体项目，交通运输企业以运输工具从事货物、旅客运输的，一般按照航线、航次、单船（机）、基层站段等确定成本核算对象。

（二）成本计算内容特殊

先归集运输过程中发生的各项耗费，然后再按照一定的方法分配计算各业务的营运成本。由于这些企业的生产过程就是其销售过程，成本核算不必区分生产成本和销售成本。营运成本是指经营运输过程中实际发生的与营运直接相关的各项耗费，包括两方面内容：

1.营运过程中发生的直接营运费

直接营运费包括直接参与营运业务的各类消耗性机物料，如运输用燃油、润滑剂、备品配件、低值易耗品、材料、轮胎等，以及直接从事营运业务人员的职工薪酬。

2.营运过程中发生的间接营运费

间接营运费是指不能直接计入某一具体运输任务成本的费用。这些费用虽然不直接与单次运输活动相关，但它们是企业进行正常营运所必需的，通常需要按照一定标准分配到各个运输任务中去。其包括车辆管理费、企业管理费用、运输工具及固定资产的折旧费、修理费、租赁费、保险费、劳动保护费、季节性和修理期间的停工损失及事故净损失等。

（三）采用复合计量单位进行成本计量

不同类别的运输业务由于运输工具、运输时间、运输距离的不同，在全面、综合反映运输支出时一般采用运输数量和距离相结合的复合计量单位进行成本计量，如吨公里（海里）。

2023年，全国货物运输总量556.8亿吨、公路货运量403.4亿吨、水路货运量93.7亿吨、铁路货运量50.1亿吨，其中，公路运输占比高达72.4%，本任务以最常见的公路运输为例，介绍物流企业运输业务的核算。

三、公路运输的业务流程

公路运输是一种历史悠久且基础的运输方式，现代公路运输是19世纪末随着现代汽车的诞生而产生的，因此，公路运输一般即指汽车运输。由于公路运输网一般比铁路、水路运输网的密度大十几倍，分布面也广，因此公路运输车辆可以"无处不到、无时不有"，公路运输业的发展极大地促进了物流行业的发展，在物流行业中占据着重要的地位，公路运输不仅是物流行业的重要组成部分，更是整个行业运作的基础，发达国家公路运输完成的客货周转量占各种运输方式总周转量的90%左右。公路运输业务程序如图4-3所示。

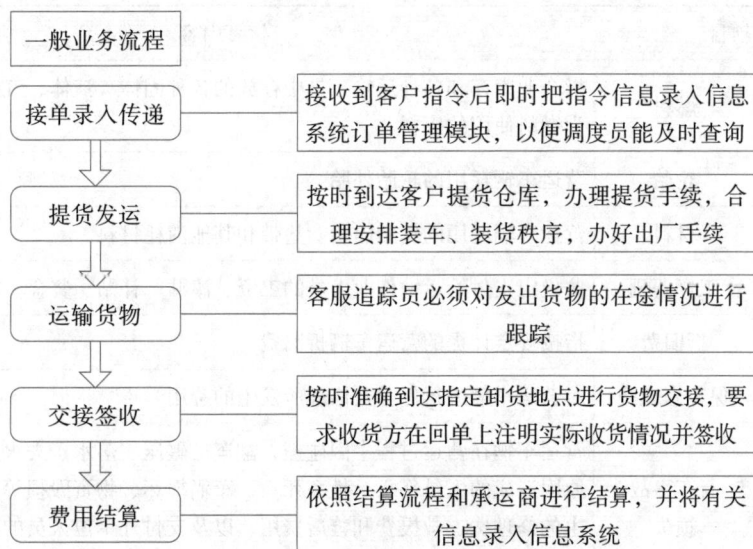

图4-3 公路运输业务程序图

四、公路运输业务的成本核算

（一）公路运输业务成本核算的内容

1. 成本核算对象

物流企业公路运输业务的主要内容是向用户提供货运服务，货运服务主要由货车完成。车型比较复杂的汽车运输企业，根据需要还应区分不同燃料、不同厂牌、不同载重量（载客量）的运输车辆。另外，特种大型车、集装箱专用车、零担专用车、冷藏车、罐车等特殊用途车辆也应单独作为成本计算对象。

2. 成本核算程序

做好营运成本核算，首先要做好成本核算的基础工作，即建立健全成本核算的原始记录，在分析各种费用记录的基础上，按各成本计算对象归集费用，计算成本。成本计算的流程有以下几步：

（1）按各成本计算对象设置相关明细账户。可按各类业务或业务项目设置相关成本计算对象，如运输业务在"主营业务成本"账户下设"运输支出"明细账户进行核算。

（2）营运中发生的直接费用，直接计入主营业务成本。

（3）归集并分配辅助生产过程中发生的各项费用。辅助生产过程中发生的各项费用应记入"辅助营运费用"账户，并在各成本计算对象之间进行分配。

（4）归集并分配营运间接费用。归集应记入"营运间接费用"账户的各种费用，并在各成本计算对象之间进行分配。

（5）最后，计算运输业务的总成本和单位成本，以便进行成本控制和决策分析。

3.公路运输业务成本核算项目

运输业务的营运成本是指企业在营运过程中实际发生的与运输有关的支出。其成本核算项目一般分为直接费用（车辆费用）和营运间接费用（站队经费），见表4-1。

表4-1   运输业务的成本项目

成本项目		核算内容
直接费用（车辆费用）	燃料	指企业库存和各种运输工具中存放的各种固体、液体、气体燃料以及作为燃料使用的废料
	轮胎	营运车辆耗用的轮胎外胎
	材料	营运车辆耗用的轮胎内胎、垫带和其他消耗材料
	工资薪酬	按规定支付给运输作业人员的工资、津贴、补贴、奖金、福利费等薪酬
	折旧费	指按规定计提的营运车辆折旧费
	保养修理费	对营运车辆进行保养及修理所发生的费用
	行车事故损失	营运车辆在营运过程中因碰撞、翻车、碾压、落水、失火、机械故障等原因造成的人员伤亡、牲畜死亡、车辆损坏、物资毁损等行车事故所发生的修理费、救援费和善后费用，以及支付外单位人员的医药费、丧葬费、抚恤费、生活费等事故费用
	其他费用	不属于以上项目的与营运车辆运行直接有关的费用，包括过路费、车辆管理费、车辆牌照和检验费、保险费、车船税等
营运间接费用（站队经费）	车队费用	指车队、车站等基层营运单位为组织与管理营运过程所发生的，应由各类业务负担的各种间接费用，如工资、劳保、取暖费、差旅费、保险费等，站队经费按规定办法分配计入运输支出
	车站费用	

（二）公路运输业务的账户设置

公路运输业务发生的直接费用在"主营业务成本"账户下通过"运输支出"明细账户进行核算。同时，还应设置"辅助营运费用""营运间接费用"等账户，以确保成本的准确归集和分配。

1."主营业务成本——运输支出"账户

"主营业务成本——运输支出"账户属于成本类账户，用来核算公路运输业务所发生的各项直接费用。其借方反映运输业务所发生的各项费用，贷方反映期末结转入"本年利润"账户的金额。

2."辅助营运费用"账户

"辅助营运费用"账户属于成本类账户，用来核算企业辅助生产部门（如车辆保养场）生产产品、提供劳务所发生的辅助生产费用，包括工资、福利费、燃料、折旧费用、劳动保护费及事故损失费等。发生辅助营运费用时，借记本账户，贷记"应付职工薪酬""原材料""银行存款"等账户。月末，按照规定的分配标准计算分摊由各个成本对象负担的费用时，借记"主营业务成本——运输支出""其他业务成本"等账户，贷记本账户。

3."营运间接费用"账户

"营运间接费用"账户属于成本类账户，用来核算公路运输企业基层单位如车队、车站为组织和管理营运过程所发生的费用。该账户借方核算运输企业发生的各种营运间接费用，贷方核算期末按一定标准应分配结转至"主营业务成本——运输支出"账户的费用，期末分配后该账户无余额。

公路运输企业的账户关系图如图4-4所示。

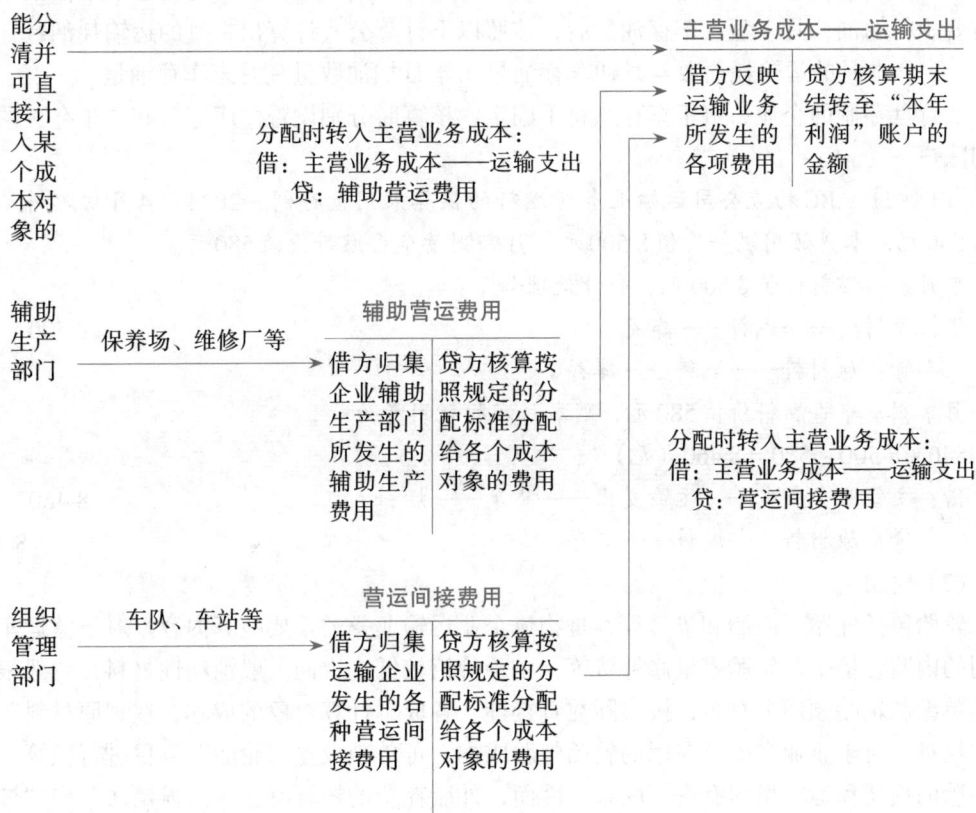

图4-4 公路运输企业的账户关系图

（三）公路运输业务的成本核算

1.营运直接费用的核算

（1）燃料

燃料的核算主要指对运输车辆运行过程中所耗用的汽油、柴油等燃料的核算，在实际工作中，对于自建油库的物流企业，对车存燃料有"满油箱制"和"盘存制"两种管理方法。

① 满油箱制

满油箱制是指每月月初月末油箱加满的情况下，车辆当月加油的数量，即为当月燃油的实耗数。也就是月末根据领油凭证统计出一个月内加油的累计数，就是本月的运输油耗数。

【例4-1】梁达物流公司运输业务对燃料的核算采取满油箱制，2024年4月末，公司通过数字化燃料管理系统自动追踪和计算，得出本月货车队耗用的燃料费，其中货车一队共耗用200 000元，货车二队共耗用320 000元。

借：主营业务成本——运输支出——货车一队——燃料　　　200 000
　　　　　　　　　　　　　　——货车二队——燃料　　　320 000
　　贷：原材料——燃料　　　　　　　　　　　　　　　　　　520 000

② 盘存制

盘存制是指上月月末实地测量车辆油箱剩余油量（车存燃料），运输途中车辆根据实际需要领料加油，月末盘点车存油量后，按照以下计算公式计算出本月的运输耗油数：

本月的运输耗油数 = 月初车存油量 + 本月加油数量 - 月末车存油量

实行盘存制的企业，由于车存燃料不固定，核算时分别设置"库存"和"车存"两个明细账户。

【例4-2】ABC物流公司运输业务对燃料的核算采用盘存制，2024年4月初燃料车存数为540元，本月领用燃料价值8 500元，月末测量车存燃料价值580元。

本月领用燃料价值8 500元，会计处理如下：

借：原材料——燃料——车存　　　　　　　　　　　　　　8 500
　　贷：原材料——燃料——库存　　　　　　　　　　　　　　　8 500

月末测量车存燃料价值580元，则本月实际耗用量为：

540 + 8 500 - 580 = 8 460（元）

借：主营业务成本——运输支出——货车——燃料　　　　　8 460
　　贷：原材料——燃料——车存　　　　　　　　　　　　　　　8 460

（2）轮胎

轮胎包括外胎、内胎和垫带等，是物流企业运输业务的重要核算内容。对于营运车辆领用的内胎、垫带及轮胎零星修补费等，由于价值较低，视同一般消耗性材料，一般根据领料单编制轮胎领用汇总表，按实际数直接计入各成本计算对象的成本，在"原材料"账户中核算。对于企业在库及在用的轮胎外胎成本，可单独设置"轮胎"科目进行核算。由于外胎的损耗和运输里程有密切联系，因而，外胎耗费的核算有"一次摊销法"和"按行驶里程摊提法"两种方法。

① 一次摊销法

一次摊销法是指在第一次领用轮胎外胎时，将轮胎成本一次计入当期运输支出的方法。企业的运输支出通过"主营业务成本——运输支出"账户核算，领用外胎时，根据"轮胎发出汇总表"直接计入各成本计算对象。借记"主营业务成本——运输支出"账户，贷记"轮胎"账户。报废轮胎时，根据残料作价的金额，借记"原材料"账户，贷记"主营业务成本——运输支出"账户。需要注意的是，一次摊销法对新车的车装轮胎不单独进行核算，当车装轮胎损坏，需要更换新胎时，领用轮胎的费用直接计入运输成本。

【例4-3】2024年4月梁达物流公司运输业务领用新轮胎外胎、内胎和垫带等材料，根据轮胎领用汇总表显示，领用外胎的实际成本为9 800元，其中货车一队6 000元，货车二队3 800元，轮胎领用汇总表见表4-2。

表4-2   轮胎领用汇总表

2024年4月   金额单位：元

领用部门	外胎			内胎			垫带		
	数量/个	单价/元	金额/元	数量/个	单价/元	金额/元	数量/个	单价/元	金额/元
货车一队	300	20	6 000	2	450	900	4	100	400
货车二队	190	20	3 800	4	300	1 200	6	100	600
合计	490	20	9 800	6	—	2 100	10	100	1 000

应编制会计分录如下：

领用外胎、内胎、垫带的核算：

借：主营业务成本——运输支出——货车一队——轮胎   6 000

                         ——其他直接材料   1 300

              ——货车二队——轮胎   3 800

                         ——其他直接材料   1 800

  贷：轮胎——外胎   9 800

      原材料——内胎   2 100

          ——垫带   1 000

② 行驶里程摊提法

行驶里程摊提法是指先按照车辆的行驶公里总数预提轮胎的摊销额，直至该轮胎报废，在领用新轮胎时，再用所领用的新轮胎价值冲销此前所预提的轮胎费用的方法，即以提取的轮胎摊提费作为更换新轮胎的资金。这里需要注意的是，只要轮胎投入使用，就要计算其磨损价值并计入运输成本，而不是等到轮胎更换时，才将领用新胎的价值计入运输成本。

轮胎的价值损耗与其行驶里程有密切关系，因此可以对领用轮胎的价值按各月行驶里程计算预提额，计算公式如下：

公里轮胎费用 =（外胎实际成本 - 预计残值）÷外胎使用里程定额

每月预提轮胎费用 = 该月行驶里程 × 公里轮胎费用

分月将按各月行驶里程计算出来的预提额计入到各月的运输支出中时，做如下会计分录：

借：主营业务成本——运输支出——外胎

  贷：其他应付款——预提轮胎费用

当出现外胎报废，领取新外胎时，做如下会计分录：

借：其他应付款——预提轮胎费用

　　贷：轮胎——外胎

根据外胎报废处理价做如下会计分录：

借：库存现金

　　贷：主营业务成本——运输支出——外胎

由于外胎使用里程定额是预先估计的，因此可能会出现报废外胎实际行驶里程与定额行驶里程不一样的情况。若报废外胎实际行驶里程大于定额行驶里程的，是超驶里程；若报废外胎实际行驶里程小于定额行驶里程的，则是亏驶里程。上述两种情况，都应调整运输支出。对于超驶里程，应通过借记"其他应付款——预提轮胎费用"账户，贷记"主营业务成本——运输支出"账户冲减多预提的轮胎费用。反之，如果是亏驶里程，应通过借记"主营业务成本——运输支出"账户，贷记"其他应付款——预提轮胎费用"账户来补提少提的轮胎费用。

其计算公式如下：

$$超驶或亏驶里程应调整的运输支出 = 超驶或亏驶里程 \times 公里轮胎费用$$

【例4-4】ABC物流公司运输业务对外胎采用按行驶里程摊提法核算，使用的货车外胎的单位成本为800元/个，该外胎行驶里程定额为100 000公里，预计报废时残值为50元/个。2024年4月，ABC物流公司汽车共计行驶400 000公里，本月提前报废轮胎一批，共计亏驶里程10 000公里。

① 公里轮胎费用 = （800 - 50）÷ 100 000 = 0.0075（元/公里）

本月预提轮胎费用 = 400 000 × 0.0075 = 3 000（元）

预提轮胎费用的会计分录如下：

借：主营业务成本——运输支出——货车——轮胎　　　　　　　　　3 000

　　贷：其他应付款——预提轮胎费用　　　　　　　　　　　　　　　　3 000

② 因亏驶而应补提的轮胎费用 = 10 000 × 0.0075 = 75（元）

补提轮胎费用的会计分录如下：

借：主营业务成本——运输支出——货车——轮胎　　　　　　　　　　75

　　贷：其他应付款——预提轮胎费用　　　　　　　　　　　　　　　　　75

（3）工资薪酬的核算

直接人工指企业直接从事营运生产活动人员的工资、奖金、津贴、福利费和补贴等。企业直接从事营运生产活动人员的工资根据工资结算表进行汇总、分配。对于有固定车辆的司机、助手的工资以及保修人员的工资及福利费，直接计入各成本计算对象的成本；没有固定车辆的司机和助手的工资以及后备司机和助手的工资，则需按一定的标准分配记入各成本计算对象的成本。各车队人员及车场管理人员的工资及福利费记入"营运间接费用"账户；辅助部门，比如保养场人员的工资及福利费记入"辅助营运费用"账户。直接人工中的职工福利费，按不超过工资总额的14%，据实计入成本。

【例4-5】2024年4月梁达物流公司运输部门的工资及职工福利费汇总表见表4-3。

表4-3

工资及职工福利费汇总表
2024年4月

单位：元

部门及人员类别	工资总额	职工福利费
货车一队	48 800	6 832
其中：司机及助手	44 000	6 160
保修工人	1 600	224
管理人员	3 200	448
货车二队	56 800	7 952
其中：司机及助手	50 400	7 056
保修工人	2 400	336
管理人员	4 000	560
保养场	24 000	3 360
其中：生产工人	18 400	2 576
管理人员	5 600	784
车场人员	4 000	560
公司管理人员	12 000	1 680
合计	145 600	20 384

借：主营业务成本——运输支出——货车一队——工资薪酬　　　44 000

　　　　　　　　　　　　　　　　　——保养修理费　　　　1 600

　　　　　　　　　　　——货车二队——工资薪酬　　　50 400

　　　　　　　　　　　　　　　　　——保养修理费　　　　2 400

　　辅助营运费用——工资薪酬　　　　　　　　　　　　24 000

　　营运间接费用——工资薪酬　　　　　　　　　　　　11 200

　　管理费用　　　　　　　　　　　　　　　　　　　　12 000

　　　贷：应付职工薪酬　　　　　　　　　　　　　　　　　　145 600

同时，据实扣除福利费应编制会计分录如下：

借：主营业务成本——运输支出——货车一队——工资薪酬　　　6 160

　　　　　　　　　　　　　　　　　——保养修理费　　　　224

　　　　　　　　　　　——货车二队——工资薪酬　　　7 056

　　　　　　　　　　　　　　　　　——保养修理费　　　　336

　　辅助营运费用——工资薪酬　　　　　　　　　　　　3 360

　　营运间接费用——工资薪酬　　　　　　　　　　　　1 568

　　管理费用　　　　　　　　　　　　　　　　　　　　1 680

　　贷：应付职工薪酬　　　　　　　　　　　　　　　　　　　　　　　　　　20 384

　（4）折旧费的核算

　　运输企业营运车辆一般按工作量法计提折旧。其中，如果外胎采用一次摊销法计入成本，在计提车辆折旧时，外胎价值不必从车辆原值中扣减；如果采用行驶里程摊提法预提外胎费用，在计算车辆折旧时，外胎价值就应从车辆原值中扣减，否则会出现重复摊提的现象。

$$车辆月折旧额 = 车辆折旧率 \times 车辆月实际行驶里程$$

车辆折旧率（元/千公里）=（车辆原值 − 预计残值 + 预计清理费用）÷ 车辆预计行驶里程

　　【例4-6】2024年4月，梁达物流公司运输业务固定资产折旧计算表见表4-4。

表4-4　　　　　　　　　　　　　　固定资产折旧计算表

2024年4月　　　　　　　　　　　　　　　　　　　　单位：元

使用部门	计提折旧金额				合计
	车辆	机器设备	房屋建筑	其他	
货车一队	8 200				8 200
货车二队	9 000				9 000
保养场		2 000	3 000		5 000
车场管理部门			1 000	1 000	2 000
行政管理部门		1 000	5 000		6 000
合计	17 200	3 000	9 000	1 000	30 200

　　应编制会计分录如下：

　　借：主营业务成本——运输支出——货车一队——折旧费　　　　　　　　　8 200
　　　　　　　　　　　　　　　　——货车二队——折旧费　　　　　　　　　9 000
　　　　辅助营运费用——折旧费　　　　　　　　　　　　　　　　　　　　　5 000
　　　　营运间接费用——折旧费　　　　　　　　　　　　　　　　　　　　　2 000
　　　　管理费用　　　　　　　　　　　　　　　　　　　　　　　　　　　　6 000
　　　　贷：累计折旧　　　　　　　　　　　　　　　　　　　　　　　　　　30 200

　（5）保养修理费的核算

　　物流企业运输业务的保养修理通常是由车队或企业所属的保养场进行的。

　　由车队进行的保养和修理，一般属于小修理，包括修理人员工资，以及修理耗用的机油、燃料、备品配件等，发生的修理费用可根据实际支出的凭证计入各成本核算对象的运输支出，见【例4-7】。

　　由保养场进行的保修，一般是大修理，其费用通过"辅助营运费用"账户进行归集，辅助生产部门车辆日常保修所发生的车辆修理费用应在受益对象之间按所耗数量或合理比例进行分配，见【例4-9】。

【例4-7】2024年4月，梁达物流公司运输业务耗用保修材料汇总表见表4-5。

表4-5　　　　　　　　　　　　　耗用保修材料汇总表

2024年4月　　　　　　　　　　　　　　　　　　单位：元

领用部门	零配件	润滑剂	其他材料	合计
货车一队	1 100	900	1 000	3 000
货车二队	1 200	500	800	2 500
保养场	3 200	1 000	800	5 000
车场管理部门	200		100	300
行政管理部门	150			150
合计	5 850	2 400	2 700	10 950

应编制会计分录如下：

借：主营业务成本——运输支出——货车一队——保养修理费　　　3 000

　　　　　　　　　　　　——货车二队——保养修理费　　　2 500

　　辅助营运费用——材料费　　　5 000

　　营运间接费用——材料费　　　300

　　管理费用　　　150

　　贷：原材料　　　10 950

（6）行车事故损失

行车期间发生交通事故，因事故而产生的救援费、善后费、医药费、抚恤费、修理费等，不包括停工、停产、停业所造成的财产间接损失等。发生时，应根据付款凭证直接记入"主营业务成本"账户，收到的保险赔偿等赔偿款项，应冲减"主营业务成本"。

（7）其他费用的核算

物流企业运输业务的其他直接费用包括车辆运输管理费、车辆牌照和检验费、车船税、过桥费、司机途中住宿费，以及营运车辆报销的工具费和其他杂费等，这些费用在发生时根据相关支付凭证直接计入各类运输支出对象，借记"主营业务成本""管理费用"等账户，贷记"银行存款"等账户。

【例4-8】2024年4月，梁达物流公司运输业务缴纳的车辆运输管理费、过桥费、其他行车费用共7 400元。其中，货车一队3 500元，货车二队3 000元，车场管理部门400元，行政管理部门500元，均通过银行存款支付。

应编制会计分录如下：

借：主营业务成本——运输支出——货车一队——其他费用　　　3 500

　　　　　　　　　　　　——货车二队——其他费用　　　3 000

　　营运间接费用——其他费用　　　400

　　管理费用　　　500

　　贷：银行存款　　　7 400

2.辅助营运费用的归集与分配

物流企业运输业务的辅助营运费用，主要是指为本企业车辆、装卸机械进行保修作业而设置的保养场或车间在供应劳务和生产产品（如制造工具、备件）时所发生的辅助生产费用。辅助生产部门的生产与运输、装卸生产不同，企业应根据辅助生产的具体情况，来组织辅助营运费用的核算和分配。

（1）辅助营运费用的内容。物流企业运输业务的辅助营运费用主要包括以下内容：①直接材料，指为车辆、装卸机械进行保养、修理、旧件修复、产品制造等耗用的修理用备件、消耗用材料的实际成本。②直接人工，指按规定支付的辅助生产部门的生产工人的工资及福利费。③辅助管理费用，指为组织和管理车间生产而发生的各种费用，如车间管理人员的工资及福利费、办公费、差旅费、折旧费等。

（2）辅助营运费用的归集与分配。辅助生产部门进行车辆保修耗费的材料、人工工资费用等，财会部门应当根据有关原始凭证或费用分配表进行费用的归集，借记"辅助营运费用"账户，贷记"原材料""应付职工薪酬""累计折旧"等账户。期末，按照受益对象的劳务量根据一定的比例在受益对象之间进行分配。

【例4-9】沿用【例4-5】【例4-6】【例4-7】的资料，梁达物流公司运输业务的辅助生产部门只有一个保养场，2024年4月，要求汇总保养场发生的辅助营运费用，并按受益对象进行分配，分配标准为修理工时。已知当月保养场总维修工时为400小时，其中货车一队维修耗时270小时，货车二队维修耗时130小时。梁达物流公司运输业务辅助营运费用分配表见表4-6。

表4-6　　　　　　　　梁达物流公司运输业务辅助营运费用分配表

2024年4月　　　　　　　　　　　　　　　　金额单位：元

成本对象　　　　　　项目	维修耗时（小时）	分配率	分配金额
货车一队	270	93.4	25 218
货车二队	130	93.4	12 142
合计	400	93.4	37 360

归集的辅助营运费用 = 27 360（工资薪酬）+ 5 000（折旧费）+ 5 000（材料费）

　　　　　　　　　　= 37 360（元）

分配率 = 37 360 ÷ 400 = 93.4（元/小时）

货车一队应承担的保养修理费 = 270 × 93.4 = 25 218（元）

货车二队应承担的保养修理费 = 130 × 93.4 = 12 142（元）

根据上面的计算，应编制的会计分录如下：

借：主营业务成本——运输支出——货车一队——保养修理费　　25 218

　　　　　　　　　　　　——货车二队——保养修理费　　12 142

　　贷：辅助营运费用　　　　　　　　　　　　　　　　　　37 360

3.营运间接费用的归集与分配

营运间接费用是指物流企业下属的基层营运单位，如车站、车场等在组织和管理企业运输过程中所发生的、不能直接计入成本计算对象的各种间接费用。一般先通过"营运间接费用"账户进行归集，月末再按一定的标准比例分配计入各成本计算对象，分配的标准一般为车队营运车日比例。营运车辆只要当天出过车，无论出车时间长短，出车班次多少和完成运输量多少，也不管是否发生过保养、修理、停驶或中途抛锚等情况，即为1个营运车日。

【例4-10】沿用【例4-5】【例4-6】【例4-7】【例4-8】的资料，2024年4月，梁达物流公司汇总营运间接费用，并按成本对象进行分配，分配标准为车队营运车日，已知当月货车一队的营运车日为340车日，货车二队的营运车日为260车日。梁达物流公司运输业务营运间接费用分配表见表4-7。

表4-7　　　　　　　　梁达物流公司运输业务营运间接费用分配表

2024年4月　　　　　　　　　　　　　　金额单位：元

项目 成本对象	营运车日（车日）	分配率	分配金额
货车一队	340	25.78	8 765.20
货车二队	260	25.78	6 702.80
合计	600	25.78	15 468

归集的营运间接费用 = 12 768（工资薪酬）+ 2 000（折旧费）+ 300（材料费）+ 400（其他费用）

= 15 468（元）

分配率 = 15 468 ÷（340 + 260）= 25.78（元/车日）

货车一队承担的营运间接费用 = 340 × 25.78 = 8 765.20（元）

货车二队承担的营运间接费用 = 260 × 25.78 = 6 702.80（元）

根据上面的计算，编制的会计分录如下：

借：主营业务成本——运输支出——货车一队——营运间接费用　　8 765.20

——货车二队——营运间接费用　　6 702.80

贷：营运间接费用　　　　　　　　　　　　　　　　　　　15 468

4.计算运输总成本与运输单位成本

运输总成本主要是由物流企业完成相关运输业务产生的材料费、人工费、折旧费、保养修理费以及营运间接费用等项目组成。运输单位成本则是由运输总成本除以总运输周转量而得出。其中，总运输周转量是指一定时期内运输企业所完成的客货运输总工作量，是将客运周转量和货运周转量按一定系数换算成同一计量单位加总求得，计量单位为千吨公里。

【例4-11】2024年4月，梁达物流公司货车一队的总运输周转量为1 000千吨公里，货车二队的总运输周转量为1 200千吨公里。根据前述例题的数据，编制2024年4月梁达物流公司运输成本计算表（见表4-8）。假设该公司按照一次摊销法对轮胎进行核算。

表4-8
梁达物流公司运输成本计算表
2024年4月

金额单位：元

成本项目	货车一队	货车二队	合计
一、车辆费用	299 202	412 434	711 636
1.燃料	200 000	320 000	520 000
2.轮胎	6 000	3 800	9 800
3.其他直接材料	1 300	1 800	3 100
4.工资薪酬	50 160	57 456	107 616
5.折旧费	8 200	9 000	17 200
6.保养修理费	30 042	17 378	47 420
7.行车事故损失	—	—	—
8.其他费用	3 500	3 000	6 500
二、车场经费	8 765.20	6 702.80	15 468
三、运输总成本	307 967.20	419 136.80	727 104
四、总运输周转量（千吨公里）	1 000	1 200	2 200
五、运输单位成本（元/千吨公里）	307.97	349.28	330.50

五、公路运输业务收入的核算

物流企业的运输业务收入是指企业完成货物运输业务后，按照规定费率向货物托运人收取的运费收入，其包括长短途整车或零担货运收入、自动装卸车运输货物收取的装卸费等。经营公路运输业务的物流企业根据营运票据确认收入额。营运票据是指货物运输的业务凭证，主要有整车货票、行李包裹票、零担货票、代理业务货票等。若企业发生退票、退运等业务，应直接冲减营业收入。

运输企业需要设置"主营业务收入"账户来正确核算各项营业收入，并在"主营业务收入"账户下设置"运输收入"明细账户进行明细分类核算。

运输企业在完成运输业务取得运输收入后，应根据相关单据确认收入，借记"应收账款""银行存款"等账户，贷记"主营业务收入——运输收入"账户。

【例4-12】梁达物流公司为增值税一般纳税人，2024年4月公司名下的货车一队取得货运收入1 000 000元（不含税），货车二队取得货运收入850 000元（不含税），款项尚未收到。增值税税率为9%。

编制会计分录如下：

借：应收账款　　　　　　　　　　　　　　　　　　　　　　　2 016 500
　　贷：主营业务收入——运输收入——货车一队　　　　　　　　　　1 000 000
　　　　　　　　　　　　　　　　　——货车二队　　　　　　　　　　850 000
　　　　应交税费——应交增值税（销项税额）　　　　　　　　　　　166 500

任务三 装卸、仓储和配送业务的会计核算

随着物流业的快速发展，物流行业内部分工越来越细，除了有专门从事运输业务的物流企业，还有专门从事仓储、配送业务，或兼营多种物流业务的物流企业。

装卸、仓储和配送业务主要为客户提供仓储、运输、配送等供应链服务，仓储配送中心运用现代信息技术，将运输、储存、装卸、搬运、包装、配送、信息处理等基本功能有机结合起来，优化资源配置，提高物流效率。在这一过程中，通过实施数字化转型，引入自动化和智能化系统，如仓库管理系统（WMS）和运输管理系统（TMS），进一步提升了物流操作的精确性和响应速度。本任务重点讲解装卸、仓储、配送三大业务的核算。

装卸是各种运输方式之间的衔接手段，是物流的主要功能之一，渗透到物流的各领域、各环节，有运输就必然会发生装卸活动，不同的运输工具决定其配套使用的装卸搬运设备以及接收和发运站台的设计有所不同。

储存是物流的必要环节，而仓储是在特定的场所储存物品的行为，仓储量的大小直接受运输状况的影响，发达的运输系统能比较快速和可靠地补充库存，以降低仓储水平。仓储具有进出、库存、分拣、包装、配送等基本功能。随着会计政策的更新，仓储企业的会计核算更加注重对存货的实时监控和成本控制，以适应市场变化和客户需求。

配送是仓储业务的自然延伸，配送并不是一般意义上的运输。一般物流是运输保管，配送可实现运输及分拣配货等功能。仓储配送中心需在其服务范围内，准时地把商品按所要求的数量送达客户，配送过程离不开相应的运输设备及装卸设备。

现实生活中，很多仓储配送中心具有完备的仓库管理信息系统，且能与供货商、客户的 ERP 或其他信息系统实时地链接，能够做到从供货商处准时地采购商品，然后准时地向客户配送，提供快捷且令客户满意的服务，最大限度地减少库存，提高工作效率。

一、装卸业务及其会计核算

（一）装卸业务概述

装卸是指在指定地点以人力或机械将物品装入或卸下运输设备，在实际操作中，装卸作业一般伴随着搬运作业。装卸搬运是一种附属性、伴生性的活动，是衔接运输、保管、包装、配送、流通加工等各物流环节的活动，它对整个物流活动具有支持性和保障性的作用。我国对生产物流的统计显示，机械工厂每生产 1 吨成品，需进行 252 吨次的装卸搬运，其成本为加工成本的 15.5%（作业频繁）。运距低于 500 公里的公路货运中，经常出现装卸时间超过实际运输时间的情况，所以装卸往往成为决定物流速度的关键。此外，装卸费用在物流成本中所占的比重也较高，以我国为例，铁路运输的始发和到达的装卸作业费占运费的 20% 左右，船运在 40% 左右。

装卸搬运可分为发货装卸搬运和收货装卸搬运，两者的一般程序类似，以收货装卸搬运为例，其装卸程序如图 4-5 所示。

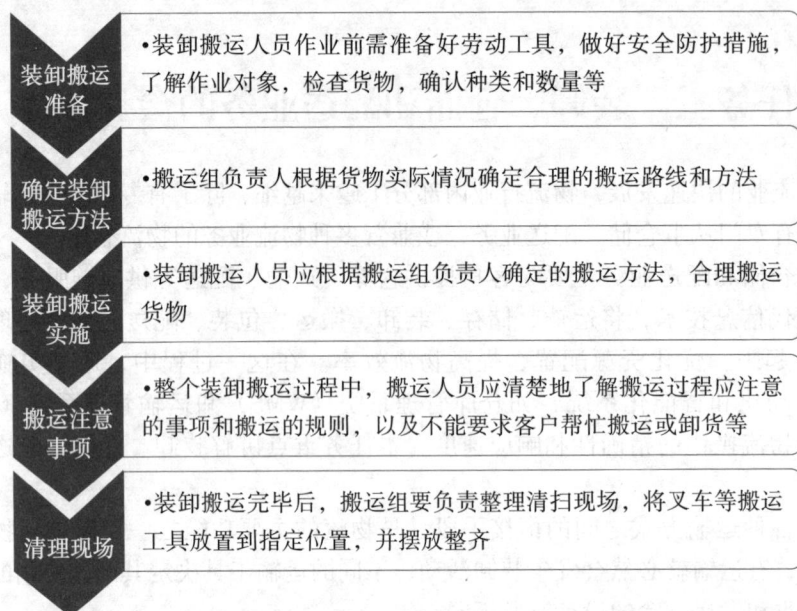

图4-5　装卸程序

（二）装卸业务成本的核算

运输、仓储和配送业务均以装卸为起点和终点，装卸业务成本是指装卸业务所发生的各项开支，核算对象为各种装卸作业，一般分为直接费用和间接费用，在核算装卸费用时，装卸总成本为直接费用与间接费用之和，装卸业务成本项目见表4-9。

表4-9　　　　　　　　　　　　　　　　　装卸业务成本项目

成本大类	成本项目	核算内容
直接费用	燃料及动力	指装卸机械耗用的燃料和动力，如汽油、柴油、电力等
	轮胎	指装卸机械用的轮胎、轮胎翻新费和零星修补费
	工资薪酬	指支付给装卸机械司机和装卸工人的工资、职工福利费等
	保养修理费	指为装卸机械和工具进行保养、大修、小修所发生的料工费，以及装卸机械在运行和操作过程中所耗用的机油、润滑油的费用
	折旧费	指与装卸机械相关的折旧费
	事故损失费	指装卸作业中，由于装卸队责任所造成的应由本期装卸成本负担的事故损失，包括货物损失、损坏车辆设备所支付的修理费以及为外单位人员人身伤亡事故支付的各种费用
	其他	指不属于以上各项目的与装卸业务相关的其他费用，如工具费、劳动保护费等
间接费用		指各装卸队为组织与管理装卸业务而发生的业务费用

装卸业务的成本核算方法和运输业务的成本核算方法基本相同，在"主营业务成本"账户中核算装卸业务发生的各项费用，下设"装卸支出"二级科目，也可根据不同的装卸部门、装卸方式设置三级科目，同时设置"营运间接费用"科目归集所发生的间接费用，最后分配记入"主营业务成本——装卸支出"账户。

装卸业务各成本项目计入成本的方式见表4-10。

表4-10 装卸业务各成本项目计入成本的方式

成本大类	成本项目	计入成本的方式
直接费用	燃料及动力	对于燃料及动力,企业可于每月终了根据油库转来的装卸机械领用燃料及动力凭证计算出实际消耗数量计入成本。耗用的电力可根据供电部门的收费凭证或企业的分配凭证直接计入成本(同运输业务的处理)
	轮胎	与公路运输业务中车辆轮胎的核算方法不同,装卸机械的轮胎磨损是在装卸场地操作过程中发生的,因此不适合采用行驶里程预提费用法计算成本,而是在领用新胎时将其价值一次性计入装卸成本。若一次领用的数量较多,金额较大,则可采取按月分摊的方法,将轮胎价值按月分摊计入装卸成本,而轮胎的零星修补费和翻新费一般在费用发生时直接计入装卸成本
	工资薪酬	根据"工资结算表",编制"工资及职工福利费汇总表",据以直接计入各类装卸搬运成本(同运输业务的处理)
	保养修理费	由装卸部门自己专职的保修工或保修班组进行保修工作产生的料工费,直接计入装卸成本,由企业其他专门的辅助部门,比如保养场、保修车间等进行的装卸机械保养作业产生的料工费,通过"辅助营运费用"科目核算,然后分配计入装卸成本(同运输业务的处理)
	折旧费	装卸机械的折旧可采用年限平均法、工作量法或加速折旧法计提。采用工作量法时,以"千操作吨"为工作量,计算方法与运输车辆的折旧类似。根据"折旧计算单"的数据计入成本(同运输业务的处理)
	事故损失费	发生时,根据有关支付凭证直接计入成本(同运输业务的处理)
	其他直接费用	发生时,根据有关支付凭证直接计入成本(同运输业务的处理)
间接费用		归集汇总装卸队的营运间接费用,再按一定的分配标准分配计入各类装卸成本,一般按照各装卸队的装卸直接费用的比例进行分配

1. 营运直接费用的核算

物流企业装卸业务发生的直接费用,根据各种发票、相关单据等直接列入装卸队的成本。通过"主营业务成本——装卸支出"账户进行归集与分配,一般按成本计算对象设置明细账。借记"主营业务成本——装卸支出"账户,贷记"原材料""应付职工薪酬"等账户。

【例4-13】梁达物流公司下设两支装卸队,承担本公司的装卸作业。2024年4月,该公司发生以下与装卸有关的费用。

①梁达物流公司名下拥有一座自建的柴油库,实行满油箱制,2024年4月,根据统计的领油单显示,装卸一队从油库领用装卸作业用的柴油24 000升,装卸二队领用18 000升,每升柴油价格为5元。

编制会计分录如下:

借:主营业务成本——装卸支出——装卸一队——燃料及动力　　120 000

　　　　　　　　　　　　　——装卸二队——燃料及动力　　　 90 000

    贷：原材料——柴油   210 000

  ②2024年4月，梁达物流公司的统计结果显示，装卸一队领用外胎2 500元，领用内胎400元。装卸二队发生轮胎修补费200元。

  编制会计分录如下：

  借：主营业务成本——装卸支出——装卸一队——轮胎   2 900

             ——装卸二队——轮胎   200

    贷：原材料——外胎   2 500

        ——内胎   400

     银行存款   200

  ③梁达物流公司2024年4月份发生货物装卸人工费30 000元，其中，装卸一队负担人工费16 000元，装卸二队负担人工费14 000元。

  编制会计分录如下：

  借：主营业务成本——装卸支出——装卸一队——人工费   16 000

             ——装卸二队——人工费   14 000

    贷：应付职工薪酬   30 000

  ④2024年4月，梁达物流公司装卸队计提固定资产折旧如下：装卸一队用机械计提折旧31 920元，装卸二队用机械计提折旧5 408元。

  编制会计分录如下：

  借：主营业务成本——装卸支出——装卸一队——折旧   31 920

             ——装卸二队——折旧   5 408

    贷：累计折旧   37 328

  ⑤2024年4月，梁达物流公司装卸队为保养、修理装卸机械领用菲利特牌机油共3 840元，其中：装卸一队领用机油2 160元，装卸二队领用机油1 680元。装卸队机油领用统计表见表4-11。

  表4-11   装卸队机油领用统计表

2024年4月

项目 领油时间	装卸一队			装卸二队		
	数量（L）	单价（元）	金额（元）	数量（L）	单价（元）	金额（元）
2024.4.1	5	120	600			
2024.4.12				6	120	720
2024.4.19	4	120	480			
2024.4.25				6	120	720
2024.4.27	9	120	1 080	2	120	240
合计	18	120	2 160	14	120	1 680

  根据统计表计算结果，编制会计分录如下：

  借：主营业务成本——装卸支出——装卸一队——保养修理费   2 160

             ——装卸二队——保养修理费   1 680

贷：原材料——机油 3 840

⑥2024年4月，梁达物流公司装卸队本月共支付事故损失费4 100元，其中装卸一队承担2 600元，装卸二队承担1 500元。

编制会计分录如下：

借：主营业务成本——装卸支出——装卸一队——事故损失费 2 600

    ——装卸二队——事故损失费 1 500

 贷：银行存款 4 100

⑦2024年4月，梁达物流公司装卸队本月共支付劳保费2 100元，其中装卸一队承担1 100元，装卸二队承担1 000元。

编制会计分录如下：

借：主营业务成本——装卸支出——装卸一队——其他直接费用 1 100

    ——装卸二队——其他直接费用 1 000

 贷：银行存款 2100

2.营运间接费用的核算

营运间接费用是指装卸队为组织与管理装卸业务而发生的管理费用和业务费用，与运输业务的核算类似，期末需要归集汇总装卸队的营运间接费用，再按一定的分配标准分配计入各类装卸成本。

在分配装卸队的营运间接费用时，如属于装卸队内部营运间接费用，一般按照各装卸队的装卸直接费用的比例分配。另外，由于企业的装卸业务与仓储业务关系密切，如对仓储部门和装卸部门共同的营运间接费用进行分配，则要按照堆存直接费用和装卸直接费用的比例先进行第一次分配，再在各自内部进行第二次分配。

【例4-14】2024年4月，梁达物流公司名下的两个装卸队共发生营运间接费用14 523.40元，营运间接费用按照装卸队的装卸直接费用的比例分配。装卸直接费用项目汇总表见表4-12，营运间接费用分配表见表4-13。

表4-12   装卸直接费用项目汇总表

2024年4月 单位：元

项目	装卸队		合计
	装卸一队	装卸二队	
燃料及动力	120 000	90 000	210 000
轮胎	2 900	200	3 100
人工费	16 000	14 000	30 000
折旧费	31 920	5 408	37 328
保养修理费	2 160	1 680	3 840
事故损失费	2 600	1 500	4 100
其他直接费用	1 100	1 000	2 100
合计	176 680	113 788	290 468

表4-13　　　　　　　　　　　营运间接费用分配表

2024年4月

金额单位：元

项目　　　成本对象	装卸直接费用	分配率	分配金额
装卸一队	176 680	0.05	8 834
装卸二队	113 788	0.05	5 689.40
合计	290 468	0.05	14 523.40

营运间接费用分配率 = 14 523.40 ÷ 290 468 = 0.05

装卸一队应分配的营运间接费用 = 176 680 × 0.05 = 8 834（元）

装卸二队应分配的营运间接费用 = 113 788 × 0.05 = 5 689.40（元）

根据计算结果，编制会计分录如下：

借：主营业务成本——装卸支出——装卸一队——营运间接费用　8 834

　　　　　　　　　　　　——装卸二队——营运间接费用　5 689.40

　　贷：营运间接费用　　　　　　　　　　　　　　　　　　　14 523.40

3.装卸总成本和装卸单位成本的核算

物流企业应根据装卸成本计算表按成本计算对象设置明细账，并通过装卸成本明细账归集计算各成本计算对象的总成本。总成本除以实际完成的货物装卸作业量即为装卸业务的单位成本，装卸业务的单位成本以"元/千操作吨"为计算单位，其计算公式如下：

装卸单位成本（元/千操作吨）= 总成本 ÷ 装卸作业量（千操作吨）

【例4-15】沿用【例4-13】和【例4-14】的资料，其中本月装卸一队的装卸作业量为150千操作吨，装卸二队的装卸作业量为90千操作吨，本月的装卸成本计算表见表4-14。

表4-14　　　　　　　　　　　装卸成本计算表

2024年4月

金额单位：元

项目	装卸一队	装卸二队	合计
一、直接费用	176 680	113 788	290 468
1.燃料及动力	120 000	90 000	210 000
2.轮胎	2 900	200	3 100
3.人工费	16 000	14 000	30 000
4.折旧费	31 920	5 408	37 328
5.保养修理费	2 160	1 680	3 840
6.事故损失费	2 600	1 500	4 100
7.其他直接费用	1 100	1 000	2 100
二、营运间接费用	8 834	5 689.40	14 523.40
三、装卸总成本	185 514	119 477.40	304 991.40
四、总装卸作业量（千操作吨）	150	90	240
五、装卸单位成本（元/千操作吨）	1 236.76	1 327.53	1 270.80

（三）装卸业务收入的核算

装卸收入是指物流企业运用机械设备和人力为客户提供货物装卸搬运服务所取得的收入。在实际工作中，企业在完成货物装卸搬运服务，取得客户签收资料时确认装卸搬运收入。根据结算单据或发票，借记"应收账款"账户，贷记"主营业务收入——装卸收入"账户。

【例 4-16】2024 年 4 月，梁达物流公司装卸搬运部对外提供搬运装卸服务，款项尚未收到。其中，装卸一队的装卸收入为 20 000 元（不含税），装卸二队的装卸收入为 22 000元（不含税），增值税税率为 6%。

```
借：应收账款                                                    44 520
    贷：主营业务收入——装卸收入——装卸一队                      20 000
                              ——装卸二队                       22 000
        应交税费——应交增值税（销项税额）                       2 520
```

二、仓储业务及其会计核算

（一）仓储业务概述

仓储业务是指物流企业运用仓库及各种仓储设备对物资进行的一种有目的的储存和保管业务，使物资暂时处于停滞的状态。储存是商品流通的必要环节，而仓储管理更是现代物流管理的一个核心环节，是现代物流过程的重要组成部分。仓储成本是仅次于运输支出或者说与运输成本并列的物流成本内容。对企业来说，仓储成本越低越好，降低仓储成本是仓储经营管理的重点，仓储业务一般程序图如图 4-6 所示。

订单处理	•仓库管理流程的第一步就是订单管理作业，物流中心的交易起始于接受订单签订合同。通过确认自身以及客户是否符合订单接受条件，来确定是否签订仓储合同，明确双方的权利与责任
验收货物	•在接受订单之后、货物入库之前，需要根据采购订单或者仓储合同对货物进行验收，验收的内容包括货物数量、货物规格以及货物质量是否符合规定等。对于满足收货条件的，在交接清单上签收，以便分清仓库与运输部门的责任
入库管理	•当货物验收无误之后，需办理货物入库手续，采购人员依据采购单上的预定入库日期，做入库作业排程、入库站台排程。货物入库当日，由保管员填写入库通知单，注明货物的品名、型号、规格、数量以及货物存放的库房号和货位号等并签字确认。当品项或数量不符时立即做适当的修正或处理，并将入库资料录入建档，同时仓库业务部门凭入库通知签发仓单
库存保管	•货物在办理入库手续后，需在保管期间定期和不定期地对其进行盘点。及时核查货物的数量、质量等情况，如盘点实物与系统记录出现差异时，需查明原因，并将此情况在盘点表上备注清楚。将盘点情况上报给部门负责人，以便后期处理
出库管理	•仓库接到存货人或仓单持有人的仓单和出库通知后，办理货物出库手续，签发货物出库单。保管人员需在货物出库时，根据货物出库单，与提货人按单逐件点交清楚，办好交接手续，并与提货人在出库单上签字盖章。完成出库交接后保管人员按照单据在保管卡上对物资相关情况进行更新

图 4-6 仓储业务一般程序图

(二) 仓储业务成本的核算

仓储业务成本是指货物存储保管所发生的各项开支，核算对象为各种类型的仓库。企业经营仓储业务的仓库多种多样，按建筑结构可分为露天仓库、简易仓库、平房仓库、楼房仓库、立体仓库和罐式仓库等，按保管货物的特性可分为普通仓库、冷藏仓库、恒温仓库、特种危险品仓库等。

仓库的仓储业务成本也就是仓库的堆存总成本，为直接费用与营运间接费用之和。仓储业务成本项目见表4-15。

表4-15 仓储业务成本项目

成本大类	成本项目	核算内容
直接费用	材料费	经营过程中消耗的各种材料
	职工薪酬	按规定支付给仓储作业人员的工资、津贴、补贴、奖金、福利费等薪酬
	低值易耗品摊销	应由本期仓储成本负担的货架、托盘、油布等仓储工具和其他低值易耗品的摊销额
	折旧费	仓库等仓储设备按照规定计提的折旧费用
	修理费	为保证仓储设备正常使用而发生的各种修理费用
	动力及照明费	指仓库、堆场耗用的照明费，冷藏仓库、机械化作业仓库所耗用的动力费，包括外购的动力、照明用电费及由本企业供电、变电部门结算或分配的费用
	保险费	应由本期仓储业务负担的财产保险费用
	事故损失费	因仓库责任而造成的货物被盗、损毁、变质等事故损失
	其他直接费用	不属于以上项目的仓储直接费用
间接费用		企业的仓储装卸营运部门为管理和组织仓储和装卸的营运生产而发生的费用

仓储业务的成本核算方法和运输业务的成本核算方法基本相同，在"主营业务成本"账户中核算堆存业务发生的各项费用，下设"堆存支出"二级科目，也可按照不同作业区设置三级科目。同时设置"营运间接费用"科目归集所发生的间接费用，最后分配记入"主营业务成本——堆存支出"账户，仓储业务各成本项目计入成本的方式见表4-16。

表4-16   仓储业务各成本项目计入成本的方式

成本大类	成本项目	计入成本的方式
直接费用	材料费	根据"材料发出凭证汇总表"中的有关数据计入成本（同运输业务的处理）
	职工薪酬	根据"工资分配汇总表"中的有关数据计入成本（同运输业务的处理）
	低值易耗品摊销	可编制"堆存工具摊销表"分配应计入本期堆存成本的工具费（同运输业务中的处理）
	折旧费	根据"折旧计算单"的数据计入成本（同运输业务的处理）
	修理费	由仓储部门自己专职的保修工或保修班组进行保修工作产生的料工费，直接计入仓储成本，由企业专门的辅助部门，比如保养场、保修车间等进行的保养作业产生的料工费，通过"辅助营运费用"科目核算，然后分配计入仓储成本（同运输业务的处理）
	动力及照明费	根据有关支付凭证或电费分配表计入成本（同运输业务的处理）
	保险费	发生时，根据有关支付凭证直接计入成本（同运输业务的处理）
	事故损失费	发生时，根据有关支付凭证直接计入成本（同运输业务的处理）
	其他直接费用	发生时，根据有关支付凭证直接计入成本（同运输业务的处理）
间接费用		归集汇总仓库的营运间接费用，再按一定的分配标准分配计入各类仓库的堆存成本，一般按照各堆存直接费用的比例进行分配

1.直接费用的核算

经营堆存业务的企业根据实际情况，可分别以堆存业务区等作为成本核算对象，按规定的成本项目设置专栏，月末通过"主营业务成本——堆存支出——作业区"账户借方归集堆存业务发生的全部费用，减去与堆存业务无关的支出，即为该成本核算对象的堆存成本。

当企业发生堆存费用时，通过借记"主营业务成本——堆存支出"账户，贷记"应付职工薪酬""原材料""累计折旧""周转材料""银行存款"等账户进行核算。

【例4-17】梁达物流公司是一家物流企业，同时开展一些仓储业务，该公司拥有一座普通仓库、一座冷藏仓库和一个露天货场。2024年4月，该公司产生以下费用，请进行相应的账务处理：

①本月仓储作业人员工资合计96 000元，其中普通仓库员工30 000元、冷藏仓库员工50 000元、露天货场员工16 000元。

借：主营业务成本——堆存支出——普通仓库——工资   30 000
　　　　　　　　　　　　　　——冷藏仓库——工资   50 000
　　　　　　　　　　　　　　——露天货场——工资   16 000
　　贷：应付职工薪酬——应付工资   96 000

②本月对普通仓库的房屋及设备计提固定资产折旧23 000元，对冷藏仓库的房屋及设备计提固定资产折旧15 000元。

借：主营业务成本——堆存支出——普通仓库——折旧   23 000

          ——冷藏仓库——折旧   15 000

   贷：累计折旧   38 000

③该公司的保安工作由外聘的保安服务公司完成，3个存货点在同一个大院内，共支出保安费用18 000元，增值税1 080元，取得增值税专用发票，款项尚未支付。月末按照3个存货点进行平均分配。

借：主营业务成本——堆存支出——普通仓库——其他费用   6 000

          ——冷藏仓库——其他费用   6 000

          ——露天货场——其他费用   6 000

   应交税费——应交增值税（进项税额）   1 080

   贷：应付账款——某保安公司   19 080

2.间接费用的核算

间接费用指仓储作业区或车站发生的，应由仓储成本负担的间接费用，间接费用发生时记入"营运间接费用"账户，月末分配计入堆存成本。

在分配堆存业务的营运间接费用时，一般按照各仓库的堆存直接费用的比例分配。另外，由于企业的装卸业务与仓储业务关系密切，如对仓储部门和装卸部门共同的营运间接费用进行分配，则要按照堆存直接费用和装卸直接费用的比例先进行第一次分配，再在各自内部进行第二次分配。

【例4-18】梁达物流公司2024年4月份的"营运间接费用——仓储部"账户余额为80 000元。其中，该公司普通仓库、冷藏仓库、露天仓库发生的堆存直接费用分别为65 000元、100 000元和85 000元。营运间接费用分配表见表4-17。

表4-17   营运间接费用分配表

2024年4月

金额单位：元

项目 成本对象	堆存直接费用	分配率	分配金额
普通仓库	65 000	0.32	20 800
冷藏仓库	100 000	0.32	32 000
露天仓库	85 000	0.32	27 200
合计	250 000	0.32	80 000

营运间接费用分配率 = 80 000 ÷ 250 000 = 0.32

普通仓库应分摊的营运间接费用 = 65 000 × 0.32 = 20 800（元）

冷藏仓库应分摊的营运间接费用 = 100 000 × 0.32 = 32 000（元）

露天仓库应分摊的营运间接费用 = 85 000 × 0.32 = 27 200（元）

根据上面的计算结果，编制会计分录如下：

借：主营业务成本——堆存支出——普通仓库——营运间接费用   20 800

          ——冷藏仓库——营运间接费用   32 000

          ——露天仓库——营运间接费用   27 200

   贷：营运间接费用——仓储部   80 000

3.堆存总成本和堆存单位成本的计算

堆存单位成本等于堆存总成本除以堆存量，而堆存量有两种表现形式，一种是以重量为成本计量单位，为实际堆存货物的吨数与堆存货物天数的乘积，表现为"吨·天"。另一种以面积为成本计量单位，为实际堆存货物的面积与堆存货物天数的乘积，表现为"平方米·天"。

某公司在某货场堆存了500吨货物，堆存天数为90天，如果堆存单位成本为2元/吨·天，则堆存总成本为500吨×90天×2元/吨·天＝90 000（元）。

某公司在某货场堆存了3 000平方米货物，堆存天数为90天，如果堆存单位成本为0.4元/平方米·天，则堆存总成本为3 000平方米×90天×0.4元/平方米·天＝108 000（元）。

堆存成本计算表与前述运输成本计算表和装卸成本计算表类似，此处不再赘述。

（三）仓储业务收入的核算

仓储业务收入是指仓储企业为客户提供货物储存和保管等服务而取得的收入，仓储业务部门应每日编制"堆存日结单"，反映每日货物的进仓量、出仓量和堆存量，期末依据"堆存日结单"汇总编制"堆存月结单"。该单一式数联，一联交仓储业务部门留底，一联交财会部门作为记账依据。确认仓储收入时，借记"应收账款"账户，贷记"主营业务收入——仓储收入"账户。

【例4-19】梁达物流公司财会部门2024年4月30日根据仓储部门转来的"堆存月结单"（见表4-18）进行入账处理。其中普通仓库堆存收入250 000元，冷藏仓库堆存收入600 000元，露天仓库堆存收入450 000元。上述款项均含税，尚未收到。仓储业务适用的增值税税率为6%，计算结果保留两位小数。

表4-18

堆存月结单

2024年4月

仓库名	存货单位	存货数量 （平方米·天）	收费标准 （元/平方米·天）	应收仓储费 （元）
普通仓库	兴盛公司	25 000	10	250 000
冷藏仓库	华光公司	30 000	20	600 000
露天仓库	华泰公司	30 000	15	450 000
小计		85 000		1 300 000

普通仓库的堆存收入＝250 000÷（1＋6%）＝235 849.06（元）

普通仓库的销项税额＝250 000－235 849.06＝14 150.94（元）

冷藏仓库的堆存收入＝600 000÷（1＋6%）＝566 037.74（元）

冷藏仓库的销项税额＝600 000－566 037.74＝33 962.26（元）

露天仓库的堆存收入＝450 000÷（1＋6%）＝424 528.30（元）

露天仓库的销项税额＝450 000－424 528.30＝25 471.70（元）

根据上面的计算结果，编制会计分录如下：

借：应收账款——兴盛公司　　　　　　　　　　　　　　　　250 000

　　　　　　——华光公司　　　　　　　　　　　　　　　　600 000

　　　　　　——华泰公司　　　　　　　　　　　　　　　　450 000

　　贷：主营业务收入——仓储收入——普通仓库　　　　　235 849.06

　　　　　　　　　　　　　　　——冷藏仓库　　　　　　566 037.74

　　　　　　　　　　　　　　　——露天仓库　　　　　　424 528.30

　　　　应交税费——应交增值税（销项税额）　　　　　　　73 584.90

三、配送业务的会计核算

（一）配送业务概述

配送是物流企业重要的作业环节，它是指在经济合理的区域范围内，根据客户要求，对物品进行拣选、加工、包装、组配等作业，并按时送达指定地点的一种送货活动，是一种"门到门"的服务。配送是整个物流过程的最后一环，通过配送，物流活动才得以最终实现。

配送是"配"和"送"的有机结合，从整个物流系统来讲，配送几乎包括了所有的物流功能要素，是物流活动的一个缩影或在某小范围中物流全部活动的体现。一般的配送集装卸搬运、包装、保管、运输于一体，通过一系列物流活动将货物送达目的地。特殊的配送还要以流通加工活动为支撑。

配送的一般程序比较规范，但不是所有的配送业务都按照流程进行，不同产品的配送流程可能由于其产品特点或客户要求而存在不同，如燃料配送就不存在配货、分放、配装等环节，而水泥及木材配送则多出了流通加工的环节。总的来说，配送业务的一般程序如图4-7所示。

（二）配送业务成本核算

配送成本是配送过程中所支付的费用总和，指在配送活动中的备货、储存、分拣、配货、配装、运输、送达及配送加工环节发生的各项费用的总和，是配送过程中所消耗的各种活劳动和物化劳动的货币表现。

配送成本有狭义与广义之分。广义的配送成本指配送中心为了开展配送业务所发生的各种直接和间接费用。根据配送中心的配送流程及配送环节，广义的配送成本包含配送运输费用、分拣费用、配装费用、仓储保管费用、包装费用、流通加工费用、装卸搬运费用等，广义的配送成本的构成是最复杂的，几乎涉及物流成本的各个构成项目。而狭义的配送成本仅指配送环节所特有的主要成本费用，包括配送运输费用、分拣费用、配装费用和流通加工费用，因此在分析核算时，要根据企业的实际情况以及所选择的成本核算方法具体分析，要避免配送成本费用重复交叉，夸大或缩小费用支出。这里主要讲狭义的配送成本。

根据配送流程及配送环节，狭义的配送成本由配送运输费用、分拣费用、配装费用及流通加工费用构成。配送成本项目见表4-19。

备货 • 根据用户需求将分散或小批量的物品集中起来，包括订货、购货、进货及有关的质量检查、结算、交接等，是配送的准备工作或基础工作

储存 • 配送中的储存有储备及暂存两种形态。其中，储备是按一定时期的配送经营要求形成的对配送的资源保证，暂存则是在理货场地所做的少量储存准备

分拣 • 指将物品按品种、规格、出入库先后顺序进行分门别类堆放的作业，是货物向高级形式发展的必然，有了分拣作业，才能大大提高送货服务水平。分拣是完善送货、支持送货的准备性工作，也是配送不同于其他物流形式的功能要素

加工 • 在配送业务中，有时需要根据用户的要求或为方便流通和消费、改进商品质量、促进商品销售，而对商品进行套裁、简单组装、分装、贴标签、包装等加工活动。只取决于客户要求但不具备普遍性

配货 • 配货是使用各种拣选设备和传输装置，将存放的物品按客户要求分拣出来，配备齐全送至指定发货地点

配装 • 主要指单个用户配送数量不能达到车辆的有效运载负荷时，如何集中不同客户的配送货物的过程，通过配装送货可以大大提高送货水平及降低送货成本，是配送系统中具有现代特点的功能要素，也是现代配送不同于以往送货的重要区别之一

运输 • 配送运输属于末端运输、支线运输，特点是运距短、规模小、频度高，一般使用汽车做运输工具。配送运输时配送的客户多，一般城市交通路线较复杂，如何有效搭配配装和运输路线是配送运输需要考虑的

送达 • 将配好的货物圆满地运输移交到客户手上，并有效地、方便地处理相关手续和完成结算

图4-7 配送业务的一般程序

表4-19 配送成本项目

成本项目		核算内容
配送运输费用	直接费用（车辆费用） 燃料	指配送业务库存和各种运输工具中存放的各种固体、液体、气体燃料以及作为燃料使用的材料
	人工费用	是指直接进行配送运输作业员工的工资总额和按工资总额提取的职工福利费等
	折旧费	指按规定计提的配送业务营运车辆折旧费
	⋮	⋮
	间接费用	是指配送运输管理部门为管理和组织配送运输生产所发生的各项管理费用和业务费用

续表

成本项目			核算内容
分拣费用	直接费用	人工费用	是指直接进行分拣作业员工的工资总额和按工资总额提取的职工福利费等
		折旧费	指按规定计提的分拣业务固定资产折旧费
		⋮	⋮
	间接费用		是指配送分拣管理部门为管理和组织分拣生产，需要由分拣成本负担的各项管理费用和业务费用
配装费用	直接费用	人工费用	是指直接进行配装作业员工的工资总额和按工资总额提取的职工福利费等
		材料费用	指配送业务中，配装消耗的各种材料，常见的有包装纸、塑料、木材等
		辅助费用	是指配装过程中耗用的辅助材料，如标志、标签等
		⋮	⋮
	间接费用		是指配装管理部门为管理和组织配装生产所发生的各项费用，由配装成本负担的各项管理费用和业务费用
流通加工费用	直接费用	人工费用	是指直接进行加工生产的生产工人的工资总额和按工资总额提取的职工福利费等
		材料费用	是指流通加工过程中直接消耗的材料、辅助材料、包装材料以及燃料和动力等费用。与制造业企业相比，在流通加工过程中消耗的直接材料费用占流通加工成本的比例不大
	间接费用	制造费用	是配送中心设置的生产加工单位为组织和管理生产加工所发生的各项间接费用。其主要包括流通加工生产单位管理人员的工资及提取的福利费等，生产加工单位房屋、建筑物、机器设备等的折旧和修理费，生产单位固定资产租赁费、机物料消耗、低值易耗品摊销、取暖费、水电费、办公费、差旅费、保险费、试验检验费、季节性停工和机器设备修理期间的停工损失以及其他制造费用

（三）配送业务的成本核算

由于配送作业是由多个环节构成的，因此配送成本的核算是多环节的核算，是各个配送环节或活动的集成。在计算配送成本时，应当先计算配送各环节的成本，然后将各个环节的成本加总后即为配送总成本。其计算公式如下：

配送总成本 = 配送运输成本+分拣成本 + 配装成本 + 流通加工成本

配送业务成本核算的账户设置，与前面所述的运输业务、装卸业务、仓储业务相同，在"主营业务成本"一级账户下设"配送支出"二级账户，用来归集不同配送环节发生的各项费用，同时根据配送环节的不同，设置"配送运输费用""分拣费用""配装费用""流通加工费用"等三级账户。

配送业务成本核算的过程和方法与前述公路运输业务成本核算类似。

费用发生时，一般根据"人工结算表""折旧计算表""耗用材料汇总表"等相关资料，借记"主营业务成本——配送支出"各明细账户，贷记"原材料""应付职工薪酬"

"累计折旧"等账户。

配送业务如有多个成本核算对象，则应由多个成本核算对象（运输、分拣、配装、加工等）共同负担配送部门为管理和组织配送业务而发生的各项间接费用，间接费用发生时归集记入"营运间接费用"账户，期末再按一定的标准分摊计入各成本核算对象。

$$配送运输成本 = 工资及职工福利费 + 燃料费 + 轮胎费 + 大修费 + 修理费 + 折旧费 +$$
$$运输管理费 + 车船税 + 行车事故损失 + 其他费用 + 营运间接费用$$
$$分拣成本 = 工资及职工福利费 + 修理费 + 折旧费 + 其他费用 + 分拣间接费用$$
$$配装成本 = 工资及职工福利费 + 配装材料费 + 辅助材料费 + 其他费用 + 配装间接费用$$
$$流通加工成本 = 直接材料费 + 直接人工费 + 制造费用$$

月末，物流配送企业应编制"配送业务成本计算表"（见表4-20），以反映配送业务的总成本和单位成本。"分拣成本计算表""配装成本计算表""流通加工成本计算表"类似，在此不再赘述。

表4-20　　　　　　　　　　配送业务成本计算表
2024年4月　　　　　　　　　　　　　　　　金额单位：元

项目	计算依据	配送车辆合计	配送营运车辆		
			解放	东风	…
一、车辆费用		614 400	187 200	124 500	…
工资		120 000	30 000	20 000	…
职工福利费		16 800	5 000	2 000	…
燃料		130 000	55 000	20 000	…
轮胎		71 000	26 000	20 000	…
修理费		8 600	2 000	1 500	…
大修费		25 000	5 000	2 000	…
折旧费		53 000	16 000	13 000	…
运输管理费	略	99 000	30 000	25 000	…
车船税		34 000	13 000	1 000	…
行车事故损失		35 000	3 200	15 000	…
其他费用		22 000	2 000	5 000	…
二、营运间接费用		130 000	45 000	3 000	…
三、配送总成本		744 400	232 200	127 500	…
四、总配送周转量（千吨公里）		8 900	2 500	1 500	…
五、配送单位成本（元/千吨公里）		83.64	92.88	85	…

（四）配送业务的收入核算

配送业务是指物流企业根据客户要求提供分拣、配装、运输等服务而取得的收入。在实际工作中，企业在完成货物配送服务后，应在配送作业单上签字，确认配送业务收入。月末根据配送作业单编制"配送作业月结单"，借记"应收账款"账户，贷记"主营业务收入——配送收入"账户。

【例4-20】2024年4月,梁达物流公司为东兴物流公司提供配送运输服务,取得配送收入52 000元,款项已收取,增值税税率为6%。

借:银行存款   55 120
　　贷:主营业务收入——配送收入   52 000
　　　　应交税费——应交增值税(销项税额)   3 120

拓展阅读

在我国近现代,物流是伴随着商流的发展逐渐演化的。20世纪90年代到21世纪初期,商业活动主要集中在企业对企业,那时的物流也是传统物流,一端是生产商,一端是贸易商,跟消费者没有太大的关系,物流服务也基本上是自给自足的模式,生产商和贸易商各有自己的仓库和车队。随着经济的高速发展,独立于生产企业和贸易企业之外的第三方物流悄然兴起,第三方物流专门为生产企业和贸易企业提供物流服务,让其专注于生产和销售。第三方物流的代表是上市公司新宁物流公司,新宁物流公司专门为制造业企业提供一体化供应链物流服务。公司的主营业务是以电子元器件保税仓储为基础,并为电子信息产业供应链中的原料供应、采购与生产、销售环节提供一体化供应链物流服务。其主要包括进出口货物保税仓储管理、配送方案设计与实施,以及与之相关的货运代理、进出口通关报检等综合物流服务。

21世纪初期,京东、当当等电商开始兴起,其模式是企业直接面向消费者个人,这种模式跟传统物流最大的区别是,订单量非常小,最小的单位就是一件货物,而快递的配送,一个整车可能要送几十个甚至是几百个客户。随着淘宝平台的兴起,进一步推动了以"三通一达"为代表的物流企业的快速发展。

随着电商行业的持续火爆,我国快递物流的业务量增长迅速,推动了整个快递行业的发展,推动物流服务持续向数字化供应链转型,进而促进了我国物流业的整体发展。比如,快递物流或者电商企业所管理的仓库跟传统物流管理的仓库相比,复杂程度更高,主要体现在品类多、订单数多、货量少、拣选难度大,大大制约了仓库的效率,迫使物流企业加快向数字化转型,企业通过应用大数据、人工智能、物联网等技术,实现了物流全流程的系统化管理,提升了服务质量和运营效率。2017—2024年中国快递服务企业业务量情况如图4-8所示。

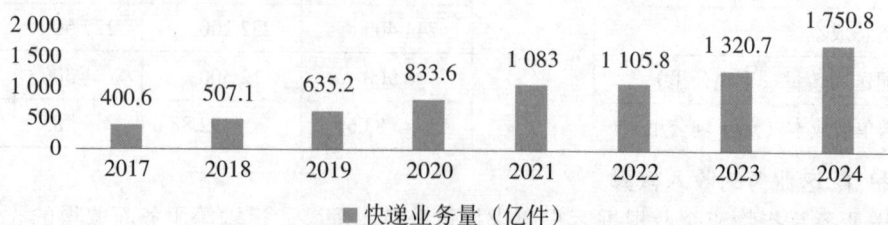

图4-8   2017—2024年中国快递服务企业业务量情况

资料来源:根据中华人民共和国国家邮政局网站资料整理。

项目练习

一、单项选择题

1.（　　）是为生产活动提供服务的行业，包括但不限于为生产活动提供诸如研发设计与其他技术服务、货物运输、仓储和邮政快递服务等。

　　A.商品流通企业　　B.生产性服务业　　C.地产开发企业　　D.金融保险企业

2.生产性服务业种类众多，其中具有代表性的大类是（　　）。

　　A.交通运输、仓储和邮政业　　　　B.公用事业、装卸和居民服务业

　　C.一般教育、代理和信息服务业　　D.公路运输、公共管理服务业

3.跟制造业企业相比，下列有关物流运输企业经营特点的描述中，正确的是（　　）。

　　A.收入结算方式的简单性

　　B.成本核算对象的单一性

　　C.成本计量单位采用复合计量

　　D.交通运输企业的成本费用只有运营直接成本

4.数字化转型对物流企业会计核算的最大影响是（　　）。

　　A.减少会计人员数量　　　　　　B.提高会计信息的透明度和准确性

　　C.降低会计成本　　　　　　　　D.增加会计工作的复杂性

5.物流企业的核心业务是（　　）。

　　A.信息处理　　　　B.包装　　　　　C.运输　　　　　D.储存

6.物流企业在经营活动中的服务不包括（　　）。

　　A.装卸　　　　　　B.流通加工　　　C.产品制造　　　D.配送

7.公路运输企业的成本项目分为车辆费用和（　　）两类。

　　A.折旧费用　　　　B.站队经费　　　C.人工费用　　　D.材料费用

8.在公路运输企业会计核算中，运输成本不包括（　　）。

　　A.燃油费　　　　　B.车辆折旧费　　C.广告宣传费　　D.司机工资

9.公路运输企业设置（　　）账户，用来核算企业辅助生产部门生产产品、提供劳务所发生的辅助生产费用，包括工资、福利费支出、燃料、折旧费用、劳动保护费及事故损失费等。

　　A.主营业务成本——运输支出　　　B.营运间接费用

　　C.主营业务成本——营运间接费用　D.辅助营运费用

10.2022年6月，顺达汽车运输公司月初油料车存数为1 000元，本月购入6 000元的油料，领用的油料为4 000元，月末盘点盘存数为500元，则6月实际耗用油料（　　）元。

　　A.4 500　　　　　B.3 500　　　　　C.6 000　　　　　D.4 000

11.满油箱制和盘存制是（　　）管理的两种方法。

　　A.车耗燃料　　　　B.车存燃料　　　C.库存燃料　　　D.发出燃料

12.轮胎包括外胎、内胎和垫带，是汽车运输企业的重要部件，核算时对于外胎可设置（　　）账户进行核算。

A.管理费用　　　　B.主营业务成本　　　C.轮胎　　　　　　D.营运间接费用

13.对于营运车辆领用的内胎、垫带及轮胎零星修补费等，由于价值较低，视同一般消耗性材料，一般根据领料单编制轮胎领用汇总表，按实际数直接计入各成本计算对象的成本，在（　　　）账户中核算。

　　A.轮胎　　　　　　B.燃料　　　　　　C.营运间接费用　　D.原材料

14.在公路运输业务成本的核算中，各车队及车场管理人员的工资及福利费记入（　　）账户。

　　A.“管理费用”　　B.“主营业务成本”C.“辅助营运费用”　　D.“营运间接费用”

15.在公路运输业务成本的核算中，辅助部门，比如保养场人员的工资及福利费记入（　　）账户。

　　A.“管理费用”　　B.“主营业务成本”C.“辅助营运费用”　　D.“营运间接费用”

16.汽车运输总成本除以（　　　）即为汽车运输单位成本。

　　A.行驶公里　　　　B.运输周转量　　　C.载客人数　　　　D.载货吨数

17.物流企业装卸货物发生的直接费用，根据各种发票、相关单据等直接列入装卸队的成本，通过（　　　）账户进行归集与分配。

　　A.管理费用　　　　　　　　　　　　B.主营业务成本——运输支出

　　C.营运间接费用　　　　　　　　　　D.主营业务成本——装卸支出

18.装卸总成本除以（　　）即为装卸单位成本。

　　A.装卸时间　　　　B.装卸周转量　　　C.装卸作业量　　　D.装卸次数

19.物流企业装卸机械的轮胎在领用时，一般的处理方法是（　　　）。

　　A.一次计入装卸成本　　　　　　　　B.分次计入装卸成本

　　C.按千米计提　　　　　　　　　　　D.五五摊销

20.下列各项中，不计入装卸成本中其他直接费用的“保修费”项目的是（　　　）。

　　A.外胎翻新费　　　　　　　　　　　B.装卸机械小修费

　　C.装卸工具小修费　　　　　　　　　D.装卸机械大修费

21.仓储业务的成本核算对象一般为（　　　）。

　　A.各类型仓库　　　B.各批次货物　　　C.各个订单　　　　D.各个仓位

22.在物流企业的经营活动中，（　　　）是指企业运用机械设备和人力为客户提供改变货物在同一节点内的存在状态和空间位置的服务。

　　A.包装业务　　　　B.装卸业务　　　　C.仓储业务　　　　D.配送业务

23.下列各项物流业务中，涵盖的物流活动最广泛、综合性最强的是（　　　）。

　　A.运输　　　　　　B.仓储　　　　　　C.配送　　　　　　D.装卸

24.配送业务成本费用的计算由于涉及多环节的成本计算，对每个环节应当计算各成本计算对象的成本，其计算公式为（　　　）。

　　A.配送成本 = 配送运输支出+营运间接费用

　　B.配送成本 = 配送运输支出+堆存直接费用+分拣成本 + 配装成本

　　C.配送成本 = 配送运输支出+分拣成本 + 营运间接费用 + 辅助营运费用

　　D.配送成本 = 配送运输支出+分拣成本 + 配装成本 + 流通加工成本

二、多项选择题

1.交通运输企业按其运输方式不同，主要分为（　　　）。

　A.公路运输企业　　B.水路运输企业　　C.管道运输企业　　D.航空运输企业

2.下列各项关于物流企业生产经营特点的描述中，正确的有（　　　）。

　A.营运过程具有高度的流动性、分散性

　B.其生产经营过程也是销售过程，生产和销售同时进行

　C.生产经营过程仅消耗劳动工具，不产生新的物质产品

　D.收入结算方式的单一性

3.下列各项关于交通运输企业会计核算特点的描述中，正确的有（　　　）。

　A.成本核算对象多样化

　B.收入结算的复杂性

　C.运输支出的计算与产品制造成本计算基本相同

　D.成本计量采用复合计量单位（如吨公里）

4.轮胎领用发出时，其核算方法有（　　　）。

　A.一次摊销法　　B.五五摊销法　　C.按行驶里程摊销法　　D.分次摊销法

5.运输企业的"车辆费用"科目核算的内容包括（　　　）。

　A.运输作业人员的工资　　　　　　　B.车辆折旧费

　C.车站费用　　　　　　　　　　　　D.保养修理费

6.下列各项中，属于运输企业存货的有（　　　）。

　A.外胎　　　　　B.燃料　　　　　C.低值易耗品　　　　　D.内胎

7.下列各项中，不在运输成本的"材料"项目中核算的有（　　　）。

　A.外胎　　　　　B.内胎　　　　　C.柴油　　　　　D.机油

8.运输企业的营运成本是指企业在营运过程中实际发生的与运输、装卸等营运生产有关的支出。核算时需设置（　　　）账户进行核算。

　A.主营业务成本　　B.劳务成本　　C.辅助营运费用　　D.营运间接费用

9.运输企业的"营运间接费用"账户核算的内容包括（　　　）。

　A.车场水电费　　　　　　　　　　B.归属于车场的车辆运输管理费

　C.修理车间维修人员工资　　　　　D.职工班车燃料费

10.公路运输企业的辅助营运费用是指企业辅助生产部门生产产品、提供劳务所发生的辅助生产费用，下列各项中，属于辅助营运费用的有（　　　）。

　A.人工费用　　B.材料费用　　C.折旧费用　　D.劳动保护费

11.物流企业装卸业务的成本项目包括（　　　）。

　A.直接人工　　B.直接材料　　C.其他直接费用　　D.营运间接费用

12.物流企业装卸成本中的直接材料费用包括（　　　）。

　A.耗用的柴油、汽油费用　　　　　B.耗用的电力费用

　C.耗用的外胎和内胎费用　　　　　D.外胎翻新的零星修补费

13.下列各项中，属于物流企业仓储业务的一般程序的有（　　　）。

　A.订单处理　　B.验收货物　　C.装卸搬运　　D.库存保管

14.下列各项中，构成仓储成本直接费用的有（　　　）。

　　A.事故损失费　　　B.设备修理费　　　C.营运间接费用　　　D.仓储设备折旧费

15.根据物流配送流程及配送环节，配送成本由（　　　）构成。

　　A.配送运输费用　　B.分拣费用　　　　C.配装费用　　　　　D.流通加工费用

三、判断题

1.交通运输企业的运输过程既是生产过程，同时也是消费过程。　　　　　　　　（　　）

2.交通运输企业不需要进行库存商品的计算与核算。　　　　　　　　　　　　（　　）

3.存货在交通运输企业运输支出的构成中所占比重非常大。　　　　　　　　　（　　）

4.公路运输企业的成本项目即为各项车辆费用。　　　　　　　　　　　　　　（　　）

5.营运间接费用是指基层单位组织与管理汽车营运所发生的车队经费和车站经费等
支出。　　　　　　　　　　　　　　　　　　　　　　　　　　　　　　　　（　　）

6.交通运输企业的成本项目分为车辆费用和站队经费两类。　　　　　　　　　（　　）

7.公路运输企业设置"燃料"总账账户，不设二级明细账户。　　　　　　　　（　　）

8.公路运输企业燃料实行满油箱制的，月末需要对车存燃料盘点后才能确定耗用燃料
的总成本。　　　　　　　　　　　　　　　　　　　　　　　　　　　　　　（　　）

9.公路运输企业的轮胎耗费可以采用一次摊销法和行驶里程摊提法。　　　　　（　　）

10.公路运输企业的营业收入按经营业务分为销售收入、运输收入两类。　　　（　　）

11.装卸是物流的起点，是生产的终点。　　　　　　　　　　　　　　　　　（　　）

12.装卸机械轮胎的翻新和零星修补费用，一般在费用发生和支付时直接计入装卸
成本。　　　　　　　　　　　　　　　　　　　　　　　　　　　　　　　　（　　）

13.配送集装卸、储存、包装、运输于一身，是物流活动的缩影。　　　　　　（　　）

四、业务核算题

（一）练习轮胎费用的核算

A运输公司对营运车辆的外胎采用行驶里程摊提法，其他部门的车用轮胎按实际领用
数计入成本。本月发生以下有关轮胎的经济业务：

（1）公司行政管理部门领用轿车轮胎2个，每个400元。

（2）货车领用内胎合计金额400元，垫带合计金额50元。

（3）货车外胎的单位成本为500元/个，每车装胎6个，行驶里程定额为80 000公里，
预计报废时残值为40元/个。已知A运输公司本月共计行驶35 000公里。

要求：根据以上经济业务编制相应的会计分录。

（二）练习燃料领用的核算

速运汽车运输公司为增值税一般纳税人。本月发生以下经济业务：

（1）速运汽车运输公司燃料采用满油箱制管理制度，当月货车一队领用汽油30 000
元，货车二队领用汽油35 000元，公司管理用车队领用汽油1 000元。

（2）速运汽车运输公司燃料采用月末盘存制度，上月末货车一队存油6 000元，货车
二队存油8 000元；本月末经盘点：货车一队存油2 000元，货车二队存油9 000元。

要求：编制上述业务的会计分录。

（三）练习运输支出的核算

安全运输公司本月发生以下经济业务：

（1）安全运输公司月末计算分配本月工资，根据"工资分配汇总表"显示，货车一队

驾驶员的工资为 100 000 元，货车二队驾驶员的工资为 98 000 元。

（2）月末汇总计算各类车辆耗用的燃料，货车一队耗用 600 000 元，货车二队耗用 560 000 元。

（3）该公司按照行驶里程摊提法对轮胎进行核算，月末编制的"轮胎摊提费计算表"显示，货车一队应预提轮胎费用 15 000 元，货车二队应预提轮胎费用 13 600 元。

（4）月末的"工资分配汇总表"显示，本月货车一队保修班组人员的工资 1 500 元，货车二队保修班组人员的工资 1 400 元。月末编制的"材料发出凭证汇总表"显示，本月日常保修领用材料如下：货车一队领用 2 800 元，货车二队领用 2 600 元。

（5）月末编制"营运车辆折旧计算表"，本月货车一队应计提折旧 14 000 元，货车二队应计提折旧 13 000 元。

（6）本月货车一队报销工具费 600 元，其他杂费 400 元。货车二队报销工具费 610 元，其他杂费 450 元，全部均通过银行存款支付。

（7）本月货车一队的车队经费为 35 000 元，货车二队的车队经费为 34 000 元，车站经费中货车一队应负担 12 000 元，货车二队应负担 8 000 元。

（8）月末计算辅助生产部门已完工的作业成本，货车一队保修费用为 1 900 元，货车二队保修费用为 1 600 元。

要求：根据资料（1）—（8）的数据，填写"运输支出计算表"（见表 4-21），并计算运输支出。

表 4-21　　　　　　　　　　　运输支出计算表　　　　　　　　　　金额单位：元

项目	2024 年 4 月实际运输支出		
	货车一队	货车二队	合计
一、车辆费用			
1.燃料			
2.轮胎			
3.工资			
4.折旧			
5.保修			
6.其他			
二、营运间接费用			
三、运输总成本			
四、总运输周转量（千吨公里）	1 300	1 200	2 500
五、运输单位成本（元/千吨公里）			

（四）练习运输收入的核算

某物流企业在一个月内完成了以下业务：长途整车货运收入120 000元，短途零担货运收入50 000元。该月末，由于部分货物在运输过程中出现损坏，发生了退票业务，退票金额为5 000元。

要求：请计算该物流企业当月的净运输业务收入，并编制相应的会计分录。

（五）练习装卸业务的核算

诚信物流公司燃料汽油采用实地盘存制，本月汽油加权平均价为5.50元/升。2024年4月份发生下列装卸业务：

（1）公司月末根据4月份汽油领料单和库存汽油盘存表，编制装卸设备燃料汇总表（见表4-22）。

表4-22　　　　　　　　　　　　装卸设备燃料汇总表

燃料名称：92号汽油　　　　　　　　　　　2024年4月　　　　　　　　　　　　　单位：元

队伍	月初储存	本月领用	月末储存
装卸一队	180	1 500	300
装卸二队	300	8 500	650
合计	480	10 000	950

（2）分配本月装卸作业人员工资，其中，装卸一队75 000元，装卸二队54 000元。

（3）本月轮胎领用汇总表列明，装卸一队领用轮胎3 200元，装卸二队领用轮胎12 200元，轮胎采用一次摊销法。

（4）月末固定资产折旧表列明，装卸一队应提折旧51 000元，装卸二队应提折旧105 000元。

要求：根据业务编制会计分录。

（六）练习仓储业务的核算

诚信物流公司有一个作业区经营堆存业务，2024年4月堆存业务支出为：工资费用15 000元，福利费2 100元，燃料及动力费2 000元，材料费1 500元，折旧8 400元，分摊的营运间接费用为12 000元。

要求：请计算堆存总成本并编制相关会计分录。

（七）练习配送业务的核算

某物流公司2024年10月配送业务发生的费用见表4-23。

表4-23　　　　　　　　　　　　配送业务成本计算表

2024年10月

金额单位：元

项目	配送车辆合计
一、车辆费用	182 200
工资	30 000
职工福利费	
燃料	55 000

项目	配送车辆合计
轮胎	26 000
修理费	2 000
大修费	5 000
折旧费	16 000
运输管理费	30 000
车船税	13 000
行车事故损失	3 200
其他费用	2 000
二、营运间接费用	45 000
三、配送总成本	
四、总配送周转量（千吨公里）	2 500
五、配送单位成本（元/千吨公里）	

要求：请计算该物流公司当月的配送总成本和配送单位成本。

项目五

旅游餐饮酒店服务企业会计

学习目标

知识目标	了解旅游餐饮酒店等生活性服务企业的主要经营业务 掌握旅游业务的会计核算知识 掌握餐饮业务的会计核算知识 掌握酒店业务的会计核算知识
能力目标	能胜任旅游业务的会计核算工作 能胜任餐饮业务的会计核算工作 能胜任酒店业务的会计核算工作
素养目标	引导学生在学习旅游餐饮酒店服务企业会计核算的过程中，养成高度的社会责任感和踏实认真的工作态度

任务一　认知旅游餐饮酒店服务企业会计

一、认识旅游餐饮酒店服务企业

旅游、餐饮、酒店均属于生活性服务业。国家统计局在《国民经济行业分类》中指出，生活性服务业是指满足居民最终消费需求的服务活动，分类范围包括十二大领域：居民和家庭服务，健康服务，养老服务，旅游游览和娱乐服务，体育服务，文化服务，居民零售和互联网销售服务，居民出行服务，住宿餐饮服务，教育培训服务，居民住房服务，其他生活性服务等，其经营的共同特点是通过提供各种服务或劳务而赚取服务费。本项目主要讲解旅游、餐饮、酒店这三类具有代表性的生活性服务企业的会计核算。

旅游业是凭借旅游资源和服务设施，专门或者主要从事招徕、接待游客，为其提供交通、游览、住宿、餐饮、购物、文娱等服务的综合性行业。旅游资源、旅游设施、旅游服务是旅游业赖以生存和发展的三大要素。

餐饮业是指以经营餐饮服务为主的企业，它包括以餐饮为主的酒店、宾馆、纯餐饮酒楼、专业餐饮会所、快餐、小吃店等餐饮经营形式。餐饮企业是通过向消费者提供各项餐饮服务而赚取利润。餐饮企业从事餐饮制品的生产和销售，同时为顾客提供消费场所和服务，集生产、零售及服务于一体，且同步进行。

酒店业主要为游客提供住宿服务，同时也可提供其他生活服务及设施，如餐饮、健身、洗衣、美容、娱乐、购物、商务中心、宴会及会议等。

二、旅游餐饮酒店服务企业的会计核算特点

企业会计核算的特点是由会计核算对象决定的，旅游餐饮酒店等服务企业的业务经营特点决定了其会计核算的特点。旅游餐饮酒店等服务企业经营内容的核心是提供生活服务，辅之以产品生产与销售，旅游餐饮酒店等服务企业的会计核算方法与其他行业会计相比较，有如下特点：

（一）核算对象的特点

旅游餐饮酒店等服务企业的经营业务往往具有多样性。如旅游企业除了经营组团旅游业务外，有实力的旅行社还经营客房、餐饮、售货、娱乐、客运等其他业务；餐饮企业除了经营餐饮业务外，还经营外卖、娱乐等相关业务；酒店企业则是最为典型的多样化经营企业，同时经营餐饮、客房、健身娱乐、美容美发等多种服务项目。生活性服务业企业在混业经营的背景下，为了准确提供经营业务的会计信息，就必须对各种业务进行分别核算。

（二）成本费用核算的特点

按照企业会计准则的核算要求，企业进行成本计算时应正确划分成本与期间费用，并分别核算，旅游餐饮酒店等服务企业同样应设置"主营业务成本"、"财务费用"、"管理费用"和"销售费用"等账户。但由于旅游餐饮酒店等服务企业的生产经营过程往往就是客户的消费过程，生产过程也是销售过程，企业在一定期间内的营业成本既可以理解为生产成本，又可以理解为销售成本，因此旅游餐饮酒店等服务企业一般不会专门设立"生产成

本"和"制造费用"等账户，而是将营业成本直接记入"主营业务成本"账户进行核算。因为提供生产、销售和服务的周期比较短，期末没有或较少有未完成的劳务，因此一般没有在产品的核算问题，也不用像制造业企业那样分产品品种或类别计算总成本和单位成本，一般只计算总成本。

（三）涉税核算的特点

旅游餐饮酒店等服务企业的经营活动存在大量的混合经营和兼营情况，按照现行增值税法的有关规定，企业必须分别核算不同的服务项目，未分别核算的，从高适用税率。以大型酒店企业为例，企业在提供住宿服务的同时，还经营小型店铺商品零售、向社会提供场地出租等业务，客房业务按提供的服务计税，小型店铺商品零售业务按销售货物计税，向社会提供场地出租业务按不动产租赁服务计税，这些业务分别适用不同的计税税率，可见，旅游餐饮酒店等服务企业经营业务的多样性决定了企业涉税核算的复杂性。

【明德善思】党的二十大报告指出，"全面建设社会主义现代化国家，必须坚持中国特色社会主义文化发展道路，增强文化自信"，强调要"以社会主义核心价值观为引领，发展社会主义先进文化，弘扬革命文化，传承中华优秀传统文化，满足人民日益增长的精神文化需求"。在党的二十大精神的指引下，文旅及餐饮酒店业显示出了强劲的发展势头。中国文化和旅游部的数据显示，2024年前三个季度，国内旅游总人次已经恢复至2019年同期的80%以上。在文旅发力之时，住宿和餐饮同步跟上，使得文旅、餐饮、住宿成为一条畅通无阻的产业链。

新中式旅游已经成为一种引领社会审美的风向标，新中式旅游将文化体验和现代旅游需求相结合，让游客体验中华优秀传统文化，培养民族自信心，彰显文化自信。例如2024年端午节期间，全国各地举办民俗文化活动，如汉服巡游、龙舟体验等，这些活动让游客体验到中华优秀传统文化的魅力。

国潮美食如雨后春笋般涌现，饱含传统文化韵味的国潮美食，激发起群众对民族文化的认同感和自豪感。新中式餐厅、茶饮店等深受年轻人喜爱，餐饮老字号品牌也通过创新菜品、精心设计包装等方式，将传统美食与现代饮食文化巧妙结合，为消费者带来了全新的体验。

酒店也可以是中国文化展示和传播的舞台，例如从中华优秀传统文化中发现中式生活美学，让宾客在入住期间的日常起居和衣食住行中深入了解中国文化等。文化为根、服务为本、文化与功能交融，大力推动了具有中国文化特色的文化主题酒店、文化遗产酒店等的兴起。

在新时代背景下，夯实文化自信，弘扬优秀中华文化传统，拉动文旅内需，同时带动餐饮酒店"融合式发展"。

资料来源：根据相关资料编写。

任务二　旅游企业的会计核算

随着社会的发展，旅游业已成为全球经济中发展势头最强劲、规模最大的产业之一。旅游业在城市经济发展中的产业地位逐步提高、经济作用逐步增强，旅游业对拉动城市经济、带动社会就业以及对文化与环境的促进作用日益显现，旅游已逐渐成为美好生活的核心构成，成为国计民生的重要内容。

一、旅游企业经营业务概述

旅游是指外出旅行和游览，旅游经营业务是指旅行社组织旅游者外出旅游，并同时为之提供饮食、住宿、交通、导游等服务。旅行社是为旅游者提供服务的中介机构，是以营利为目的从事旅游服务的企业。旅行社的产品不同于一般的物质产品，它是一种以无形服务为主体内容的特殊产品，它是由食、住、行、游、购、娱等各个要素构成的"组合产品"。

（一）旅游企业的分类

旅游企业，也称为旅行社，是旅游业的中介，是联系旅游者与饭店、车船公司、娱乐部门的一条纽带。旅行社的主要业务是招徕、联系、安排、接待等一系列服务工作。旅行社可分为组团社和接团社（见表5-1）。

表5-1　　　　　　　　　　　　　　旅行社的分类

分类	作用及服务内容
组团社	是与旅游者订立包价旅游合同的旅行社。组团社又被称为"代理商""零售商"，指将旅游产品直接销售给旅游者的旅行社
接团社	也称地接社，是指接受组团社委托，在目的地接待旅游者的旅行社，也是经济学中的生产者或厂商。地接社由于地域优势，一般与目的地旅游资源签订合作协议，所提供的导游服务更专业，对旅游者的旅游体验、人身和财产安全有更好的保障

值得注意的是，对同一旅行社来说当其接待外地旅行社送来的旅行团时被称为接团社，当其组织游客到外地旅游时被称为组团社。

（二）旅游企业的经营业务

旅游企业的经营业务内容，主要有组团业务、接团业务及其他服务（见表5-2）。

表5-2　　　　　　　　　　　　旅游企业经营业务内容

业务种类	业务内容	收入及成本构成
组团业务	组团社通过组团业务，将招徕的游客团队或散客输送到其他的旅游地接社，并通过与地接社相互配合，完成合同中所规定的游客旅游活动，从而获取利润	组团社通过组团业务，安排旅游活动，根据国家规定的旅游收费标准，其收取的全部服务费用是企业的经营收入，其应拨付给内接团社及其他有关服务行业的代收代付费用，构成组团业务的经营成本
接团业务	接团社承接接团业务，按照组团社的旅行活动计划，为旅游者提供最终的吃、住、行、游、娱、购等旅行服务	接团社向旅游团或旅游者提供导游、住宿、用餐、交通、购物、娱乐等一条龙服务取得的业务收入是接团社的经营收入，其支付的住宿费、餐饮费、门票等，构成接团社的经营成本
其他服务	为旅游者或旅游团提供上述服务之外的导游、购票、订房等服务，以及为企事业单位和团体提供会务服务等	提供服务过程中获取的业务收入，是其经营收入，其支付的各种费用，构成其经营成本

（三）旅游企业收款方式

旅游企业的收款方式一般有三种：预收、现收和事后结算。

1. 旅游企业预收结算

预收是指在为旅游者提供服务之前，先全部或部分收取服务费。预收方式一般在旅行社组团和饭店住宿服务中采用，旅行社的组团收入中，代收代付费用占有很大比例，因此，旅行社在组团时，一般要求旅行团队在出发之前预付全部或部分旅行团费，以便减少自身资金占用。

2. 旅游企业现收结算

现收是指在为旅游者提供服务的同时，收取费用。一般对于零散服务或费用金额较小时，多采用这种方式。

3. 旅游企业事后结算

事后结算是指向客人提供服务后，一次性或定期地进行结算。这种收款方式多用于旅行社间的收付。

二、旅游企业经营业务的核算

旅行社在经营上有其独特之处，旅行社为顾客提供服务无须固定的场所和设施，主要依靠运输企业为他们提供交通工具，依靠饭店餐厅为他们提供食宿服务，依靠风景名胜和文物古迹为他们提供游览项目。旅行社利用预收款和定期结算等方式，一般只占用少量的流动资金就可以开展业务。这些经营特点决定了旅行社营业收入的构成及其核算方法有其自身特色。旅游企业的会计核算，跟制造业企业的会计核算相比，区别主要体现在收入与成本的核算上，所以这里主要讲旅游企业收入和成本的核算。

（一）旅游企业营业收入的核算

旅游企业的营业收入是指旅行社在经营服务过程中，为旅游者提供各种服务，并按照国家规定的旅游收费标准，向旅游者收取的包括交通费、房费、餐费、文娱费等全部款项。从营业收入构成看，包括组团外联收入、综合服务收入、零星服务收入、劳务收入、票务收入、地游及加项收入和其他服务收入（见表5-3）。

表5-3 旅行社营业收入的构成

类别	内容
组团外联收入	是指组团社自组外联，向旅游者收取的住房费、餐费、交通费、景点游览费、旅行社的服务费等收入
综合服务收入	是指旅行社为旅行者提供综合服务而取得的收入，包括房费收入、餐费收入、车费收入、文杂费收入（即文娱、行李托运、门票等杂项收入）、陪同费收入、其他收入等
零星服务收入	是接待零散客人以及受托代办事项所得的收入。散客参加旅行社就地组织的旅行团，俗称"一日游""二日游"等，其收入内容亦与综合服务收入一致
劳务收入	是指旅行社提供全程陪同、翻译和导游服务所取得的收入
票务收入	是指旅行社向游客代售国际联运客票和国内客票的手续费收入
地游及加项收入	综合服务费所包含的内容是事先明确规定的，如果旅游者要求提供额外的服务，要按规定的标准加收费用。这些费用，一般由旅游者就地支付
其他服务收入	是指不属于以上各项的其他服务收入

【知识链接】旅游线路的报价主要由以下七部分构成：交通费、住宿费、用餐费、景点门票费、导游服务费、旅游意外保险费和旅游综合服务费（其他旅游过程中要发生的直接费用）。旅行社开出的价格通常有三种：一是全包价，即上述七个方面的价格都包。二是半包价，即在全包价旅游的基础上扣除行程中的餐费、景点门票等费用的一种旅游报价形式。三是小包价，即只代办交通票或异地住宿酒店预订，如餐费、参加游览、欣赏文艺节目等都是旅游者自理。

旅游企业的收入是根据与客户签订的旅游合同来确定的，旅行社的各项代收代付费用，也应全部记入营业收入总额。旅游企业的营业收入属于提供劳务收入，在通常情况下，应在劳务完成时，即旅游团队结束旅游返回时，确认旅游业务收入的实现。

不论是组团社，还是接团社，凡旅行社组织境外旅游者到国内旅游，应在旅行团队离境（或离开本地）时确认营业收入的实现；旅行社组织国内旅游者到境外旅游，应在旅行团旅行结束返回时确认营业收入的实现；旅行社组织国内旅游者在国内旅游，也应在旅行团旅行结束返回时确认营业收入的实现。但是，如果旅游团的旅游开始日期和结束日期分属于不同的期间，则应当按照新收入准则的投入法或产出法进行营业收入的确认。

旅行社的主营业务收入，不论是组团的主营业务收入，还是接团的主营业务收入，都要通过总分类账户"主营业务收入"进行核算。"主营业务收入"科目应按收入类别设置明细账。可下设"组团外联收入""综合服务收入""零星服务收入""劳务收入""票务收入""地游及加项收入""其他服务收入"等二级科目。还可根据实际工作需要，在二级科目下设置三级科目，例如，在"综合服务收入"科目下设置"房费收入""餐费收入""车费收入""文杂费收入""陪同费收入""其他收入"等三级科目进行核算。

1.组团社营业收入的核算

组团社的营业收入即组团收入，是指组团社根据组团报价为旅游者提供服务所取得的收入。组团收入包括各项代收代付费用，比如分配到接团社、饭店、交通部门等的费用，在会计核算时也应将之确认为收入。组团业务，一般是先收款，后支付费用。组团社的业务流程如图5-1所示。

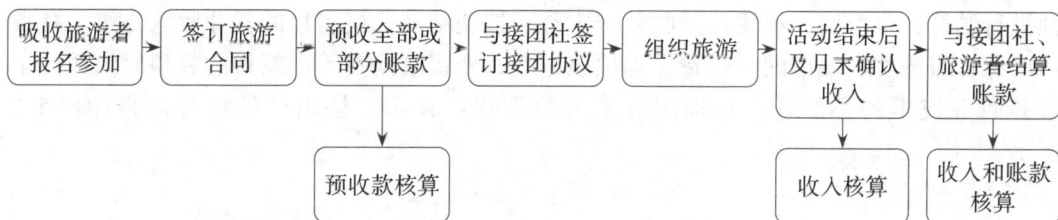

图5-1　组团社的业务流程

旅行社的组团营业收入，应在"主营业务收入"账户下的"组团外联收入"明细账户核算，同时还需设置"应收账款""合同负债"等账户来核算旅行社在经营过程中发生的各种款项。

【例5-1】广州市光华旅行社为增值税一般纳税人，主要提供境内外的旅游服务。2024年9月10日，接受A公司委托，组团40人去北京旅游并签订团队旅游合同，按合同，每人收费5 000元，总计200 000元，A公司已于当日开具转账支票支付给光华旅行社200 000元，该团旅游时间自9月15日至9月25日，共计11天；9月14日，该旅游团有一人因故退团，按合同规定，扣除退团手续费10%后，以现金形式退还其剩余款项4 500元；北京当地的接团社是北京海燕旅行社，9月25日，旅游团结束旅游顺利返回。

①9月10日，该旅游团尚未开始旅游活动，收到的团费应记入"合同负债"账户，会计处理如下：

借：银行存款   200 000
　　贷：合同负债——A公司   200 000

②9月14日，该旅游团有一人因故退团，按合同规定，扣除退团手续费10%后，以现金形式退还其剩余款项4 500元，退团手续费应视为含税收入，按旅游业适用的6%增值税税率，分别计算应缴纳的增值税和不含税的收入额，会计处理如下：

其他服务收入 = 500 ÷（1 + 6%）= 471.70（元）

销项税额 = 471.70 × 6% = 28.30（元）

借：合同负债——A公司   5 000
　　贷：主营业务收入——其他服务收入   471.70
　　　　应交税费——应交增值税（销项税额）   28.30
　　　　库存现金   4 500

③9月25日，旅游团旅游结束，顺利返回，确认已实现的旅游经营业务收入，做会计分录如下：

组团外联收入 = 195 000 ÷（1 + 6%）= 183 962.26（元）

销项税额 = 183 962.26 × 6% = 11 037.74（元）

借：合同负债——A公司   195 000
　　贷：主营业务收入——组团外联收入   183 962.26
　　　　应交税费——应交增值税（销项税额）   11 037.74

2.接团社营业收入的核算

接团社的地接业务，一般是根据组团社下达的接待计划，先提供服务，后再向组团社进行结算，也可以向组团社预收部分定金，按期结算。接团社的营业收入是组团社拨付的综合服务费、城市间交通费、加项服务费、全程陪同费等。拨付的款项对组团社来说是营业成本的一部分，对接团社来说则是营业收入。接团社的业务流程如图5-2所示。

图5-2　接团社的业务流程

接团社在旅游团离开本地后，及时向组团社报送"旅游团（者）费用拨款结算通知单"（见表5-4）后，即确认收入。此"通知单"一式三联，配有全程陪同人员的由全程陪同人员携带并填写，没有全程陪同人员的由地方陪同人员携带并填写。填写后交给接团社财务部门，财务部门按照拨款标准计算出应拨费用后，自留一联，将其余两联寄给组团社财务部门，组团社财务部门经审核无误后及时拨款。

表5-4　　　　　　　　　　　　旅游团（者）费用拨款结算通知单

付款单位（组团社）　　　　　　　　　日期：　年　月　日

团名		全团人数		人	减免人数	人
		成人		人	全程陪同	人
	国家（地区）	中国	儿童	人	结算人数	人
结算项目						
旅游饭店	入住饭店名称		月　日　时入住 月　日　时离开		入住饭店类型	
	房间数		房费			
	餐费		正餐标准	元/人	风味餐标准	元/人
	本项结算小计：		万　仟　佰　拾　元　角　分			
景点门票			每人　元×　人			
			每人　元×　人			
			每人　元×　人			
			每人　元×　人			
	本项结算小计：		拾　万　仟　佰　拾　元　角　分			
其他费用						
结算方式		A：现付或预付＿　B：签单形式＿　C：每月结算一次＿　D：每季结算一次＿				
累计结算金额：		万　仟　佰　拾　元　角　分				
本团收入		本团成本		本团毛利		

经手人：　　　　审核人：　　　　财务：　　　　批准人：

　　旅行社因地接而取得的营业收入，借记"应收账款"账户，贷记"主营业务收入"账户，"主营业务收入"账户下再设"综合服务收入"明细账户进行核算。

　　【例5-2】沿用【例5-1】的资料，2024年9月25日，北京海燕旅行社完成接待广州市光华旅行社39人旅行团的旅游业务，游客已返回。9月26日，财务部门根据有关凭证向组团社广州市光华旅行社发出"旅游团（者）费用拨款结算通知单"，金额合计159 000元，开出增值税专用发票，发票上注明旅游服务收入150 000元，增值税9 000元。9月30日，收到收款通知。该企业为增值税一般纳税人。

　　①9月26日，发出结算通知单并确认营业收入时：

　　借：应收账款——广州市光华旅行社　　　　　　　　　　　　159 000

      贷：主营业务收入——综合服务收入   150 000

           应交税费——应交增值税（销项税额）   9 000

②9月30日，接到银行收款通知时：

借：银行存款   159 000

      贷：应收账款——广州市光华旅行社   159 000

（二）旅游企业营业成本的核算

旅游经营业务的营业成本是指直接用于接待旅游者并为其提供各项服务所发生的全部支出。旅行社的营业成本和生产经营企业的营业成本不同，其核算对象是纯服务费用，而且旅行社的支出中，代收代付项目支出占有较大比重。

旅行社在经营过程中发生的应计入营业成本的各项直接支出，包括房费、餐费、交通费、文娱费、行李托运费、票务费、门票费、签证费、陪同费、劳务费、旅游者人身保险费、机场费等。这些支出按旅行社为旅游者提供服务所发生支出项目的不同可分为七类，即组团外联成本、综合服务成本、零星服务成本、劳务成本、票务成本、地游及加项成本、其他服务成本等（见表5-5）。

表5-5   旅行社营业成本的构成

类别	内容
组团外联成本	指由组团社自组外联，按规定开支的房费、餐费、旅游交通费、陪同费、文杂费和其他费用等
综合服务成本	指接团社接待组团社组织的包价旅游团体或个人按规定开支的住房费、餐费、旅游交通费、陪同费、文杂费和其他费用等
零星服务成本	指接待零星旅游者和受托代办事项而支付的费用
劳务成本	指旅行社派出翻译、导游人员或聘请兼职导游人员全程陪同而支付的费用
票务成本	指旅行社代办代售国际联运客票和国内客票而发生的订票手续费、包车费用和退票损失等
地游及加项成本	指各地旅游企业接待的小包价旅游，或接团社应旅游者要求增加计划外的当地旅游项目和风味餐等发生的费用
其他服务成本	指不属于以上各项的其他服务成本

旅行社在一定时期所发生的各项营业支出，不论是组团社的成本，还是接团社的成本，在会计核算上均通过设置"主营业务成本"账户来总括反映，该账户应根据类别设置明细账进行核算。

1.组团社营业成本的核算

组团社与接团社之间存在着业务上的紧密联系。作为组团社，组团成本按性质区分，是由两部分组成的，一部分是拨付支出，属于拨付给地接社的代收代付性质的综合服务费等，另一部分是提供服务而发生的全陪人员费用和通信联络费用，这个属于服务性支出。

一般情况下，组团社是先收费后接待，而接团社是先接待，后向组团社结算。组团社一般按实际支出结转成本。

【例5-3】沿用【例5-2】的资料，2024年9月26日，广州市光华旅行社财务部门收到北京海燕旅行社转来的"旅游团（者）费用拨款结算通知单"，同时收到增值税专用发票，注明价款150 000元，增值税9 000元。9月30日，通过转账方式支付款项。该企业为增值税一般纳税人，增值税采用全额征税。

会计处理如下：

①9月26日，确认成本。

借：主营业务成本——组团外联成本　　　　　　　　　　　150 000
　　应交税费——应交增值税（进项税额）　　　　　　　　　　9 000
　　　　贷：应付账款——北京海燕旅行社　　　　　　　　　　　　　　159 000

②9月30日，通过转账方式支付款项。

借：应付账款——北京海燕旅行社　　　　　　　　　　　　159 000
　　　　贷：银行存款　　　　　　　　　　　　　　　　　　　　　　159 000

2.接团社营业成本的核算

接团社的营业成本是指为了给旅游团提供服务而向各宾馆、饭店、车队、风景点等接待单位支付的费用。地接成本与组团成本所包含的内容又有较大差别，这些费用按其性质，也应分为两部分，一部分是属于接待旅行团过程中直接支付的代收代付费用，包括房费、餐费、交通费、门票费、行李托运费、票务费、保险费、机场费等，这些费用构成旅行团队的主要费用支出，另一部分则是陪同费、劳务费、其他费等，是接团社向客人提供服务而发生的费用。

【例5-4】2024年9月25日，接团社北京海燕旅行社顺利完成对广州市光华旅行社39人旅游团的接待活动，发生各项支出（如住宿费、餐费、交通费、门票等）共计137 800元，其中，除住宿费取得的增值税专用发票注明进项税额为468元外，其他均取得的是增值税普通发票，款项已用银行存款转账支付。该企业为增值税一般纳税人，增值税采用全额征税。会计处理如下：

借：主营业务成本——综合服务成本　　　　　　　　　　137 332
　　应交税费——应交增值税（进项税额）　　　　　　　　　468
　　　　贷：银行存款　　　　　　　　　　　　　　　　　　　　　　137 800

三、旅游企业增值税的会计核算

旅游服务，是指根据旅游者的要求，组织安排交通、游览、住宿、餐饮、购物、文娱、商务等服务的业务活动。旅游企业按"生活服务——旅游娱乐服务——旅游服务"的税目缴纳增值税，增值税一般纳税人提供旅游服务适用的税率为6%，增值税小规模纳税人提供旅游服务适用的征收率为3%。通常，增值税计税销售额为取得的全部价款和价外费用。自2016年5月1日起，我国实行全面的营改增税收制度改革，其中旅游服务业的增值税政策发生了比较大的变化。

按政策规定，旅游服务业的纳税人计算增值税有两种计税方法，一种是全额征税方法，即以收取的全部价款和价外费用为销售额来计算增值税的方法；另一种是差额征税方法，即以取得的全部价款和价外费用，扣除向旅游服务购买方收取并支付给其他单位或者个人的住宿费、餐饮费、交通费、签证费、门票费和支付给其他接团旅游企业的旅游费用后的余额为销售额来计算增值税的方法。

目前，旅游行业的增值税一般纳税人在经营过程中，作为生活服务类企业，不像制造业企业那样容易取得增值税专用发票，大量的成本项目，比如餐饮费、行李托运费、门票等，较难获得合法有效的抵扣凭证，能抵扣的进项税额有限，所以，现实生活中，旅游服务企业很少像制造业企业那样采用全额征税方法，而采用差额征税方法居多。

【知识链接】差额征税是原来营业税的政策规定，即纳税人以取得的全部价款和价外费用扣除支付给其他纳税人的规定项目价款后的销售额来计算营业税的计税方法。营改增后，根据增值税的计税原理，支付给其他纳税人的支出，应按照规定计算进项税额，从销项税额中抵扣。但由于原营业税差额征税扣除项目范围较广，且部分行业的部分支出无法取得符合增值税规定的进项税额扣税凭证，为避免重复征税，给企业造成负担，营改增后差额征税依然在多个行业中有所保留。旅游企业，无论是增值税一般纳税人还是增值税小规模纳税人，依然可以继续选择差额征税的政策，但该政策不是强制性的，可以根据自己的业务特点自愿选择。

（一）旅游企业增值税一般纳税人增值税会计核算

1.全额征税

增值税一般纳税人选择全额征税方法，适用于其支付的费用基本上能够取得增值税抵扣凭证，核算同制造业增值税一般纳税人的核算。

应纳税额 = 取得的全部价款和价外费用 ÷（1 + 6%）× 6% − 可抵扣的进项税额

【例5-1】至【例5-4】，均采用全额征税方法计税。

2.差额征税

增值税一般纳税人选择差额征税方法，适用于其支付的费用很难取得增值税专用发票，但基本上能够取得符合法律、行政法规和国家税务总局规定的有效凭证（见表5-6）。

表5-6　　　　　　　　　　　　　有效凭证的种类

序号	种类
1	支付给境内单位或者个人的款项，以发票为合法有效凭证
2	支付给境外单位或者个人的款项，以该单位或者个人的签收单据为合法有效凭证，税务机关对签收单据有疑义的，可以要求其提供境外公证机构的确认证明
3	缴纳的税款，以完税凭证为合法有效凭证
4	扣除的政府性基金、行政事业性收费或者向政府支付的土地价款，以省级以上（含省级）财政部门监（印）制的财政票据为合法有效凭证
5	国家税务总局规定的其他凭证

$$\text{应纳税额} = \left(\begin{matrix} \text{取得的全部} \\ \text{价款和价外费用} \end{matrix} - \begin{matrix} \text{向旅游服务购买方收取并支付给其他单位} \\ \text{或者个人的住宿费、餐饮费、交通费、签证费、} \\ \text{门票费和支付给其他接团旅游企业的旅游费用} \end{matrix} \right) \div (1 + 6\%) \times$$

$$6\% - \begin{matrix} \text{其他依法取得的符合} \\ \text{规定的可抵扣进项税额} \end{matrix}$$

值得注意的是，并不是提供旅游服务过程中发生的所有费用都可以扣除，比如跟团的旅游公司导游费、自有车辆的费用、游客人身意外险保费、购物费等就不属于差额征税的扣除范围。另外，如果增值税一般纳税人采用差额征税，扣除项目即使取得专用发票也不能再抵扣了，所以取得的扣除项目的发票一般为普通发票。但是，对于其他不作为差额扣除的部分，只要依法取得了增值税进项凭证，可以作为进项税额进行抵扣，比如水电费的专用发票。

3.账务处理

全额征税的账务处理前面已经讲过，不再赘述，这里只讲增值税一般纳税人的差额征税。

在旅游企业增值税一般纳税人的差额征税的会计处理中，对于允许从销售额中扣除相关费用来计算增值税的，应在"应交税费——应交增值税"账户下增设"销项税额抵减"明细账户，用于记录该企业因按规定扣减销售额而减少的销项税额。企业接受应税服务时，按规定允许扣减销售额而减少的销项税额，借记"应交税费——应交增值税（销项税额抵减）"账户，贷记"主营业务成本"等账户。

【例5-5】广东东方旅游公司为增值税一般纳税人，选择差额征税方法。2024年6月份，组织两个旅游团队旅游，取得价税合计1 060 000元，其中一个团队由本公司全程组织旅游，支付住宿费、餐饮费、交通费、门票费等价税合计530 000元；另一个团队与旅游地海燕旅行社合作接团，支付接团社的费用为159 000元。上述开支均取得可以按差额扣除的普通发票。当月应缴纳的增值税计算如下：

计算销项税额可以扣除的费用 = 530 000 + 159 000 = 689 000（元）

实际应纳税额 =（1 060 000 − 689 000）÷（1 + 6%）× 6% = 21 000（元）

①取得旅游服务收入时：

借：银行存款　　　　　　　　　　　　　　　　　　　　1 060 000

　　贷：主营业务收入——组团外联收入　　　　　　　　　　　　1 000 000

　　　　应交税费——应交增值税（销项税额）　　　　　　　　　　60 000

②广东东方旅游公司发生相关成本费用，取得符合规定的增值税扣税凭证且纳税义务发生时，允许扣减销售额的账务处理如下：

按现行增值税制度的规定，企业发生相关成本费用允许扣减销售额的，发生分包款、住宿费、餐饮费、交通费、门票费等成本费用时，取得符合规定的增值税差额扣除凭证，允许扣减销售额的不含税成本。

530 000 ÷（1 + 6%）= 500 000（元）

159 000 ÷（1 + 6%）= 150 000（元）

允许扣减销售额对应的抵减税额 =（500 000 + 150 000）× 6% = 39 000（元）

编制会计分录如下：

借：主营业务成本——组团外联成本　　　　　　　　　　150 000

　　　　　　　　　——综合服务成本　　　　　　　　　　500 000

　　应交税费——应交增值税（销项税额抵减）　　　　　　39 000

　　贷：银行存款　　　　　　　　　　　　　　　　　　　　689 000

（二）旅游企业增值税小规模纳税人增值税的会计核算

1.全额征税

增值税小规模纳税人可以选择全额征税方法，适用3%的征收率。

$$应纳税额 = 取得的全部价款和价外费用 \div (1 + 3\%) \times 3\%$$

2.差额征税

增值税小规模纳税人同样也可以选择差额征税方法，只要其支付的费用能够取得符合法律、行政法规和国家税务总局规定的有效凭证。否则，不予扣除。

$$\frac{应纳}{税额} = \left(\begin{array}{c}取得的全部 \\ 价款和价外费用\end{array} - \begin{array}{c}向旅游服务购买方收取并支付给其他单位 \\ 或者个人的住宿费、餐饮费、交通费、签证费、 \\ 门票费和支付给其他接团旅游企业的旅游费用\end{array}\right) \div (1 + 3\%) \times 3\%$$

3.账务处理

旅游企业增值税小规模纳税人提供应税服务，全额征税的核算跟制造业企业类似，在此不再赘述。如果采用差额征税，对于允许从销售额中扣除相关费用的，按规定扣减销售额而减少的应交增值税，应直接冲减"应交税费——应交增值税"账户。

【例5-6】广东华港旅游公司为增值税小规模纳税人，选择差额征税方法。2024年6月，组织两个旅游团队旅游，取得价税合计92 700元，其中一个团队由本公司全程组织旅游，支付住宿费、餐饮费、交通费、门票费等价税合计50 000元；另一个团队与当地旅游公司合作接团，支付接团社的费用为22 100元。上述开支均取得可差额扣除的增值税普通发票。

当月应缴纳的增值税计算如下：

计算增值税时可以扣除的费用 = 50 000 + 22 100 = 72 100（元）

应纳增值税 = （92 700–72 100）÷（1 + 3%）× 3% = 600（元）

（1）取得旅游服务收入时的会计处理：

借：银行存款　　　　　　　　　　　　　　　　　　　　　　　　92 700

　　贷：主营业务收入　　　　　　　　　　　　　　　　　　　　　90 000

　　　　应交税费——应交增值税　　　　　　　　　　　　　　　　2 700

（2）企业发生相关成本费用时的账务处理：

①按现行增值税制度的规定，企业发生相关成本费用允许扣减销售额的，发生分包款、住宿费、餐饮费、交通费、门票费等成本费用时，按应付或实际支付的金额，做如下处理：

借：主营业务成本　　　　　　　　　　　　　　　　　　　　　　72 100

　　贷：银行存款　　　　　　　　　　　　　　　　　　　　　　　72 100

②取得符合规定的增值税扣税凭证且纳税义务发生时，按照允许抵扣的税额，做如下处理：

允许扣减销售额对应的抵扣税额 = 72 100 ÷（1 + 3%）× 3% = 2 100（元）

借：应交税费——应交增值税　　　　　　　　　　　　　　　　　2 100

　　贷：主营业务成本　　　　　　　　　　　　　　　　　　　　　2 100

任务三 餐饮企业的会计核算

一、餐饮企业经营业务概述

根据《国民经济行业分类注释》的定义，餐饮业是指在一定场所，对食物进行现场烹饪、调制，并出售给顾客，主要供现场消费的服务活动，包括各种类型和各种风味的中餐馆、西餐馆、咖啡馆、小吃店、冷饮店等，是国民经济中的一个重要行业，不仅直接面向消费者进行食品生产，还提供服务。

（一）餐饮企业的主要经营活动

餐饮企业的业务特点是集加工制作、商业销售和服务性劳动于一体，其具体的业务经营流程如图5-3所示。

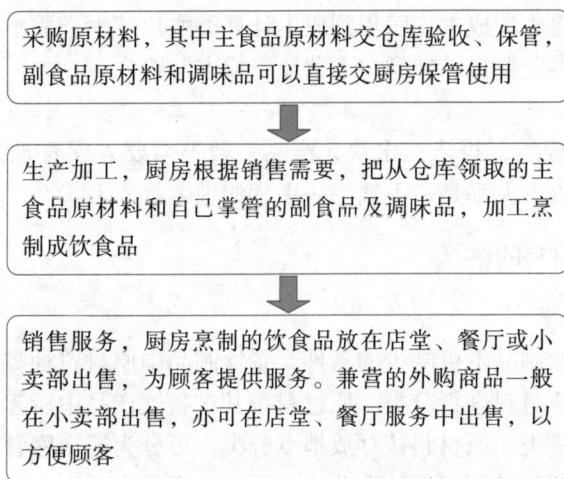

> 采购原材料，其中主食品原材料交仓库验收、保管，副食品原材料和调味品可以直接交厨房保管使用

> 生产加工，厨房根据销售需要，把从仓库领取的主食品原材料和自己掌管的副食品及调味品，加工烹制成饮食品

> 销售服务，厨房烹制的饮食品放在店堂、餐厅或小卖部出售，为顾客提供服务。兼营的外购商品一般在小卖部出售，亦可在店堂、餐厅服务中出售，以方便顾客

图5-3 餐饮业的主要经营活动

（二）餐饮企业经营业务的特点

餐饮企业无论经营规模大小、经营品种多少，都是以餐饮制品为核心，通过提供能满足顾客需求的餐饮制品来取得营业收入，跟制造业企业相比，其经营业务，有如下特点：

1.直接面对消费者

餐饮企业的产品直接面对消费者，具有零售商业企业的性质，生产销售时间短促，而且集中在早、中、晚三餐时间。

2.餐饮企业单件、小批生产产品，且大多是现场手工制作

餐饮企业生产的产品是根据顾客的需求烹制加工的，现制现卖，花色品种多，每个品种销售的数量不多，每一种餐饮制品的规格质量不一，配料随季节变化而不同，烹制方法和风味也多种多样。

3.餐饮企业一般还要提供必要的服务

餐饮企业为顾客提供消费的场所，随着消费层次的提高，顾客越来越重视消费体验，服务趋于高档化和规范化。

从上面内容可以看出，餐饮业具有生产、零售、服务三种职能，但又区别于工业、零售业和其他服务业。

（三）餐饮企业会计核算的特点

餐饮企业经营业务是围绕餐饮制品展开的，其业务流程和经营特点决定其在会计核算上有自己的特点。

1.原材料的核算

由于餐饮制品生产周期短，其生产成本与销售费用划分不清，因此不要求掌握每种产品的成本，一般只要求核算经营单位或经营类别耗用的原材料成本，直接材料支出是成本中最主要的部分，所以餐饮企业原材料的核算比较重要，直接影响到成本的计算。

2.成本的核算

餐饮制品质量规格复杂，技艺要求不一，不能像制造业企业那样，按产品逐次逐件进行完整的成本计算。餐饮服务企业为社会提供各种服务，其生产过程往往就是销售过程，也是消费过程，餐饮服务企业的营业成本直接通过"主营业务成本"账户进行归集，而不必像制造业企业那样将生产成本先归集到成本计算类账户"生产成本"账户中，再将已售产品成本从"生产成本"账户结转到"主营业务成本"账户。

3.收入的核算

餐饮企业经营过程短，投入产出快，产品一般不需要入库管理，因此，资金周转也快。餐饮企业的营业收入大都是一手钱、一手货的现金收入。

二、餐饮制品原材料的核算

（一）原材料的分类

原材料是制作餐饮制品不可缺少的条件，餐饮制品中原材料种类繁多、用途各异。因此，要按不同标准对原材料进行分类。原材料按其在餐饮产品中所起的作用分类，可分为主食类、副食类、干货类。原材料按存放地点分类，可分为需入库管理的原材料和不需要入库管理的原材料和调味品类。餐饮企业原材料的分类见表5-7。

表5-7　　　　　　　　　　　餐饮企业原材料的分类

分类依据	分类	概念
按作用分类	主食类	指大米、面粉和杂粮等原材料
	副食类	指肉、禽、蛋、水产、豆制品及各种蔬菜等原材料。属鲜活商品，容易变质，应做到随买随用
	干货类	指木耳、香菇、干鱼翅、干海参、干贝、红枣、听装食品等，一般不易变质，方便储存，可适当保有一定数量的库存
	调味品类	指除主食类、副食类、干货类以外的各种材料，如食用油、盐、酱、醋、糖、味精、香料等
按存放地点分类	需入库管理的原材料	如主食类、干货类等，在购进时对应办理验收入库的手续，由专人保管，设置材料明细账，建立领料制度，保持合理的储备数量
	不需要入库管理的原材料	如副食类鲜活商品，采取随购随用，购入后直接交厨房验收使用

（二）原材料的核算

餐饮企业原材料的核算是以采购过程中发生的实际成本为依据，跟制造业企业基本相同，在此不再赘述，这里主要讲解原材料购入、内部调拨、发出的核算。

1.原材料购入的核算

根据原材料性质的不同，通常有两种管理办法：一种是入库管理，入库和出库都要办理必要的手续，并填制凭证及进行会计核算；另一种是购进后直接交付厨房使用，如新鲜的肉、禽、鱼、蔬菜，以及一些价格低廉的调味品等，一般不用办理入库手续。

（1）入库管理

采购员采购食材后，交仓库验收，填写"入库单"后交财会部门入账。企业购进原材料收到增值税专用发票时，借记"在途物资""应交税费"等账户，贷记"银行存款""应付账款"等账户。原材料运到验收入库时，再借记"原材料"账户，贷记"在途物资"账户。餐饮业的原材料主要是同城采购的，往往是钱货两清，为了简化核算手续，也可以不通过"在途物资"账户，直接在"原材料"账户核算。

（2）不入库，直接交给厨房

以厨房提出的"原材料请购单"为依据，采购员购进后将原材料直接交生产部门厨房，由其验收并在单据上签字，单据交采购员转交财会部门入账。如直接交厨房耗用，可不通过"原材料"账户核算，将其采购成本直接记入"主营业务成本"账户。

（3）进项税额的抵扣

餐饮企业采购原材料的核算方法跟制造业企业基本相同，但跟其他行业企业相比，餐饮企业采购原材料，其增值税进项税额抵扣情况更复杂，购进时进项税额抵扣发票种类较多，不同的进货渠道，会取得不同抵扣税率的增值税专用发票，税负影响不同，具有更多不确定性。

餐饮企业购进的原材料，包括农副产品和非农副产品。对于非农副产品的进项税额抵扣，与一般企业相比，并无特别之处。因此，此处重点讲述餐饮企业增值税一般纳税人购进农副产品的进项税额抵扣问题。按照采购渠道的不同以及供应商的身份不同，购进原材料进项税额的抵扣分为几种情况：

① 允许抵扣购进农产品的进项税额的情形

A.从增值税一般纳税人处购进或进口农产品

餐饮企业购进农产品，取得增值税一般纳税人开具的增值税专用发票或海关进口增值税专用缴款书的，以增值税专用发票或海关进口增值税专用缴款书上注明的增值税税额为进项税额进行抵扣。

B.从增值税小规模纳税人处购进农产品

餐饮企业购进农产品，从增值税小规模纳税人处取得增值税专用发票的，以增值税专用发票上注明的金额和9%的扣除率计算进项税额。

$$可抵扣的进项税额 = 增值税专用发票上注明的金额 \times 9\%$$

C.购进农业生产者销售的自产农产品

餐饮企业购进农业生产者自产自销的农产品允许按照农产品收购发票或者销售发票上注明的农产品买价和9%的扣除率抵扣进项税额。

$$可抵扣的进项税额 = 买价 \times 9\%$$

② 不得抵扣购进农产品的进项税额的情形

餐饮企业从农产品批发、零售商处购进免税的蔬菜和部分鲜活肉蛋产品，取得其开具的增值税普通发票，不得作为计算抵扣进项税额的凭证。餐饮企业增值税一般纳税人购进农产品抵扣情况见表5-8。

表5-8 餐饮企业增值税一般纳税人购进农产品抵扣情况

扣税凭证种类	出具方	进项税额
增值税专用发票	一般纳税人	增值税专用发票上注明的税额
	小规模纳税人	增值税专用发票上注明的不含税买价×9%
进口增值税专用缴款书	海关	海关进口增值税专用缴款书上注明的增值税税额
农产品销售发票	销售方（农业生产者）	买价×9%
农产品收购发票	购买方	买价×9%
增值税普通发票	销售方（批发、零售）小规模纳税人	不得抵扣

【例5-7】广州市富丽酒家为增值税一般纳税人，2024年3月5日，从批发市场购进木耳30千克，每千克不含税单价为50元，取得增值税专用发票，不含税总价为1 500元，增值税为135元，已验收入库；购进鲜牛肉50千克，取得增值税专用发票，注明不含税总价为3 000元，增值税为270元，直接交西餐厅进行烹制处理；从某蔬菜批发公司购进新鲜蔬菜一批，共800元，开具的是增值税普通发票，直接交中餐厅使用，以上货款均已转账支付。

批发市场购进的木耳验收入库时：

借：原材料——木耳　　　　　　　　　　　　　　　　　　　　　1 500
　　应交税费——应交增值税（进项税额）　　　　　　　　　　　　135
　　　贷：银行存款　　　　　　　　　　　　　　　　　　　　　　1 635

购进鲜牛肉直接交西餐厅厨房时：

借：主营业务成本——西餐厅　　　　　　　　　　　　　　　　　3 000
　　应交税费——应交增值税（进项税额）　　　　　　　　　　　　270
　　　贷：银行存款　　　　　　　　　　　　　　　　　　　　　　3 270

购进新鲜蔬菜800元，未取得增值税专用发票，不能抵扣，购进材料时支付的金额即为材料成本，编制会计分录如下：

借：主营业务成本——中餐厅　　　　　　　　　　　　　　　　　　800
　　　贷：银行存款　　　　　　　　　　　　　　　　　　　　　　　800

餐饮企业在采购时，应尽可能选择可以取得有效凭证的供应商。一般来讲，能够开具增值税专用发票和农副产品销售发票的企业一般为正规采购渠道，如工厂、经销商、农副产品生产销售合作社等。选择正规渠道，也能有效保障餐饮行业的食品安全。

【知识链接】增值税小规模纳税人实行简易办法计税，不得抵扣进项税额。因此，属于增值税小规模纳税人的餐饮企业，其无论是购进农产品还是其他产品，均不可以抵扣进项税额。

2.原材料内部调拨的核算

企业内部不独立核算的单位之间调拨原材料是原材料的内部移库，在核算上原材料总账的金额不发生增减变动，仅在明细账上反映为此增彼减的会计分录。

（1）内部仓库之间的调拨。调整原材料保管部门的明细账户。

【例5-8】广州市富丽酒家由中餐厅仓库调拨给西餐厅仓库一批食材，计价4 800元。

根据"内部调拨单"，编制会计分录如下：

借：原材料——西餐厅仓库　　　　　　　　　　　　　　　　　4 800

　　贷：原材料——中餐厅仓库　　　　　　　　　　　　　　　　　4 800

（2）内部厨房之间的调拨。因厨房的原材料已从"原材料"账户转入"主营业务成本"账户，因此对"原材料"账户所属明细账户不作调整，仅调整"主营业务成本"账户所属明细账户。

【例5-9】广州市富丽酒家由西餐厅厨房拨给中餐厅厨房副食品一批，计价3 000元。

编制会计分录如下：

借：主营业务成本——中餐厅　　　　　　　　　　　　　　　　3 000

　　贷：主营业务成本——西餐厅　　　　　　　　　　　　　　　3 000

3.原材料发出的核算

餐饮企业的厨房根据经营需要向仓库领用原材料时，应填写"领料单"，列明原材料的名称、数量和用途，经审核批准后，方可据以领料。各种原材料一般是多批购进的，每批的入账价格各不相同，在发出原材料时，应确定其发出单价。发出材料的计价方法可采用个别计价法、加权平均法、先进先出法等，计价方法一经确定，在同一会计年度内不得随意变更。

【例5-10】广州市富丽酒家中餐厅领用粳米1 000千克，按先进先出法确定该批大米单位成本为6.80元，总金额为6 800元，财会部门根据"出库单"，编制会计分录如下：

借：主营业务成本——中餐厅　　　　　　　　　　　　　　　　6 800

　　贷：原材料——粮食类　　　　　　　　　　　　　　　　　　6 800

三、餐饮制品成本的核算

（一）餐饮制品成本核算的特点

餐饮制品成本的核算，关系到餐饮制品的质量及销售价格，是核算企业经营成果的前提条件。餐饮制品品种繁多，数量零星，现做现卖，餐饮制品成本的计算方法应与生产特点和管理要求相结合，有如下特点：

1.餐饮产品的成本通常按全部或大类计算

从理论上讲，餐饮业的营业成本应该是餐饮部门加工烹制食品时发生的全部费用，包括原材料、燃料、机器设备和人工的消耗等。但由于餐饮产品的种类多，数量零星，生产、销售和服务通常融为一体，如果将所发生的成本费用像制造业那样严格地"对象化"，按每一道菜品（或主食品）核算其单位成本，去逐件逐次进行成本计算，成本计算的工作将十分繁重，为了减轻成本计算的工作量，餐饮产品的成本通常按全部或大类计算。

2.营业成本不包含人工费和间接费用等

其他行业的成本中通常包含有人工费以及间接费用等，而餐饮企业计算餐饮制品成本只算原料成本，在加工制作过程中耗费的人工费、固定资产折旧费、企业管理费用等则作为期间费用分别记入"销售费用"或"管理费用"账户中。这是因为餐饮企业主要以提供劳务为主，其经营特点是边生产边销售，服务往往是综合性的，非原料的其他生产成本和营业费用很难划分，在各项劳务间分摊人工费和间接费用，也难以找到合适的分配标准和依据。

3.不存在期末在产品成本的计算

餐饮企业提供劳务的周期一般较短，成本计算期末（一般是月末）没有或较少有未完成的劳务，因此一般不存在将营业成本在当期成本和下期成本间分配的问题，即不存在在产品成本的计算。

在实务中，餐饮产品的核算相对简化，经营特点决定了餐饮业的生产成本只能粗算，不能细算。按全部或大类计算，一般只算总成本，不算单位成本。成本要素一般仅为构成餐饮制品实体的原材料的购进价值，不计人工费等其他费用。

（二）餐饮业原材料成本核算方法

在实际工作中，原材料的成本计算与结转可分别采用"永续盘存法"和"实地盘存法"。

1.永续盘存法

永续盘存法是指餐饮部门按实际领用数来计算耗用原材料成本的方法，按领用的原材料价值，借记"主营业务成本"账户，贷记"原材料"账户。此方法适用于实行领料制的餐饮企业。

【例5-11】广州市富丽酒家餐饮部设有中餐厅和西餐厅两个餐厅，原材料均实行领料制。7月从库房领用原材料情况如下：中餐厅87 000元，西餐厅76 000元，财会部门根据"领料汇总表"，编制如下会计分录：

借：主营业务成本——中餐厅　　　　　　　　　　　　　　　　87 000
　　　　　　　　——西餐厅　　　　　　　　　　　　　　　　76 000
　　贷：原材料　　　　　　　　　　　　　　　　　　　　　　　　163 000

需要注意以下事项：

（1）若厨房当月领用的原材料全部耗用，产品也全部售出，则领用原材料的合计金额（即"主营业务成本"账户的借方发生额）即为本月已销餐饮产品的总成本。

（2）若厨房当月领用的原材料在月份内未用完，那么在计算已销餐饮产品的总成本时，必须将未用完的材料成本扣除，才能正确反映已销餐饮产品耗用原材料的实际成本。因此，在月末终了，须对存放在厨房操作间里已领用而未耗用的原材料、已制成但尚未售出的成品及半成品进行实地盘点，编制"厨房盘存表"，并据此办理"假退料"手续。"假退料"手续，即原材料实物不动，仍存放在厨房，只是填制一份本月份的红色退料单，表示该材料已经退库。借记"主营业务成本"账户（红字），贷记"原材料"账户（红字），从而计算已销餐饮产品的实际成本，保证账实相符。下月初，编制一份蓝字领料单，表示该项余料又作为下月份的领料出库，将"假退料"数额原数冲回，借记"主营业务成本"账户，贷记"原材料"账户。

【例5-12】沿用【例5-11】的资料，广州市富丽酒家采用领料制核算成本，平时进行餐饮产品生产而领用的各种原材料直接记入"主营业务成本"账户，7月末发生业务如下：

（1）月末厨房各种原材料结存额有关资料见表5-9。

表5-9　　　　　　　　　　　　　　厨房盘存表

编制单位：广州市富丽酒家　　　　　　　2024 年 7 月 31 日　　　　　　　金额单位：元

品名	数量	单位	单价	金额
鸡蛋	100	个	1	100
番茄	10	千克	6	60
火腿	10	千克	10	100
鸡肉	5	千克	12	60
合计				320

7月末根据"厨房盘存表"，作"假退料"，编制会计分录如下：

借：主营业务成本　　　　　　　　　　　　　　　　　　　　　320
　　贷：原材料　　　　　　　　　　　　　　　　　　　　　　　320

（2）8月初，填制"领料单"，编制与上述会计分录相同的蓝字会计分录，将"假退料"数额原数冲回：

借：主营业务成本　　　　　　　　　　　　　　　　　　　　　320
　　贷：原材料　　　　　　　　　　　　　　　　　　　　　　　320

【知识链接】月末对盘存的原材料也可以不办理假退料手续，将其保留在"主营业务成本"账户中，但本月的原材料总成本则不再是"主营业务成本"账户的借方发生额合计数，而应根据下面的公式计算求得：

$$\begin{matrix}\text{本月耗用} \\ \text{原材料总成本}\end{matrix} = \begin{matrix}\text{月初厨房操作间} \\ \text{原材料结存额}\end{matrix} + \begin{matrix}\text{本月厨房操作间} \\ \text{原材料领用额}\end{matrix} - \begin{matrix}\text{月末厨房操作间} \\ \text{原材料盘存额}\end{matrix}$$

采用永续盘存法能随时反映原材料的收入、发出和结存情况，当原材料盘点发生盈亏时，便于及时查明原因，予以转账。其核算手续严密，有利于对原材料的监督和管理，但是核算的工作量大。由于永续盘存法在原材料管理上有明显的优势，因此企业通常采用这种方法。

2.实地盘存法

实地盘存法是平时对原材料的发出和结存都不作记录，而待月末通过实地盘存的方法来确定结存数量及金额，从而倒挤出实际耗用存货成本。

平时厨房在领用原材料时，不进行任何账务处理，月末通过实地盘点，将厨房剩余的原材料和仓库结存的原材料之和作为月末原材料的盘存金额，从而倒挤出本月耗用原材料的实际成本。其具体计算方法为：

本期已销餐饮产品成本 = 期初原材料结存金额 + 本期原材料购进金额 − 期末原材料盘存金额

【例5-13】广州市濠江酒家月初仓库和厨房原材料结存金额共8 000元，本月购进原材料19 000元，月末盘点仓库库存原材料5 000元，厨房已领未消耗原材料和待售产品

1 200元，采用实地盘存法计算原材料成本，餐饮产品成本计算方法如下：

本月已销餐饮产品成本 = 8 000 + 19 000 - （5 000 + 1 200） = 20 800（元）

财会部门根据计算结果，编制会计分录如下：

借：主营业务成本   20 800

贷：原材料   20 800

采用实地盘存法，虽然手续简便，但是不能在账面上随时反映原材料发出和结存的情况，不能及时反映原材料管理所需要的各种信息，同时，由于用"以存计耗"来倒挤原材料耗用成本，容易将因原材料的损耗、短缺、盗窃和浪费等原因所造成的损失都隐藏在倒挤的成本中，从而不利于对原材料的监督和管理，影响了成本计算的准确性。

实地盘存法一般适用于没有条件实行领料制的企业，例如没有条件和能力建立原材料库房，或者经营规模小，没有必要建立仓库的小型餐饮企业。

四、餐饮制品收入的核算

（一）餐饮企业经营业务收入的种类

餐饮企业的经营业务收入种类较多，一般为了便于管理，分为食品销售收入、饮料销售收入、服务费收入和其他收入共四大类进行明细分类核算。

1.食品销售收入

食品销售收入，是指餐饮企业向消费者提供烹制的各种食品的销售收入。

2.饮料销售收入

饮料销售收入，是指餐饮企业向消费者提供的各种自制或外购的饮料的销售收入，包括各类酒、果汁、酸奶、咖啡、可乐等。

3.服务费收入

服务费收入，是指部分餐饮企业按经营规定收取的服务费收入，如按餐饮金额的一定比例收取的服务费、包厢费等。

4.其他收入

其他收入，是指餐饮企业收取的除上述收入项目以外的收入，如表演费、点歌费等。

（二）销售自制餐饮制品的核算方法

餐饮企业销售的食品和饮料以自制为主，外购的食品和饮料的核算与商品零售企业基本相同，以下仅介绍销售自制餐饮制品的核算方法。

1.餐饮制品售价的制定

餐饮制品的花色品种繁多，且原材料价格多变，所以如何定价就成为餐饮制品核算的重要问题。目前，常用的定价方法主要有销售毛利率法和成本毛利率法两种。

①销售毛利率法

销售毛利率法又称内扣毛利率法，是以售价为基数，先确定各种餐饮制品的毛利率（毛利额占售价的百分比），再用内扣方式确定餐饮制品的售价。

$$销售毛利率 = 毛利额 \div 售价 \times 100\% = （售价 - 原材料成本）\div 售价 \times 100\%$$

从而推导得出售价计算公式如下：

$$售价 = 原材料成本 \div （1-销售毛利率）$$

【例5-14】广州市富丽酒家每盘青椒肉片的原材料成本为15元，规定毛利率为40%，求每盘青椒肉片的售价。

每盘青椒肉片的售价 = 15 ÷（1 - 40%）= 25（元）

②成本毛利率法

成本毛利率法亦称外加毛利率法。它是一种以餐饮制品的成本价格为基数，按确定的成本毛利额加成计算出销售价格的方法。

成本毛利率 = 毛利额 ÷ 原材料成本 × 100% =（售价 - 原材料成本）÷ 原材料成本 × 100%

从而推导得出售价计算公式如下：

$$售价 = 原材料成本 ×（1 + 成本毛利率）$$

【例 5-15】广州市富丽酒家每盘清炒虾仁的成本为 20 元，如核定其外加毛利率是 50%，求其售价。

每盘清炒虾仁的售价 = 20 ×（1+50%）= 30（元）

采用销售毛利率法计算餐饮制品的售价，有利于核算管理，但计算较为麻烦。采用成本毛利率法计算餐饮制品的售价，其核算较为简便，但不能满足管理上的需要。为了既满足管理上的需要，又简化计算手续，可将销售毛利率换算为成本毛利率，其计算公式如下：

$$成本毛利率 = 销售毛利率 ÷（1 - 销售毛利率）$$

2.餐饮制品销售方式和收入的核算

餐饮企业供应的餐饮制品品种多且数量零星，其收入内容有食品饮料烟酒的销售收入，还有服务费收入等，从销售方式看，有服务到桌销售，即顾客选好座位，服务员到餐桌前为客人点餐，而后将餐饮制品送到餐桌；也有自助式销售，即顾客自己选购餐饮制品，端到餐桌食用。从收款方式看，主要有现款现售、先消费后付款、先付款后消费和记账收款等。

营业终了时，餐饮企业财会部门收到收款台交来的现金及结算凭证，其中，现金由财会部门解存银行，各种凭证经审核无误后，据以入账。有的企业要求收款员自行填制现金解款单并据其向财会部门报账。其会计分录如下：

借：库存现金
　　银行存款
　　其他货币资金——支付宝
　　　　　　　　——微信
　　财务费用——手续费
　　贷：主营业务收入——食品销售收入
　　　　　　　　　　——饮料销售收入
　　　　　　　　　　——服务费收入
　　　　　　　　　　——其他收入
　　　　应交税费——应交增值税（销项税额）

【例 5-16】2024 年 5 月，广州市富丽酒家接受长岛公司预订宴席 28 桌，预收订金 100 000 元存入银行。待宴会结束后，实际结算 212 000 元。广州市富丽酒家为增值税一般纳税人，增值税税率为 6%。财务部门编制会计分录如下：

①接受长岛公司预订宴席 28 桌，订金 100 000 元存入银行。

借：银行存款　　　　　　　　　　　　　　　　　　　　　　　　100 000
　　贷：合同负债——长岛公司　　　　　　　　　　　　　　　　　　100 000
②宴会结束后，实际结算宴席款212 000元，收到长岛公司签发的现金支票一张，金额为112 000元。

借：银行存款　　　　　　　　　　　　　　　　　　　　　　　　112 000
　　合同负债　　　　　　　　　　　　　　　　　　　　　　　　100 000
　　贷：主营业务收入　　　　　　　　　　　　　　　　　　　　　200 000
　　　　应交税费——应交增值税（销项税额）　　　　　　　　　　　12 000

【知识链接】餐饮行业纳税人现场制作并直接销售给顾客的食品，按照"餐饮服务"缴纳增值税。餐饮行业纳税人销售的外卖副食品，也是按照"餐饮服务"缴纳增值税。餐饮行业纳税人在提供餐饮服务的同时，销售酒水饮料，属于混合销售，如果没有分开独立核算，应当统一按照主业适用税率，增值税一般纳税人适用6%税率，增值税小规模纳税人适用3%征收率。餐饮行业纳税人提供餐饮服务和销售酒水饮料商品如果是分开核算的，则分别按"餐饮服务"和"销售货物"缴纳增值税。增值税一般纳税人分别按6%、13%税率缴税，增值税小规模纳税人按3%征收率缴税。

任务四　酒店企业的会计核算

一、酒店经营业务概述

（一）酒店经营业务的概念

酒店经营业务是指以提供住房、生活设施的使用和服务，来满足旅客需要而收取一定费用的业务。酒店的主要经营业务是客房服务，为更好地服务客户，除了客房服务外，往往还附设有餐厅、小卖部、美容美发室、健身房、洗衣部、超市等，本任务主要讲解客房业务的会计核算。

（二）客房业务的特点

客房业务具有如下特点：

1.客房是一种特殊的商品

酒店不出售客房的所有权，仅将同一件产品的使用权在不同时期内反复销售，伴以优良的劳动性服务，向宾客提供舒适安全的住宿条件，从而取得房金收入，客人买到的只是某一时期客房的住宿权。客房的价值可以出租但不能储存，如果在规定时间内不出租，其价值就自然消失，销售也就无法实现，所以酒店要想办法提高客房的出租率。

2.经营过程与消费过程相统一

酒店在提供服务的同时实现销售。客房经营情况的好坏主要是看其出租情况和收入情况，在一定条件下，客房出租率越高，客房使用效率就越高，租金收入也越高，酒店经营效益就越好；反之，客房出租率越低，说明其客房闲置数量多，租金收入也越低，酒店的经营效益就越低。所以，酒店经营者应加强客房管理，提高客房出租率，增加经济收入。

二、酒店客房业务核算内容

(一) 客房收入核算的内容

客房是以时间为单位出租的，如果在规定的时间内不出租，其价值就自然消失，所以客房经营状况的好坏，主要看其出租和收入情况，在客房收入核算的分析中，经常使用客房出租率和租金收入率两个指标，见表5-10。

表5-10　客房收入分析指标

项目	客房出租率	租金收入率
概念	客房出租率又称客房利用率，是指在一定期间内已出租客房占可出租客房的比例	租金收入率，是指在一定时期客房的实收房租总额占应收房租总额的比例
公式	$客房出租率=\dfrac{计算期客房实际出租天数}{计算期天数 \times 可出租客房间数}\times100\%$	$租金收入率=\dfrac{计算期内实收房租总额}{\sum\left(\begin{array}{c}某类可出租\\客房数量\end{array}\times\begin{array}{c}该类客房\\日租金\end{array}\right)\times计算期天数}\times100\%$

客房出租率的高低受很多因素的影响，主要受旅游季节变换的影响，旅游旺季，客房供不应求，而旅游淡季，客房供过于求，从而使客房的出租率和出租价格有很大的弹性。

同一企业同一时期的客房出租率和租金收入率在大多数情况下是一致的，也有不一致的时候，如果不一致，主要是由以下两方面原因造成的：①客房的面积、装修等级和提供的服务设施等不同，导致酒店以不同的价格出租客房，进而导致即使出租的客房数是相同的，但由于出租客房的档次和价格不同，客房出租率与租金收入率的计算结果也会不同；②客房出租率的计算是按每间客房每天出租一次的假设计算的，而实际上，很多酒店为了提高客房的利用率，对外提供了钟点房服务，有时候一间客房一天内所取得的租金收入超过正常情况下一天的租金标准。

酒店营业收入内容较为复杂，不像制造业销售产品，酒店客房营业日报表反映的收入项目较多，一般有房金、加床、洗衣、电话、食品、饮料、餐费、赔偿等。核算时，必须分清这些收入的性质，不能笼统地全部列为客房营业收入，比如餐费是餐厅转来应记入住客消费账户的欠款，如果餐厅是独立核算的，已列作营业收入，客房只能作收回内部往来账款处理，记入"其他应付款"账户，不属于客房营业收入。

(二) 客房成本核算的内容

客房经营业务是酒店的主要经营项目，酒店的客房营业成本主要包括房租或折旧、物业费、装修摊销费、特许加盟费、停车场租金、人力成本、洗涤费、客耗品、物耗品和能耗费等费用。

单房每天平均成本 = 酒店每月总成本 / （全部可供出租房间面积×30）× 客房面积

酒店每月总成本是每个月应分摊的固定成本加日常运营费用。

每个月应分摊的固定成本是开办时发生的一些支出，比如房租或折旧、物业费、装修摊销费、特许加盟费、停车场租金等，需投入运营后每月摊销。

日常运营费用是客房正式投入运营后的支出，包括人力成本、洗涤费、客耗品、物耗品和能耗费等，具体内容如下：

（1）人力成本。人力成本是经营成本中占比最高的，一般占经营成本的20%左右。因为酒店是一个传统的服务行业，所有的服务都需要依靠员工去完成，要想节省人力成本，只能在不影响客房卫生和服务的前提下，根据酒店的出租率情况，灵活安排客房人员上班或休息，尽量提高工作效率。

（2）洗涤费。洗涤费的单价是固定的，要想减少，只能通过续住客人布草隔天换，但酒店也不能强制执行续住客人布草隔天换，否则会因小失大。

（3）客耗品。其主要是指客人用的一次性牙刷、沐浴露、毛（浴）巾等。它的费用直接和酒店出租率挂钩，酒店很难从这方面节省成本，只能根据酒店的定位，来决定提供哪些免费的客耗品。

（4）物耗品。其主要是指各类消耗品，比如布草、客房清洁剂、小家电、家具等。要想节省物耗品，只能在日常节约使用或勤维护。

（5）能耗费。其包括水、电、气的使用费用，能耗很难在后期节省，最主要是酒店设计、装修时选用节能的空调、热水系统，后期节约可以根据当地水电的收费梯度来展开。

三、酒店客房收入的核算

酒店的收入类型复杂多样，环节繁多，一般包括客房收入、餐饮收入、商品部收入、酒吧收入、洗衣收入等。这里只讲客房销售收入的核算，因为客房业务是酒店的主业，是酒店收入最重要的组成部分。对于一般的酒店来说，客房收入占比最大，虽然建造投资大，但却具有耐用性强、消耗低、利润高的特点。

酒店的客房业务是由总服务台接洽办理的，其是顾客与酒店联系的纽带，也是酒店业务的运营中心。总服务台通常设在酒店的大堂内，负责办理客房的预订接待、入住登记、查询、退房、结账及营业日记簿的登记等工作。

【例5-17】3月1日，广州市福春酒店预收客人入住1天的保证金共800元，每天房费为636元，客人以信用卡支付，除房费外再无其他费用发生。福春酒店为增值税一般纳税人，增值税税率6%，信用卡结算手续费为0.6%，编制会计分录如下：

（1）收到预付款时：

借：银行存款　　　　　　　　　　　　　　　　　　　795.20
　　财务费用　　　　　　　　　　　　　　　　　　　　4.80
　　贷：合同负债——房费　　　　　　　　　　　　　　　　　　800

（2）结算房费收入：

借：应收账款　　　　　　　　　　　　　　　　　　　636
　　贷：主营业务收入——房费　　　　　　　　　　　　　　　　600
　　　　应交税费——应交增值税（销项税额）　　　　　　　　　　36

退房时，冲减预收押金，并退回余款164元。

借：合同负债——房费　　　　　　　　　　　　　　　　800
　　贷：应收账款　　　　　　　　　　　　　　　　　　　　　636
　　　　银行存款　　　　　　　　　　　　　　　　　　　　　164

四、酒店客房成本费用的核算

客房部发生的成本费用主要有员工工资、折旧和摊销、水电费、维修费、低值易耗品摊销、物料用品消耗、洗涤费用、消毒费、服装费等，这些费用在发生时，计入营业成本。不能直接归属于某个特定对象的成本费用，应记入"销售费用"账户。

客房部门的主要工作是建立和健全客房原始记录，做好客房入住记录、物料用品消耗记录、客房设备维修记录等。

【例5-18】南海大酒店是一家五星级酒店，为增值税一般纳税人，适用的增值税税率为6%，该酒店是公司自有资产。2024年12月南海大酒店计提与酒店经营直接相关的酒店以及客房内的设备家具等折旧120 000元、酒店土地使用权摊销费用65 000元。当月发生客房电费，收到增值税专用发票，注明电费3 000元，增值税390元，以银行存款支付。当月确认酒店服务含税收入424 000元，全部存入银行。

南海大酒店编制会计分录如下：

①确认资产折旧、摊销费用：

借：主营业务成本　　　　　　　　　　　　　　　　　185 000
　　贷：累计折旧　　　　　　　　　　　　　　　　　　　120 000
　　　　累计摊销　　　　　　　　　　　　　　　　　　　 65 000

②支付客房电费

借：主营业务成本　　　　　　　　　　　　　　　　　　3 000
　　应交税费——应交增值税（进项税额）　　　　　　　　390
　　贷：库存现金　　　　　　　　　　　　　　　　　　　3 390

③12月确认酒店服务收入。

借：银行存款　　　　　　　　　　　　　　　　　　　424 000
　　贷：主营业务收入　　　　　　　　　　　　　　　　　400 000
　　　　应交税费——应交增值税（销项税额）　　　　　　24 000

【例5-19】福春酒店为增值税一般纳税人，客房部10月10日共入住宾客160人，送每位客人一张价值15元的免费早餐券，当日经与餐厅核对，共回收150张早餐券。福春酒店旗下的餐厅和客房部均为独立核算的部门。

早餐券涉及客房和餐厅两个部门。在业务核算上，早餐券属于客房促销所发生的费用；而对餐厅而言，收回的早餐券又属于餐厅的营业收入；同时，早餐券的派发和使用又涉及企业内部两个部门之间的款项结算。

客房部核算早餐券费用会计处理如下：

借：销售费用　　　　　　　　　　　　　　　　　　　2 250
　　贷：其他应付款——餐厅　　　　　　　　　　　　　　2 250

由于酒店的客房具有前期一次性投资较大，后面日常经营中耗费物资相对较少，营业周期又较短，且现实中，大部分酒店又同时开展多种经营，各类经营业务间相互交叉的情况较多，使得直接费用和间接费用不易划分，准确核算客房营业成本较困难，因此，有的企业会采用简化核算的方式，除商品部、餐饮部按耗用的原材料和销售的商品核算营业成本外，客房部不核算营业成本，在核算客房费用时，将提供服务过程中发生或应承担的各项支出，直接记入"销售费用"账户。

拓展阅读

2023年，文化和旅游部贯彻落实《关于释放旅游消费潜力推动旅游业高质量发展的若干措施》，印发《国内旅游提升计划（2023—2025年）》，进一步释放旅游消费潜力，推动旅游业高质量发展。

2023年年末，全国共有旅行社56 275家。根据旅行社填报系统数据显示，2023年全国旅行社营业收入4 442.7亿元，营业利润37.4亿元。2023年年末，全国共有8 253家星级饭店。根据全国旅游监管服务平台数据显示，2023年星级饭店营业收入1 609.0亿元，平均房价370.8元/间夜，平均出租率50.7%。

以安徽九华山旅游发展股份有限公司（603199）（以下简称九华旅游）为例，其主要业务包括酒店、索道缆车、客运、旅行社，构建了完整的旅游产业体系。

2023年九华旅游主营业务分产品情况见表5-11。

表5-11　　　　　　　　　2023年九华旅游主营业务分产品情况　　　　　金额单位：元

行业	营业收入		营业成本		毛利率	
	2023年数据	比上年	2023年数据	比上年	2023年数据	比上年
酒店业务	234 457 013.11	+86.19%	195 854 135.89	+31.87%	16.46%	+34.41%
索道缆车业务	294 652 601.67	+136.12%	41 377 262.92	+12.82%	85.96%	+15.35%
客运业务	120 993 442.89	+126.26%	62 256 898.56	+66.82%	48.55%	+18.34%
旅行社业务	67 448 441.09	+197.01%	61 118 292.06	+215.68%	9.39%	−5.36%
合计	717 551 498.76	+119.50%	360 606 589.43	+49.09%	49.74%	+23.73%

2023年报告期内，九华旅游实现主营业务收入717 551 498.76元，较上年同期增长119.50%，主营业务成本360 606 589.43元，较上年同期增长49.09%。2023年，各业务板块收入均增长较大，主要原因是疫情过后，旅游市场恢复，游客出行意愿强烈，接待游客人数大幅增长，而对应的营业成本增幅相对较小，是因为成本里面的人工成本、固定资产折旧等固定性支出较多，支出相对固定。

资料来源：九华山旅游发展股份有限公司2023年年度报告。

项目练习

一、单项选择题

1.（　　）是指旅行社提供全程陪同、翻译和导游服务所取得的收入。

 A.组团外联收入   B.综合服务收入

 C.零星服务收入   D.劳务收入

2.无论是组团社还是接团社,旅行社在一定时间内实现的各项营业收入,都要通过(   )账户进行核算。

 A.主营业务收入   B.其他业务收入

 C.营业外收入   D.投资收益

3.组团社拨付给接团社的团费,对组团社而言是(   ),对接团社而言是(   )。

 A.营业成本 营业成本   B.营业成本 营业收入

 C.营业收入 营业成本   D.营业收入 营业收入

4.实行差额征税方式的旅行社,应在"应交税费——应交增值税"账户下增设(   )专栏,用于记录该企业因按规定扣减销售额而减少的销项税额。

 A.进项税额   B.销项税额

 C.进项税额转出   D.销项税额抵减

5.当组团社收到旅游团预先交来的游客费用时,应借记"银行存款"账户,贷记(   )账户。

 A."应付账款"   B."应收账款"   C."合同负债"   D."合同资产"

6.当接团社向组团社发出"结算通知单"后,无论是否收到,都应确认(   )。

 A.营业成本   B.营业收入   C.营业费用   D.营业利润

7.组团社和接团社的成本,都通过(   )账户进行核算。

 A.营业成本   B.营业费用   C.主营业务成本   D.管理费用

8.旅游经营收入通常只有在旅游团队(   )才能确认。

 A.旅游开始时   B.旅游结束时   C.旅游途中   D.旅游结算时

9.旅馆客房业务收入的入账金额为(   )。

 A.预收的定金额   B.实际收款额

 C.客房的实际不含税出租价   D.客房规定的出租价

10.餐饮企业厨房直接领用原材料,应借记(   )账户。

 A."库存商品"   B."主营业务成本"

 C."其他业务成本"   D."原材料"

11.客房营业收入应根据"客房营业日报表"结算栏中的(   )栏金额分析计算。

 A.昨日结存   B.本日预收   C.本日应收   D.本日结存

12.餐饮业不宜入库管理的原材料是(   )。

 A.豆油   B.粮食   C.调味品   D.蔬菜

13.采用成本毛利率法计算某餐饮制品售价的公式为(   )。

 A.成本×(1+成本毛利率)   B.成本×(1+销售毛利率)

 C.成本÷(1-销售毛利率)   D.成本÷(1-成本毛利率)

14.(   )购入的材料可不入库核算,按其实际成本直接记入"主营业务成本"账户。

 A.制造业企业   B.商品流通企业   C.餐饮企业   D.农业企业

15.(   )手续简便,但不能在账面上随时反映原材料发生和结存的情况。

A.永续盘存法　　　B.实地盘存法　　　C.先进先出法　　　D.移动平均法

二、多项选择题

1.旅游企业的经营收入主要包括（　　　）。

A.综合服务收入　　　　　　　　　B.地游及加项收入

C.票务收入　　　　　　　　　　　D.零星服务收入

2.旅游经营业务的营业成本主要包括（　　　）。

A.组团外联成本　　　　　　　　　B.综合服务成本

C.零星服务成本　　　　　　　　　D.票务成本

3.餐饮成本核算的方法，主要有（　　　）。

A.永续盘存法　　　B.应收制　　　　C.收付制　　　　D.实地盘存法

4.按我国企业会计准则的规定，下列各项中，不应确认为收入的有（　　　）。

A.销售商品收取的增值税

B.出售飞机票时代收的保险费

C.旅行社代客户购买景点门票收取的款项

D.销售商品代垫的运杂费

5.餐饮业允许抵扣购进农产品的进项税额的原始凭证有（　　　）。

A.增值税专用发票　　　　　　　　B.进口增值税专用缴款书

C.农产品销售发票　　　　　　　　D.农产品收购发票

6.较为常用的餐饮制品定价方法有（　　　）。

A.销售毛利率法　　　B.计划成本法　　　C.成本毛利率法　　　D.个别计价法

7.餐饮企业外购材料的成本包括（　　　）。

A.买价　　　　　　　　　　　　　B.进货费用

C.可抵扣的税金　　　　　　　　　D.不能抵扣的税金

8.餐饮企业在发出原材料时，通常可采用（　　　）等方法确定其价值。

A.个别计价法　　　B.加权平均法　　　C.先进先出法　　　D.后进先出法

9.餐饮经营业务收入可以分为（　　　）进行明细分类核算。

A.食品销售收入　　　　　　　　　B.饮料销售收入

C.服务费收入　　　　　　　　　　D.其他收入

10.原材料按在餐饮制品中所起的作用可分为（　　　）。

A.副食类　　　　　B.干货类　　　　C.其他类　　　　D.粮食类

11.下列各项关于客房业务收入的表述中，正确的有（　　　）。

A.客房业务收入是通过出租客房而取得的收入

B.客房一经出租，不论是否收到房金，都作为收入实现处理

C.客房出租收入的入账价值以客房出租的不含税价格为准

D.客房出租收入的入账价值以客房出租的含税价格为准

12.客房免费附送的早餐券属于（　　　）。

A.客房收入的折扣　　　　　　　　B.客房的费用

C.餐厅的收入　　　　　　　　　　D.餐厅的费用

三、判断题

1.“营改增”后，旅游企业应根据取得的增值税专用发票抵扣税款，不再适用差额征税方法。 （ ）

2.由组团社按拨款标准及规定，拨付给接团社的综合服务费、城市间交通费、加项服务费、全程陪同费等款项对组团社来说是营业成本的一部分，对接团社来说则是营业收入。 （ ）

3.为核算接团社的经营成果，无论款项是否已收到，应以向有关组团社发出“拨款单”的时间和金额作为计算本期营业收入的依据。 （ ）

4.宾馆主要是以出租客房的使用权为其主营业务。 （ ）

5.同一企业同一时期，客房出租率和租金收入率必然是一致的。 （ ）

6.企业预收游客的定金，应记入“应收账款”账户。 （ ）

7.为了既满足管理上的需要，又简化计算手续，可将成本毛利率换算为销售毛利率。 （ ）

8.客房一经出租，不论房租是否收到，都作为已销售处理。 （ ）

9.旅游餐饮服务行业的人员工资，都应通过“制造费用”账户核算，月末分摊计入有关成本。 （ ）

10.餐饮企业销货款结算方式与商品零售企业相同。 （ ）

11.与其他行业相比，旅游、餐饮服务业的营业成本构成较为简单。 （ ）

12.餐饮企业的成本核算一般只需核算原材料总成本，不核算单位成本。 （ ）

13.餐饮业采用永续盘存法核算材料成本时，因为发出材料时都有账簿记录，则月末需要盘点。 （ ）

四、业务核算题

（一）练习组团社增值税一般纳税人相关业务的核算

广州花城旅行社为增值税一般纳税人，增值税采用全额征税。11月3日接受A公司委托组织30人旅游团赴云南旅游，旅游日程为11月11日至11月20日。该旅行社11月份发生下列有关经济业务：

（1）11月3日，广州花城旅行社与A公司签订旅游合同，并按照旅游合同向A公司收取了212 000元，A公司已开具转账支票支付了相应旅游账款。

（2）11月8日，其中三人因故退出旅游团，经查这三人已经预付了旅游款40 000元，按照已签订的旅游合同的规定扣除10%的退团手续费，以现金方式退还其剩余的款项。

（3）11月20日，旅游团旅游结束，顺利返回，确认已实现的旅游经营业务收入。

（4）11月21日，广州花城旅行社财务部门收到地接社云南滇西旅行社转来的“旅游团（者）费用拨款结算通知单”，同时收到增值税专用发票，注明接团服务费100 000元，增值税6 000元，金额合计106 000元。款项尚未支付。

要求：编制上述经济业务发生时的会计分录。

（二）练习接团社增值税一般纳税人相关业务的核算

云南滇西旅行社为增值税一般纳税人，增值税采用全额征税，2024年11月发生如下业务：

（1）11月20日，顺利完成对广州花城旅行社27人旅游团的接待活动，汇总发生各项支出（如住宿费、餐费、交通费、门票等）共计63 600元，其中，除住宿费取得的增值税专用发票注明进项税额为360元外，其他均取得的是增值税普通发票，款项已用银行存款转账支付。

（2）11月21日，财务部门根据有关凭证向组团社广州花城旅行社发出"旅游团（者）费用拨款结算通知单"，金额合计106 000元，款项尚未收到。

要求：编制上述经济业务发生时的会计分录。

（三）练习旅行社增值税一般纳税人差额征税法的核算

广东南山旅游公司为增值税一般纳税人，选择差额征税方法。2024年10月份，跟地接社合作组织旅游团去外地旅游，取得价税合计159 000元，支付接团社的费用为116 600元，取得可差额扣除的增值税普通发票。

要求：编制上述经济业务发生时的会计分录。

（四）练习旅行社增值税小规模纳税人差额征税法的核算

梵悦旅游公司为增值税小规模纳税人，选择差额征税方法。2024年11月，组织旅游团旅游，取得价税合计175 100元，支付住宿费、餐饮费、交通费、门票费等价税合计113 300元，取得可差额扣除的普通发票。

要求：编制上述经济业务发生时的会计分录。

（五）练习餐饮业增值税一般纳税人的核算。

广州市南山酒家为增值税一般纳税人，2024年12月发生如下经济业务：

（1）从批发市场购进香菇50千克，每千克不含税单价为100元，取得增值税专用发票，不含税总价为5 000元，增值税为450元，已验收入库。

（2）购进鲜猪肉20千克，每千克不含税单价为60元，取得增值税专用发票，注明不含税总价为1 200元，增值税为108元，直接交西餐厅进行烹制处理。

（3）从某蔬菜批发公司购进新鲜蔬菜一批，共150元，取得增值税普通发票，直接交中餐厅使用，以上货款均已转账支付。

（4）由中餐厅仓库调拨给西餐厅仓库一批原材料，计价600元。

（5）中餐厅厨房拨给西餐厅厨房调味品一批，计价400元。

（6）中餐厅领用东北大米500千克，按先进先出法确定该批大米单位成本为每千克4元，总金额为2 000元。

（7）接受某公司年会预订宴席30桌，预收订金200 000元存入银行。

（8）待上述宴会结束后，实际结算265 000元，收到余款65 000元，存入银行。

（9）12月库房领用原材料汇总情况如下：中餐厅67 000元，西餐厅66 000元，原材料均实行领料制。

要求：编制上述经济业务发生时的会计分录。

（六）练习酒店增值税一般纳税人客房业务的核算

广州市蓝天大酒店属于增值税一般纳税人，适用的增值税税率为6%，10月份发生如下业务：

（1）10月1日，广州市蓝天大酒店预收客人入住3天的保证金共3 000元，每天1 000元，客人以信用卡支付，除房费外再无其他费用发生，信用卡结算手续费为2‰。

（2）10月10日，广州市蓝天大酒店共入住宾客120人，送每位客人一张价值20元的免费早餐券，当日经与餐厅核对，共回收110张早餐券。酒店的餐饮部和客房部属于独立核算的部门。

（3）10月31日，广州市蓝天大酒店计提与酒店经营直接相关的酒店以及客房内的设备家具等折旧240 000元、酒店土地使用权摊销费用130 000元。当月发生客房电费，收到增值税专用发票，注明电费40 000元，增值税5 200元，以银行存款支付。

要求：编制上述经济业务发生时的会计分录。

项目六

农业企业会计

学习目标

知识目标	了解农业企业主要经营业务
	掌握消耗性生物资产的会计核算
	掌握生产性生物资产的会计核算
	掌握公益性生物资产的会计核算

能力目标	能准确识别不同类型生物资产的会计核算特点
	能胜任农业企业的会计核算工作

素养目标	引导学生在学习农业企业会计核算的过程中，具备敬业爱岗、
	坚持准则、乐于奉献的良好职业道德

任务一　认知农业企业会计

一、认识农业企业

（一）农业企业概述

农业是国民经济中的一个重要部门，利用动植物的生长发育规律，以土地资源为生产对象，通过人工培育动植物生产食品及工业原料。其中，利用土地资源进行种植活动的是种植业；利用土地空间进行水产养殖的是水产业，又叫渔业；利用土地资源培育采伐林木的是林业；利用土地资源培育或者直接利用草地发展畜牧的是畜牧业；对种植业、渔业、林业和畜牧业产品进行小规模加工或者制作的是副业。它们都是农业的有机组成部分。广义的农业是指包括种植业、渔业、林业、畜牧业及为上述行业提供辅助性活动的行业，狭义的农业仅指种植业。本项目采用的是广义的农业概念。

（二）农业生产经营的特点

农业企业是人们利用动植物的生物机能，通过人工培育把自然界的物质和能量转化为人类需要的产品的生产部门，是实行独立核算和具有法人地位的农业社会经济组织单位。农业企业的生产对象一般都是有生命的动植物。农业生产就是将生物的自然生长过程和人类经济再生产过程结合起来，生产出人类赖以生存的粮、棉、油、肉、鱼、蛋等基本生活资料，这也决定了农业生产经营具有以下几个特点：

1.农业企业的经营活动具有地域性和季节性

农业生产的地点受地理气候条件的影响，不同地区的农业生产方式和农产品种类差异很大。农业生产具有明显的季节性，以种植业为例，不同作物的生长和收获时间也有很大的差异。因此，农业企业在运营过程中需要充分考虑动植物生长的时间规律和繁殖周期，并根据不同地区和不同季节的变化来合理安排生产和销售。

2.农业企业的经营活动具有风险性和不确定性

农业生产受到自然灾害、市场行情、政策变化等多种因素的影响，这些因素都可能导致农作物的产量和质量受到影响，从而影响企业的经营效益。所以，相较于其他行业，农业企业的生产经营需要更高的风险意识和风险管理能力，同时要采取相应的措施来降低风险。农业生产受环境气候因素影响较大，导致农产品生产周期长，投资周期也较长，比其他行业项目要承担更多的自然风险。因此，农业生产的投资回报水平通常比其他行业低，世界上大多数国家对农业都有一定的政策扶持。

3.农业企业的经营活动具有复杂性和多样性

农业生产的过程涉及多个环节，以种植业为例，包括种子选取、土壤改良、种植管理、收获储存等，同时，农业企业生产的农产品种类也十分丰富，包括粮食、蔬菜、水果、肉类等，因此，农业企业需要具备专业知识和技能，能够熟练掌握各个环节的生产技术和经营管理方法。

农业企业资金运动如图6-1所示。

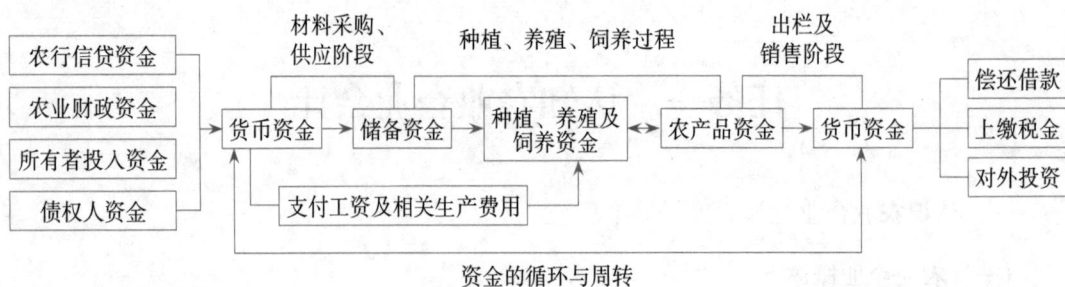

图6-1   农业企业资金运动

二、农业企业的主要经营活动及其特点

对于农业企业而言，最主要的经营活动就是农业生产活动。目前，许多现代农业企业的生产经营业务不再局限于农产品的单一生产，而是通过与工业、商业、运输业、服务业等行业开展广泛合作，大力发展农产品的深度加工、贸易、运输等业务，呈现"一业为主，多种经营"的特点，极大提高了农产品的附加值。农业企业主要经营业务及其特点见表6-1。

表6-1   农业企业主要经营业务及其特点

农业活动	主要经营业务	特点	农产品
种植业	以生产粮食、经济作物、蔬菜、饲料作物等农产品为主要经营业务	以土地作为基本的生产资料，受自然环境因素影响较大，生产周期较长。一般从播种开始，还需要经过除草、施肥等田间作业，最后到农产品的产出和销售，整个过程需要几个月甚至更长的时间	小麦、大米、大豆、玉米、棉花、糖料、烟叶等
林业	以林产品生产、经济林木的管理和生产获得水果等为主要经营业务	以土地作为生产资料，受自然环境因素影响较大。一般从树苗种植开始，需要经过多年的栽种才能投产，属于多年生植物，可长期提供产品	种子、苗木、原木、原竹、水果、橡胶、竹笋等
畜牧业	以动物饲养、捕捉活动而获得各种禽畜产品为主要经营业务	生产集中化、规模化，产品的商品性高，且一部分禽畜提供其自身作为产品（如猪肉、羊肉）；一部分禽畜提供其自身生产的产品（如蜂蜜、蚕丝）；一部分禽畜，既提供其自身作为产品，又提供其自身生产的产品（如鸭肉和鸭蛋）	羊毛、肉类、禽蛋、牛奶、蚕茧等
渔业	以水生动植物的养殖、育苗和天然捕捞为主要经营业务	水生动植物的养殖包含了淡水养殖和海水养殖；其中，淡水鱼、虾、蟹、珍珠的养殖属于淡水养殖；而牡蛎、海带、紫菜等的养殖属于海水养殖。天然捕捞是指在天然湖泊、江河、海洋等场所捕捞自然生长的水产品	鱼、虾、蟹、贝类、藻类、鱼苗等

三、农业企业会计核算的特点

农业企业会计是在市场经济条件下，以货币为主要计量单位，以国家有关法律法规为依据，采用一定的专门方法对农业企业的经济活动进行连续的、系统的、全面的、综合的反映和监督的一种经济管理活动。由于农业企业的生产经营活动具有其行业特殊性，因此与其他行业的会计核算相比，具有如下显著的特点：

（一）生产资料和生产对象具有生命性

与其他行业不同，农业企业的生产资料是各类生物资产，同时农业企业的生产对象也是各类生物资产，有生命的动物和植物具有生物转化的能力，这种能力直接导致生物资产质量或数量发生变化，通常表现为生长、蜕化、生产和繁殖等。生物资产的形态、价值以及产生经济利益的方式，随其出生、成长、衰老、死亡等自然规律和生产经营活动的变化而变化，企业从事农业生产的目的，主要是增强生物资产的生物转化能力，最终获得更多的符合市场需要的农产品，比如，从林中采伐的木材、奶牛产出的牛奶、绵羊产出的羊毛、肉猪宰杀后的猪肉、收获后的蔬菜、从果树上采摘的水果等。

（二）农业企业成本计算期一般按年计算

农业企业成本计算期一般按年计算是由生物资产的特性决定的。农业生产围绕生物资产进行，其周期较长，受自然环境等因素影响大，存在不确定性，导致生产费用在经营期间并非均匀发生，所以，在计算经营成本时需要以年为会计期间对生产费用进行具体的分配。例如，畜牧业在日常的生产中可以取得蛋、奶、肉等产品，但由于畜禽类的生长周期较长，那么在核算产品成本的时候就不能按月确认，而是按年。

（三）生产资料和产成品之间具有相互转换性

农业企业在经营过程中，作为生物资产的生产资料和产成品之间具有相互转换性，成熟的农作物种子可以转化为生产资料投入到下一周期的生产活动中，成熟后的牲畜和家禽可以转化为生物资产，例如，畜牧业生产中，饲养的幼畜属于劳动对象时，应当在存货类账户中核算；当幼畜成龄转为奶畜或种畜后，则属于劳动资料，应当视同非流动资产项目，需要在每个会计期末计提折旧；当奶畜或种畜因为生产能力下降而被淘汰，则可转换为存货对外销售而作为收入核算。因此，在农业企业会计核算过程中，部分产成品占用的货币资金会以某种形式转换成生产占用资金或者储备占用资金。

综上，农业企业的生产经营和生物资产密不可分，会计核算也主要是围绕着生物资产来进行的，对生物资产进行核算是农业企业特有的业务，因此，本项目主要讲解生物资产的核算。

【明德善思】党的二十大报告提出："加快建设农业强国，扎实推动乡村产业、人才、文化、生态、组织振兴。"全面贯彻落实党的二十大精神的一个重要要求，就是加快建设农业强国。习近平总书记指出，只有农业强起来，粮食安全有完全保障，我们稳大局、应变局、开新局才有充足底气和战略主动。

2024年我国农业农村经济发展保持稳中向好、稳中提质的势头。前三个季度，农业总产值55 444.7亿元，林业总产值4 473.7亿元，畜牧业总产值26 601.7亿元，渔业总产值10 810.5亿元，除畜牧业总产值比上年同期的26 818.6亿元稍降外，农、林、渔业总产值均实现不同幅度增长。与此同时，农村居民人均可支配收入累计16 740元，同比增长

6.3%，收入结构多元化，城乡收入差距继续缩小。

在农产品贸易方面，2024年1月至11月，农产品进出口总额为2 894.6亿美元，同比下降4.3%，但贸易逆差显著缩小至1 045.2亿美元，同比减少15.2%。其中，出口金额增长3.3%，进口金额减少7.4%。此外，粮食进口量超过1.47亿吨，同比增长3.1%。

建设农业强国是一项长期而艰巨的历史任务，将伴随全面建设社会主义现代化国家全过程。正如习近平总书记指出的，我们建设农业强国，也是在为全球可持续发展、消除贫困贡献中国力量，体现了构建人类命运共同体理念。

资料来源：中国农业大学国家农业农村发展研究院. 2025中国农业农村发展趋势报告发布——开创乡村全面振兴新局面［N］. 经济日报（电子版），2025-01-17（11）.

四、生物资产的概念、特点与分类

（一）生物资产的概念

生物资产是指有生命的（即活的）动物和植物。对于农业企业而言，生物资产通常是其资产的重要组成部分。生物资产与企业的存货、固定资产等一般资产不同，具有生命以及特殊的自然增值性。

企业确认生物资产既需要符合生物资产的定义，还需要同时满足下列确认条件：第一，企业因过去的交易或事项而拥有或者控制该生物资产；第二，与该生物资产有关的经济利益或服务潜能很可能流入企业；第三，该生物资产的成本能够可靠计量。

2006年我国财政部发布的《企业会计准则第5号——生物资产》是农业企业会计核算的主要规范。农业活动及其生物资产见表6-2。

表6-2　　　　　　　　　　　　　　　　农业活动及其生物资产

农业活动	经营范围	生物资产
种植业	大田作物栽培、蔬菜栽培、其他特殊园艺栽培等	小麦、水稻、玉米、大豆等谷物作物；花生、油菜籽等油料作物；烟叶、棉花等纤维作物；大白菜、菠菜、番茄等蔬菜作物；还有药用作物、花卉作物、果树种植等
林业	培育和保护森林以取得木材和其他林产品、利用林木的自然特性保护生态环境、保持生态平衡等	马尾松、油松、柏树、桦树、桉树、桐树、杨树、樟树等
畜牧业	利用畜禽等已经被人类驯化的动物的生理机能，通过人工饲养、繁殖，使其将牧草和饲料等植物能转变为动物能，以取得肉、蛋、奶、羊毛、山羊绒、蚕丝和药材等畜牧产品	养殖的牛、马、驴、骡、骆驼、猪、羊、鸡、鸭、鹅、兔、蜂等家畜家禽；驯养的鹿、貂、水獭、麝等野生经济动物等
渔业	利用水域中生物的物质转化功能，通过捕捞、养殖和加工，以取得水产品	鱼虾类、贝类、藻类等海洋生物；鳊鱼、草鱼、青鱼、鲫鱼等在池塘、湖泊、水库等淡水养殖的生物等

（二）生物资产的特点

1. 生物转化性

有生命的动物和植物具有生物转化的能力。生物资产的质量或数量会随着生长、蜕化、生产和繁殖发生变化，这一变化过程就是生物转化。其中，生长是指动植物的体积、重量或质量的增加，如水稻从种植到收获的过程；蜕化是指动植物产出的减少或质量减退，如蛋鸡产蛋能力下降；生产是指动植物自身产出农产品，如奶牛产奶，绵羊产毛等；繁殖是指产生新的动植物，如母猪产崽等。

这种生物转化能力是其他资产（如存货、固定资产、无形资产等）所不具有的，也正是生物资产的特性。生物资产的形态、价值以及产生经济利益的方式，都会随着自身的出生、成长、衰老、死亡等自然规律和生产经营活动不断变化。尽管其在所处生命周期中的不同阶段而具有类似于存货或固定资产的特点，但是其会计处理与存货、固定资产等常规资产有所不同，因此有必要对生物资产的确认、计量和披露等会计处理进行单独规范，以更准确地反映企业的生物资产信息。

2. 生物资产与农业生产密切相关

企业从事农业生产就是要增强生物转化能力，最终获得更多的符合市场需要的农产品。例如，种植业通过作物的生长和收获而获得稻谷、小麦等农产品；畜牧养殖业通过养殖和收获而获得仔猪、肉猪、鸡蛋、牛奶等畜牧产品；林业通过用材林的生产和管理获得林产品、通过经济林木的生产和管理获得水果等；水产业通过养殖获得水产品等，都属于将生物资产转化为农产品的活动。

另外，必须将农业生产活动与对收获后的农产品进行加工的活动（以下简称"加工活动"）严格区分。农业生产活动针对的是有生命的生物资产，通过农业生产活动，将生物资产培育为农产品，而加工活动针对的是收获后的农产品，加工活动并不包含在生物资产准则所指的农业生产范畴之内。三者关系举例见表6-3。

表6-3　　　　　　　　生物资产、农产品、再加工而得产品关系举例

生物资产	农产品	再加工而得的产品
棉花	皮棉	棉布、纱布
果树	水果	水果罐头
奶牛	牛奶	奶酪、酸奶、乳饮料
肉猪	猪肉	猪肉肠、烟熏火腿、培根
橡胶树	乳胶（干胶）	乳胶枕头、橡胶制品

将生物资产定义为"有生命的动物和植物"，意味着一旦原有动植物停止其生命活动就不再是"生物资产"。这一界限对生物资产和农产品进行了本质的区分。农产品与生物资产密不可分，当其附着在生物资产上时，作为生物资产的一部分，不需要单独进行会计处理，而当其从生物资产上收获开始，离开生物资产这一母体，一般便具有鲜活、易腐的特点，这时候就要作为农产品进行核算。

（三）生物资产的分类

《企业会计准则第5号——生物资产》把生物资产分为消耗性生物资产、生产性生物

资产和公益性生物资产。

1.消耗性生物资产

消耗性生物资产，是指为出售而持有的、或在将来收获为农产品的生物资产。消耗性生物资产是劳动对象，包括生长中的大田作物、蔬菜、用材林以及存栏待售的牲畜等。消耗性生物资产通常是一次性消耗并终止其服务能力或未来经济利益，因此在一定程度上具有存货的特征，应当作为存货在资产负债表中列报。

2.生产性生物资产

生产性生物资产是指为产出农产品、提供劳务或者出租等目的而持有的生物资产。生产性生物资产具备一定的自我生长性，能够在持续生长的基础上予以消耗并在未来的一段时间内保持其服务能力或未来经济利益，属于劳动手段，包括经济林、产畜和役畜等。

与消耗性生物资产相比，生产性生物资产的最大不同在于，生产性生物资产具有能够在生产经营中长期、反复使用，不断产出农产品或长期役用的特征。消耗性生物资产在收获农产品后，该资产就不复存在了；而生产性生物资产产出农产品后，该资产仍然保留，并可以在未来期间继续产出农产品。因此，生产性生物资产在一定程度上具有固定资产的特征。例如果树每年产出水果、奶牛每年产奶等。

3.公益性生物资产

公益性生物资产是指以防护、环境保护为主要目的的生物资产，例如防风固沙林、水土保持林和水源涵养林等。显然，公益性生物资产的持有目的与消耗性生物资产和生产性生物资产的持有目的有着本质的不同，后两者的目的是直接给企业带来经济利益，而公益性生物资产主要是出于防护、环境保护等目的，尽管不能给企业带来直接经济利益，但是公益性生物资产蕴藏着为企业带来其他经济利益的潜能，如防风固沙林和水土保持林能带来防风固沙、保持水土的效能，风景林具有美化环境、休息游览的效能等，因此应当将其确认为生物资产，并且进行单独核算。

任务二　消耗性生物资产的会计核算

消耗性生物资产持有的目的主要是为了出售或一次性收获。消耗性生物资产的核算主要有取得、后续支出、减值、收获、处置等。

为了对消耗性生物资产进行核算，一般需要设置"消耗性生物资产""存货跌价准备——消耗性生物资产""农产品"等账户。

"消耗性生物资产"账户，该账户用于核算农业企业持有的消耗性生物资产的实际成本。借方登记企业通过外购、自行栽培、营造、繁殖等各种方式取得的消耗性生物资产的实际成本；贷方登记企业收获和处置消耗性生物资产的实际成本；期末借方余额反映企业消耗性生物资产的实际成本。企业可根据消耗性生物资产的种类、群别等设置明细账户进行核算。

"存货跌价准备——消耗性生物资产"账户，该账户用于核算农业企业消耗性生物资产价格下跌时计提的跌价准备。借方登记企业处置消耗性生物资产结转的跌价准备和转回的消耗性生物资产跌价准备；贷方登记消耗性生物资产可变现净值低于账面价值的差额；

期末贷方余额反映企业已经计提但尚未转销的消耗性生物资产跌价准备。企业可根据消耗性生物资产的种类、群别等设置明细账户进行核算。

"农产品"账户，该账户用于核算农业企业收获的各种库存农产品的实际成本。借方登记企业库存农产品的增加；贷方登记库存农产品的减少；期末借方余额反映企业库存农产品的实际成本。企业可根据农产品的品种、规格、种类等设置明细账户进行核算。

一、消耗性生物资产取得的核算

由于取得消耗性生物资产的方式有很多种，例如外购、自行栽培、营造以及天然起源等，针对不同的取得方式，其入账价值的确定也不同。

（一）外购消耗性生物资产

外购的消耗性生物资产，应根据买价、运输费、保险费、相关税费及其他可直接归属于购买消耗性生物资产的费用（包括场地整理费、装卸费、栽植费、专业人员服务费等）作为实际成本。根据增值税法规的有关规定，农业生产者直接销售农产品免征增值税，所以农业企业购进商品、劳务和服务时所含的增值税不可抵扣，外购生物资产所含的增值税应计入购进资产的成本。

在实务中，应按取得消耗性生物资产的实际成本金额，借记"消耗性生物资产"账户，贷记"银行存款""应付账款""应付票据"等账户。

【例6-1】北江农业企业养殖场购入10头猪苗，支付的猪苗购买价款为60 000元，另支出运输费8 000元，保险费1 000元，装卸费800元，款项全部以银行存款支付。

北江农业企业购买猪苗的成本为：$60\,000 + 8\,000 + 1\,000 + 800 = 69\,800$（元）

编制会计分录如下：

借：消耗性生物资产——猪苗　　　　　　　　　　　　　　　69 800

　　贷：银行存款　　　　　　　　　　　　　　　　　　　　　　69 800

企业用一笔款项一次性购入多项生物资产时，购买过程中发生的相关税费、运输费、保险费等可直接归属于购买各项生物资产的其他支出，应当按照各项生物资产的价款比例进行分配，分别确定外购各项生物资产的入账成本。

【例6-2】北江农业企业一次性从市场上购买了600头仔牛和800头猪苗，共支付款项214 500元，其中仔牛共109 250元，猪苗共105 250元。另发生运输费4 950元，保险费3 300元，装卸费2 475元，款项全部通过银行支付。

①购入的总成本 = $214\,500 + 4\,950 + 3\,300 + 2\,475 = 225\,225$（元）

②确定运输费、保险费和装卸费的分摊比例：

分配率 = $（4\,950 + 3\,300 + 2\,475）\div 214\,500 = 0.05$

③仔牛和猪苗应分摊的费用：

仔牛应分摊的费用 = $109\,250 \times 0.05 = 5\,462.50$（元）

猪苗应分摊的费用 = $105\,250 \times 0.05 = 5\,262.50$（元）

④仔牛和猪苗的入账价值：

仔牛的入账价值 = $109\,250 + 5\,462.50 = 114\,712.50$（元）

猪苗的入账价值 = $105\,250 + 5\,262.50 = 110\,512.50$（元）

编制会计分录如下：

借：消耗性生物资产——仔牛   114 712.50

　　　　　　　　——猪苗   110 512.50

　　贷：银行存款   225 225

（二）自行营造消耗性生物资产

自行营造是指利用生物资产的生长特点，通过对生物资产的生产投入，促进其自行繁殖的过程。自行营造的消耗性生物资产成本确定的一般原则是按照自行营造（即培育）过程中发生的必要支出确定，包括直接材料、直接人工、其他直接费用以及应分摊的间接费用。农业活动自行营造消耗性生物资产的成本构成与业务处理见表6-4。

表6-4   农业活动自行营造消耗性生物资产的成本构成与业务处理

农业活动	成本构成	业务处理
自行栽培的大田作物和蔬菜	收获前所耗用的种子、化肥、农药等材料费、人工费以及其他应分摊的间接费用等必要支出	借记"消耗性生物资产"账户，贷记"银行存款"等账户
自行营造的林木	郁闭前所发生的造林费、抚育费、良种试验费、营林设施费和应分摊的间接费用等必要支出	
自行繁育的育肥畜	出售前所发生的饲料费、人工费和应分摊的间接费用等必要支出	
水产养殖的动植物	出售前或入库前耗用的苗种费、饲料费、肥料费、人工费以及其他直接或间接费用等必要支出	

【知识链接】郁闭为林学概念，通常是指一块林地上林木的树干、树冠生长达到一定标准，林木成活数和保持率达到一定的技术规程要求。郁闭是林木类生物资产是否成熟的分界点。

【例6-3】北江农业企业种植基地种植水果玉米，其中从仓库领用种子3 000元，领用肥料1 000元，发生人工费12 000元。

水果玉米的入账价值 = 3 000 + 1 000 + 12 000 = 16 000（元）

编制会计分录如下：

借：消耗性生物资产——水果玉米   16 000

　　贷：原材料——水果玉米种子   3 000

　　　　　　——肥料   1 000

　　　应付职工薪酬   12 000

【例6-4】北江农业企业自行营造的作为用材林的柏树林，在林木郁闭前共发生造林费150 000元、营林设施费10 000元、抚育费20 000元、调查设计费6 000元，全部通过银行支付。

用材林的入账价值 = 150 000 + 10 000 + 20 000 + 6 000 = 186 000（元）

编制会计分录如下：

借：消耗性生物资产——柏树林   186 000

　　贷：银行存款   186 000

【例6-5】北江农业企业养殖场自行繁殖的一批仔牛，饲养一个月以来共发生人工费100 000元、饲料费80 000元，并通过银行支付其他间接费用10 000元。

仔牛的入账价值 = 100 000 + 80 000 + 10 000 = 190 000（元）

编制会计分录如下：

借：消耗性生物资产——仔牛 190 000
　　贷：应付职工薪酬 100 000
　　　　原材料——饲料 80 000
　　　　银行存款 10 000

（三）天然起源的消耗性生物资产的会计核算

企业未进行相关农业生产而从土地、河流湖泊中所取得的天然林、水生动植物等具有消耗特点的生物资产，就是天然起源的消耗性生物资产。天然起源的消耗性生物资产只有在企业有确凿证据表明拥有或者控制该天然起源的消耗性生物资产时，才能予以确认。

实务中，由于天然起源的消耗性生物资产的公允价值无法可靠地计量，因此，应按照名义金额1元来确认其成本，并同时计入当期损益，借记"消耗性生物资产"账户，贷记"营业外收入"账户。

【例6-6】北江农业企业取得天然起源的天然林600亩，该批林木属于工业原料林。

编制会计分录如下：

借：消耗性生物资产——天然林 1
　　贷：营业外收入 1

二、消耗性生物资产后续支出的会计核算

消耗性生物资产在达到预定生产经营目的之前，经过培植或饲养，其价值能够继续增加，因此，饲养、管护费用应资本化计入生物资产成本。消耗性生物资产后续支出，是指在取得消耗性生物资产至收获为农产品期间所发生的培育或饲养费用。企业自取得消耗性生物资产到收获农产品期间，培育消耗性生物资产所发生的各项成本费用，直接记入"消耗性生物资产"账户。

【例6-7】北江农业企业的农场种植基地种有水果玉米，本月发生农药费3 000元，员工工资4 000元。

编制会计分录如下：

借：消耗性生物资产——水果玉米 7 000
　　贷：原材料——农药 3 000
　　　　应付职工薪酬 4 000

林木类消耗性生物资产在核算上有其特殊性。郁闭是判断林木类消耗性生物资产相关支出（包括借款费用）资本化或者是费用化的时点。郁闭之前的林木类消耗性生物资产处于培植阶段，需要发生较多的造林费、抚育费、营林设施费、良种试验费、调查设计员相关支出，这些支出应予以资本化计入成本；郁闭之后的林木类消耗性生物资产进入稳定的生长期，基本上可以比较稳定地成活，主要依靠林木本身的自然生长，一般只需要发生较少的管护费用，从重要性和谨慎性考虑应当计入当期费用。

【例6-8】南山林业有限责任公司下属的某林班组负责培植管护一片作为用材林的杨

树林，当月发生森林管护费用共计40 000元，其中人员工资20 000元，尚未支付；使用库存肥料16 000元；管护设备折旧4 000元。已郁闭的森林面积占75%，其余的25%尚未郁闭；假定管护费用按照森林面积比例进行分配。

有关计算如下：

未郁闭杨树林应分配的共同费用 = 40 000 × 25% = 10 000（元）

已郁闭杨树林应分配的共同费用 = 40 000 × 75% = 30 000（元）

南山林业有限责任公司的账务处理如下：

借：消耗性生物资产——用材林——杨树   10 000

    管理费用   30 000

  贷：应付职工薪酬   20 000

    原材料   16 000

    累计折旧   4 000

需要注意的是，在林木类消耗性生物资产的生长过程中，为了使其更好地生长，即使是郁闭状态的林木也需要进行择伐、间伐或抚育更新性质的采伐，并且在采伐之后进行相应的补植。因此，在上述情况下发生的后续支出，应当予以资本化，计入林木类生物资产的成本。

三、消耗性生物资产减值的会计核算

在我国，消耗性生物资产一般采用历史成本进行后续计量，但有确凿证据表明其公允价值能够持续可靠取得的也可以采用公允价值计量，但是，由于处于不同生长阶段的各类生物资产的公允价值一般难以取得，所以还是以历史成本计量为主，本项目此处只讲解历史成本计量的核算。

生物资产采用历史成本进行计量的情况下，消耗性生物资产按成本减累计跌价准备计量。

企业至少应当于每年年度终了对消耗性生物资产进行检查，有确凿证据表明消耗性生物资产发生减值的，应当计提生物资产跌价准备。企业首先应当注意消耗性生物资产是否发生减值迹象，如有减值迹象，在此基础上计算确定消耗性生物资产的可变现净值。

（一）判断消耗性生物资产减值的主要迹象

消耗性生物资产的减值采取易于判断的方式，即企业至少应当于每年年度终了对消耗性生物资产进行检查，有确凿证据表明遭受自然灾害、病虫害、动物疫病侵袭或市场需求变化等情况，消耗性生物资产才可能存在减值迹象。具体来说，消耗性生物资产存在下列情形之一的，通常表明可变现净值或可收回金额低于其账面价值：

（1）因遭受火灾、旱灾、水灾、冻灾、台风、冰雹等自然灾害，造成消耗性生物资产发生实体损坏，影响该资产的进一步生长或生产，从而降低其产生经济利益的能力。

（2）因遭受病虫害或者禽流感、口蹄疫等动物疫病侵袭，造成消耗性生物资产的市场价格大幅度持续下跌，并且在可预见的未来无回升的希望。

（3）因消费者偏好改变而使企业的消耗性生物资产收获的农产品的市场需求发生变化，导致市场价格逐渐下跌。与工业产品不同，一般情况下技术进步不会对生物资产的价值产生明显的影响。

（4）因企业所处经营环境（如动植物检验检疫标准等）发生重大变化，从而对企业产生不利影响，导致消耗性生物资产的市场价格逐渐下跌。

（5）其他足以证明消耗性生物资产实质上已经发生减值的情形。

（二）计提跌价准备

消耗性生物资产的可变现净值低于其成本或账面价值时，企业应当按照可变现净值低于成本或账面价值的差额，计提生物资产跌价准备，借记"资产减值损失"账户，贷记"存货跌价准备——消耗性生物资产"账户。

消耗性生物资产的可变现净值是指在日常活动中，消耗性生物资产的估计售价减去至出售时估计将要发生的成本、销售费用以及相关税费后的金额。

【例6-9】北江农业企业种植基地种植有玉米2 000亩，已发生成本320 000元。遭受冰雹灾害，导致其中500亩玉米严重受灾，预计可回收金额为40 000元。

受灾玉米的账面价值 =320 000÷2 000×500 = 80 000（元）

应计提的跌价准备 = 80 000 – 40 000 = 40 000（元）

编制会计分录如下：

借：资产减值损失——消耗性生物资产——玉米   40 000

  贷：存货跌价准备——消耗性生物资产——玉米   40 000

如果消耗性生物资产减值的影响因素已经消失，减记金额应当予以恢复，并在原已计提的跌价准备金额内转回，转回的金额计入当期损益，借记"存货跌价准备——消耗性生物资产"账户，贷记"资产减值损失"账户。

四、消耗性生物资产收获的会计核算

对于消耗性生物资产来说，收获是指消耗性生物资产生长过程的结束，如收割水稻、采伐用材林等。农业生产活动不同于其他行业的生产活动，其受季节、生长周期的影响较大，同时具有经济生产与自然再生产相交织的特点，导致不同农产品的成本计算期也不一样。因此，企业在确定收获农产品的成本时，应注意成本计算的截止时点，例如，大米算至入库或能够销售、棉花算至皮棉等。达到收获时点的农产品应当适用《企业会计准则第1号——存货》。

从消耗性生物资产上收获农产品后，消耗性生物资产自身完全转为农产品而不复存在，如肉牛宰杀后的牛肉、收获后的蔬菜、采伐用材林后的木材等，企业应当将收获时点消耗性生物资产的账面价值结转为农产品的成本。借记"农产品"账户，贷记"消耗性生物资产"账户。若已计提跌价准备的，应当同时结转跌价准备，借记"存货跌价准备——消耗性生物资产"账户。

【例6-10】北江农业企业本月入库大米22吨，成本为13 200元。

编制会计分录如下：

借：农产品——大米   13 200

  贷：消耗性生物资产——水稻   13 200

五、消耗性生物资产处置的会计核算

资产处置是指企业或个人将其拥有的资产进行出售、转换、报废等行为，以实现资产

价值或解决资产闲置问题。农业企业在生产经营过程中会发生一些处置消耗性生物资产的经营活动，如出售、报废、毁损、盘亏、转换等。

（一）消耗性生物资产出售

出售消耗性生物资产时，应按实际收到的金额，借记"银行存款"等账户，贷记"主营业务收入"等账户；应按其账面余额，借记"主营业务成本"等账户，贷记"消耗性生物资产"账户，已计提跌价准备的，还应同时结转跌价准备。

【例6-11】北江农业企业养殖场5月末养殖的肉猪账面余额为26 400元，共计44头；6月6日花费7 700元新购入一批肉猪，共计11头；6月30日屠宰并出售肉猪22头，现金支付屠宰费用110元，出售取得价款17 600元，已存入银行；6月份共发生饲养费用550元（其中，应付专职饲养员工资330元，饲料220元）。北江农业企业采用移动加权平均法结转成本。

北江农业企业的账务处理如下：

平均单位成本 = （26 400 + 7 700 + 550）÷（44 + 11）= 630（元/头）

出售肉猪的成本 = 630 × 22 = 13 860（元）

借：消耗性生物资产——肉猪	7 700	
贷：银行存款		7 700
借：消耗性生物资产——肉猪	550	
贷：应付职工薪酬		330
原材料		220
借：农产品——猪肉	13 970	
贷：消耗性生物资产——肉猪		13 860
库存现金		110
借：银行存款	17 600	
贷：主营业务收入		17 600
借：主营业务成本	13 970	
贷：农产品——猪肉		13 970

（二）消耗性生物资产盘亏、死亡或毁损

对于盘亏、死亡或毁损的消耗性生物资产，应当将处置收入扣除其账面价值和相关税费后的余额先记入"待处理财产损溢"账户，待查明原因后，根据企业的管理权限，经股东大会、董事会、经理（场长）会议或类似机构批准后，在期末结账前处理完毕。

因盘亏、死亡或毁损导致的损失，在减去责任人或者保险公司等的赔款和残余价值后，记入"管理费用"账户；因受自然灾害等导致非常损失的，记入"营业外支出"账户。

【例6-12】北江农业企业养殖场有3头猪苗死亡，账面价值为300元，未计提跌价准备。

编制会计分录如下：

借：待处理财产损溢	300	
贷：消耗性生物资产——猪苗		300

经查明，上述死亡的3头猪苗是因为体弱被其他猪苗踩踏而死，损失计入管理费用。

编制会计分录如下：

借：管理费用 300

　　贷：待处理财产损溢 300

（三）生物资产转换

生物资产改变用途后，应将转出生物资产的账面价值作为转入资产的实际成本。通常包括如下情况：

1.消耗性生物资产转为生产性生物资产

育肥畜转为产畜或役畜，或者林木类消耗性生物资产转为林木类生产性生物资产时，应按其账面余额，借记"生产性生物资产"账户，贷记"消耗性生物资产"账户。已计提跌价准备的，还应同时结转跌价准备。

【例6-13】北江农业企业将自行繁殖的5头成熟猪苗转为种猪，已知该批猪苗的账面价值为10 000元，该批猪苗前期未计提跌价准备。

北江农业企业的账务处理如下：

借：生产性生物资产——成熟生产性生物资产——种猪 10 000

　　贷：消耗性生物资产——猪苗 10 000

2.消耗性生物资产转为公益性生物资产

消耗性生物资产转为公益性生物资产时，应当考虑其是否发生减值，发生减值时，应当首先计提跌价准备，并以计提跌价准备后的账面价值转为公益性生物资产。借记"公益性生物资产"账户，按已计提的跌价准备，借记"存货跌价准备"账户，按账面余额，贷记"消耗性生物资产"账户。

【例6-14】由于生态环境的需要，南山林业有限责任公司的15公顷造纸原料林（杨树）被划为防风固沙林，仍由该公司负责管理，杨树林的账面余额为80 000元，已经计提的跌价准备为4 000元。此时该林的可变现净值估计为70 000元。

南山林业有限责任公司的账务处理如下：

应计提的存货跌价准备 = 80 000 - 70 000 - 4 000 = 6 000（元）

借：资产减值损失——消耗性生物资产——造纸原料林 6 000

　　贷：存货跌价准备——消耗性生物资产——造纸原料林 6 000

借：公益性生物资产——防风固沙林——杨树 70 000

　　存货跌价准备——消耗性生物资产——造纸原料林 10 000

　　贷：消耗性生物资产——造纸原料林——杨树 80 000

任务三　生产性生物资产的会计核算

生产性生物资产与消耗性生物资产最大的区别在于生产性生物资产在生产经营中具有长期、多次反复使用，不断产出农产品的特征，如产畜用于繁殖，果树用于不断产出水果。所以，生产性生物资产在一定程度上具有固定资产的特征，如奶牛每年产奶，果树每年产水果等。

为了对生产性生物资产进行核算，需要设置"生产性生物资产""生产性生物资产减值准备""农业生产成本""生产性生物资产累计折旧"等账户。

"生产性生物资产"账户，核算农业企业持有的生产性生物资产的实际成本。该账户借方登记以外购、自行营造等不同方式取得的生产性生物资产的实际成本；贷方登记处置生产性生物资产的实际成本；借方余额反映生产性生物资产的实际成本。企业可根据"未成熟生产性生物资产"和"成熟生产性生物资产"设置二级账户，再按生产性生物资产的种类、群别等设置明细账户进行核算。

"生产性生物资产减值准备"账户，核算生产性生物资产因灾害或市场需求变动引起的可回收金额低于账面价值时计提的减值准备。该账户借方登记处置生产性生物资产时结转的减值准备；贷方登记生产性生物资产可回收金额低于账面价值的差额；贷方余额反映企业已计提但尚未结转的生产性生物资产减值准备。企业可以根据生产性生物资产的种类、群别、所属部门等设置明细账户进行核算。

"农业生产成本"账户，核算农业企业生产农产品过程中发生的各项生产费用。该账户借方登记农业企业归集的农产品生产过程中发生的各项费用；贷方登记转出收获农产品的实际成本；借方余额反映期末尚未收获的农产品的累计成本。企业可根据农业、林业、畜牧业等确定成本核算对象和成本项目。

"生产性生物资产累计折旧"账户，核算成熟生产性生物资产按规定方法计提的累计折旧。该账户借方登记处置成熟生产性生物资产结转的累计折旧；贷方登记已计提的成熟生产性生物资产的折旧；贷方余额反映成熟生产性生物资产的累计折旧额。企业可根据生产性生物资产的种类、群别、所属部门等设置明细账户进行核算。

一、生产性生物资产取得的会计核算

与消耗性生物资产类似，生产性生物资产的取得方式也有很多，例如外购、自行营造、天然起源等。不同取得方式，其初始计量的入账价值的确定也不同。

（一）外购生产性生物资产的会计核算

外购的生产性生物资产，其初始计量的入账价值同外购消耗性生物资产，应以买价、运输费、保险费、相关税费以及其他可直接归属于购买该项资产的其他支出作为成本。其中，其他支出包括场地整理费、装卸费、栽植费、专业人员服务费等。

实务中，应按计入生产性生物资产的成本金额，借记"生产性生物资产"账户；贷记"银行存款""应付账款""应付票据"等账户。如果企业一次性购入多项生产性生物资产，应当按照各项生产性生物资产的价款比例进行分配，分别确定各项生产性生物资产的成本。

【例6-15】北江农业企业养殖场购买了10头种猪，共支付价款82 000元，发生运输费9 000元，保险费2 100元，装卸费1 500元，款项全部通过银行支付，不考虑相关税费。

种猪的入账价值 = 82 000 + 9 000 + 2 100 + 1 500 = 94 600（元）

编制会计分录如下：

借：生产性生物资产——种猪　　　　　　　　　　　　　　94 600
　　贷：银行存款　　　　　　　　　　　　　　　　　　　　　　94 600

（二）自行营造生产性生物资产的会计核算

自行营造取得的生产性生物资产，其成本确定的一般原则是按照生产性生物资产达到预定生产经营目的前发生的必要支出确定，包括直接材料费、直接人工费、其他直接费用和应分摊的间接费用。

一般而言，生产性生物资产通常需要生长到一定阶段才开始具备生产能力。根据其是否具备生产能力（即是否达到预定生产经营目的），可以将生产性生物资产划分为未成熟和成熟两类：前者指尚未达到预定生产经营目的、还不能够多年连续稳定产出农产品、提供劳务或出租的生产性生物资产，例如尚未开始挂果的果树、尚未开始产奶的奶牛等；后者则指已经达到预定生产经营目的的生产性生物资产。

达到预定生产经营目的是区分生产性生物资产是否具备生产能力，进而区分生产性生物资产成熟与否的分界点，同时也是判断其相关费用停止资本化的时点，和确定是否计提折旧的分界点，企业应当根据实际情况结合正常生产期的确定，判断生产性生物资产是否达到预定生产经营目的。

自行营造的林木类生产性生物资产（如橡胶树、果树、茶树等）的成本，包括达到预定生产经营目的前发生的造林费、抚育费、营林设施费、良种试验费、调查设计费和应分摊的间接费用等必要支出。

自行繁殖的产畜和役畜类生产性生物资产（如企业自己繁育的奶牛、种猪）的成本，包括达到预定生产经营目的（成龄）前发生的饲料费、人工费和应分摊的间接费用等必要支出。

生产性生物资产在达到预定生产经营目的之前所发生的必要支出，先通过"生产性生物资产——未成熟生产性生物资产"账户进行归集。未成熟生产性生物资产达到预定生产经营目的时，按其账面余额，借记"生产性生物资产——成熟生产性生物资产"账户，贷记"生产性生物资产——未成熟生产性生物资产"账户。如未成熟的生产性生物资产已计提减值准备的，还应同时结转已计提的减值准备。

【例6-16】北江农业企业在果树种植基地自行营造450亩水晶梨树，发生种苗费100 000元，当年发生肥料费50 000元，人员工资60 000元，并通过银行支付农业技术咨询服务费20 000元。

水晶梨树入账价值 = 100 000 + 50 000 + 60 000 + 20 000 = 230 000（元）

编制会计分录如下：

借：生产性生物资产——未成熟生产性生物资产——水晶梨树　　　230 000

　　贷：原材料——种苗　　　　　　　　　　　　　　　　　　　　　　　100 000

　　　　　　　——肥料　　　　　　　　　　　　　　　　　　　　　　　 50 000

　　　　应付职工薪酬　　　　　　　　　　　　　　　　　　　　　　　　60 000

　　　　银行存款　　　　　　　　　　　　　　　　　　　　　　　　　　20 000

【例6-17】沿用【例6-16】的资料，2年后，北江农业企业种植的该批水晶梨树达到正常产果期，前面2年共发生管护费用80 000元，均通过银行存款支付。

发生管护费用的会计分录如下：

借：生产性生物资产——未成熟生产性生物资产——水晶梨树　　　 80 000

贷：银行存款   80 000

该批水晶梨树的成本 = 230 000 + 80 000 = 310 000（元）

编制会计分录如下：

借：生产性生物资产——成熟生产性生物资产——水晶梨树 310 000

贷：生产性生物资产——未成熟生产性生物资产——水晶梨树 310 000

【例6-18】北江农业企业养殖场自行繁殖奶牛6头，该批奶牛在产奶前共发生饲料费35 000元、人工费16 000元和其他支出10 000元。

奶牛入账价值 = 35 000 + 16 000 + 10 000 = 61 000（元）

编制会计分录如下：

借：生产性生物资产——未成熟生产性生物资产——奶牛 61 000

贷：原材料——饲料 35 000

应付职工薪酬 16 000

银行存款 10 000

【例6-19】沿用【例6-18】的资料，上述北江农业企业养殖场自行繁殖的6头奶牛达到正常产奶期。

编制会计分录如下：

借：生产性生物资产——成熟生产性生物资产——奶牛 610 000

贷：生产性生物资产——未成熟生产性生物资产——奶牛 610 000

【知识链接】生产性生物资产在达到预定生产经营目的之前，其用途一般是已经确定的，如尚未开始挂果的果树、未开始产奶的奶牛等；但是，如果该生产性生物资产的未来用途不确定，则应将其作为消耗性生物资产核算和管理，待确定用途后，再根据用途进行处理。

（三）天然起源生产性生物资产的会计核算

天然起源的生产性生物资产，会计核算同消耗性生物资产，仅在企业有确凿证据表明能够拥有或者控制该生物资产时，才能予以确认。

天然起源的生产性生物资产的公允价值无法可靠地取得，应按名义金额确定生产性生物资产的成本，同时计入当期损益，名义金额为1元，即借记"生产性生物资产"账户，贷记"营业外收入"账户。

二、生产性生物资产后续支出的会计核算

生产性生物资产在达到预定生产经营目的之前，经过培植或饲养，其价值能够继续增加，因此饲养、管护费用应资本化，计入生产性生物资产成本。

生产性生物资产在达到预定生产经营目的之后，为了维护或提高其使用效能会发生一定的管护费用，例如为果树剪枝发生的费用、为林木灭虫发生的人工和药物费用、对进入产奶期奶牛的饲养管理费用等，此时的生物资产能够产出农产品，带来现实的经济利益，因此，所发生的这类后续支出应当予以费用化，计入当期损益，借记"管理费用"账户，贷记"银行存款"等账户。

【例6-20】北江农业企业本月为养殖场中已进入产奶期的奶牛发生如下饲养费用：领

用草料1 000元，饲养人员工资3 000元，并用现金支付防疫费用400元。

编制会计分录如下：

借：管理费用 4 400

贷：原材料——草料 1 000

应付职工薪酬 3 000

库存现金 400

需要注意的是，同林木类消耗性生物资产核算类似，在林木类生产性生物资产的生长过程中，为了使其更好地生长，即使是郁闭状态的林木也需要进行择伐、间伐或抚育更新性质的采伐（这些采伐并不影响林木的郁闭状态），并且在采伐之后进行相应的补植。因此，在上述情况下发生的后续支出，应当予以资本化，计入林木类生物资产的成本。

三、生产性生物资产计提折旧和减值的会计核算

在我国，生产性生物资产一般采用历史成本进行后续计量，若有确凿证据表明其公允价值能够持续可靠取得的也可以采用公允价值计量，但是，处于不同生长阶段的各类生物资产的公允价值一般难以取得，所以还是以历史成本计量为主，本项目此处只讲解采用历史成本计量的核算。

生物资产采用历史成本进行计量的情况下，未成熟的生产性生物资产按成本减累计减值准备计量，成熟的生产性生物资产按成本减累计折旧及累计减值准备计量。

（一）成熟生产性生物资产折旧的计提

成熟生产性生物资产进入正常生产期，可以多年连续稳定产出农产品、提供劳务或出租，此时应该按期计提折旧，例如，已经开始挂果的苹果树、犁地的役牛等。

生产性生物资产的折旧，指在生产性生物资产的使用寿命内，按照确定的方法对应计折旧额进行系统分摊。其中，应计折旧额指应当计提折旧的生产性生物资产的原价扣除预计净残值后的余额；如果已经计提减值准备，还应当扣除已计提的生产性生物资产减值准备累计金额。预计净残值指预计生产性生物资产使用寿命结束时，在处置过程中所发生的处置收入扣除处置费用后的余额。

1.计提折旧的生产性生物资产的范围

对于达到预定生产经营目的的生产性生物资产应当按期计提折旧，一旦提足折旧，不论能否继续使用，均不再计提折旧。

2.预计生产性生物资产的使用寿命

企业确定生产性生物资产的使用寿命，应当考虑下列因素：①该资产的预计产出能力或实物产量；②该资产的预计有形损耗，如产畜和役畜衰老、经济林老化等；③该资产的预计无形损耗，如因新品种的出现而使现有的生产性生物资产的产出能力和产出农产品的质量等方面相对下降、市场需求的变化使生产性生物资产产出的农产品相对过时等。

3.预计净残值的确定

预计净残值是指生产性生物资产停止使用时，预计残料变价收入扣除清算费用后的净值。在计算折旧时，把生产性生物资产原值减去预计净残值后的余额称为折旧基数或者折

旧总额。企业确定生产性生物资产预计净残值的依据是生产性生物资产的性质、使用情况和有关经济利益的预期实现方式，且一经确定不得变更。

企业应当结合本企业的具体情况，对达到预定经营目的的生产性生物资产，合理确定其使用寿命、预计净残值和折旧方法，作为对生产性生物资产提取折旧的依据。企业可选用的折旧方法包括年限平均法、工作量法、产量法等，计算方法跟制造业企业基本相同，在此不再赘述。在具体运用时，企业应当根据生产性生物资产的具体情况，合理选择相应的折旧方法。

【知识链接】《中华人民共和国企业所得税法实施条例》第63条规定：生产性生物资产按照直线法计算的折旧，准予扣除。企业应当自生产性生物资产投入使用月份的次月起计算折旧；停止使用的生产性生物资产，应当自停止使用月份的次月起停止计算折旧。企业应当根据生产性生物资产的性质和使用情况，合理确定生产性生物资产的净残值。生产性生物资产的预计净残值一经确定，不得变更。《中华人民共和国企业所得税法实施条例》第64条规定：生产性生物资产计算折旧的最低年限，林木类生产性生物资产为10年，畜类生产性生物资产为3年。

实务中，企业对达到预定生产经营目的的生产性生物资产计提折旧时，根据受益对象分别计入将收获的农产品成本、劳务成本、出租费用等。对成熟生产性生物资产按期计提折旧时，借记"农业生产成本""其他业务成本"等账户，贷记"生产性生物资产累计折旧"账户。

【例6-21】北江农业企业本月对奶牛养殖场中已进入产奶期的奶牛计提折旧3 000元。编制会计分录如下：

借：农业生产成本——牛奶   3 000
    贷：生产性生物资产累计折旧——奶牛   3 000

（二）生产性生物资产减值准备的会计核算

生物资产准则规定，企业至少应当于每年年度终了对生产性生物资产进行检查，有确凿证据表明生产性生物资产发生减值的，应当计提生产性生物资产减值准备。企业首先应当注意生产性生物资产是否发生减值迹象，如有减值迹象，在此基础上计算确定生产性生物资产的可收回金额。

1.判断生产性生物资产减值的主要迹象

企业至少应当于每年年度终了对生产性生物资产进行检查，有确凿证据表明由于遭受自然灾害、病虫害、动物疫病侵袭或市场需求变化等原因，使生产性生物资产的可回收金额低于其账面价值的，应当按照可回收金额低于账面价值的差额，计提生产性生物资产减值准备，并计入当期损益。具体减值迹象同消耗性生物资产，在此不再赘述。

2.生产性生物资产减值准备的核算

生产性生物资产的可收回金额根据其公允价值减去处置费用后的净额与资产预计未来现金流量的现值两者之间较高者确定。实务中，企业应当按照生产性生物资产的可收回金额低于账面价值的差额，借记"资产减值损失——生产性生物资产"账户；贷记"生产性生物资产减值准备"账户。

【例6-22】北江农业企业果树种植区的成熟鹰嘴桃树遭受病虫害，已知该种植区的鹰嘴桃树已经发生成本100 000元，病虫害导致挂果的质量下降，导致鹰嘴桃树的可变现净值估计为 95 000 元。

编制会计分录如下：

借：资产减值损失——生产性生物资产——鹰嘴桃树　　　　　　5 000
　　贷：生产性生物资产减值准备——鹰嘴桃树　　　　　　　　　　　　5 000

根据《企业会计准则第 8 号——资产减值》的规定，生产性生物资产一经计提减值准备，不得转回。

四、生产性生物资产收获的会计核算

生产性生物资产的收获，指农产品从生产性生物资产上分离，如从苹果树上采摘下苹果、奶牛产出牛奶、绵羊产出羊毛等。

生产性生物资产具备自我生长性，能够在生产经营中长期、反复使用，不断产出农产品。从生产性生物资产上收获农产品后，生产性生物资产这一母体仍然存在。农业生产过程中发生的各项生产费用，按照经济用途可以分为直接材料、直接人工等直接费用以及间接费用，企业应当区别处理：

（一）农产品收获过程中发生的直接费用的核算

农产品收获过程中发生的直接费用，如直接材料、直接人工等，直接计入相关成本核算对象，借记"农业生产成本——××农产品"账户，贷记"库存现金""银行存款""原材料""应付职工薪酬""生产性生物资产累计折旧"等账户。

【例 6-23】北江农业企业饲养的奶牛已进入产奶期，本月共发生草料费 4 000 元，人工费 8 000 元，现金支付防疫费 1 000 元，本月应计提折旧费 2 000 元。

编制会计分录如下：

借：农业生产成本——牛奶　　　　　　　　　　　　　　　　　15 000
　　贷：原材料——草料　　　　　　　　　　　　　　　　　　　　　4 000
　　　　应付职工薪酬　　　　　　　　　　　　　　　　　　　　　　8 000
　　　　库存现金　　　　　　　　　　　　　　　　　　　　　　　　1 000
　　　　生产性生物资产累计折旧——奶牛　　　　　　　　　　　　　2 000

（二）农产品收获过程中发生的间接费用的核算

农产品收获过程中发生的间接费用，如材料费、人工费、折旧费等应分摊的共同费用，应当在生产成本归集，借记"农业生产成本——共同费用"账户，贷记"库存现金""银行存款""原材料""应付职工薪酬""累计折旧"等账户；在会计期末按一定的分配标准，分配计入有关的成本核算对象，借记"农业生产成本——××农产品"账户，贷记"农业生产成本——共同费用"账户。

实务中，常用的间接费用分配方法通常以直接费用或直接人工为基础，直接费用比例法以与生物资产或农产品相关的直接费用为分配标准，直接人工比例法以直接从事生产的工人工资为分配标准，其公式为：

$$间接费用分配率 = 间接费用总额 \div 分配标准（即直接费用总额或直接人工总额）\times 100\%$$

$$\frac{某项生物资产或农产品}{应分配的间接费用} = \frac{该项生物资产或农产品相关的}{直接费用或直接人工} \times \frac{间接费用}{分配率}$$

【例 6-24】北江农业企业本月发生间接费用如下：以银行存款支付养殖场水电费

2 200元、养殖场设备折旧费10 800元、养殖人员工资8 800元。按直接费用比例法分配间接费用。其中奶牛的直接饲养费为39 600元，肉牛的直接饲养费为69 400元。

编制会计分录如下：

①间接费用的核算

借：农业生产成本——共同费用   21 800

    贷：银行存款   2 200

        累计折旧   10 800

        应付职工薪酬   8 800

②分配间接费用

间接费用分配率 = 21 800 ÷ (39 600 + 69 400) = 0.2

奶牛应承担的间接费用 = 39 600 × 0.2 = 7 920（元）

肉牛应承担的间接费用 = 69 400 × 0.2 = 13 880（元）

借：农业生产成本——牛奶   7 920

    消耗性生物资产——肉牛   13 880

    贷：农业生产成本——共同费用   21 800

此外，还可以通过直接材料、生产工时等作为基础进行分配，企业可以根据实际情况加以选用。

（三）农产品成本的结转

在生产性生物资产收获的农产品验收入库时，企业应将归属于农产品生产成本的账面价值结转为农产品的成本，借记"农产品"账户，贷记"农业生产成本——农产品"账户。出售农产品时，企业按实际收到的金额，借记"银行存款"等账户，贷记"主营业务收入"账户；按出售的农产品的账面价值，借记"主营业务成本"账户，贷记"农产品"账户。

【例6-25】北江农业企业本月入库牛奶11 000千克，成本为10 230元。全部出售给奶制品加工厂，每千克售价3元。货款已存银行。

编制会计分录如下：

①牛奶入库

借：农产品——牛奶   10 230

    贷：农业生产成本——牛奶   10 230

②销售牛奶

借：银行存款   33 000

    贷：主营业务收入   33 000

③已销牛奶成本的结转

借：主营业务成本——牛奶   10 230

    贷：农产品——牛奶   10 230

五、处置生产性生物资产的会计核算

（一）出售生产性生物资产

当出售生产性生物资产时，企业根据实际收到的金额，借记"银行存款"等账户，按已计提的生产性生物资产累计折旧、资产减值准备，借记"生产性生物资产累计折旧""生产性生物资产减值准备"账户；根据生产性生物资产的账面价值，贷记"生产性生物资产"账户，按其差额，借记或贷记"资产处置损益"账户。

【例6-26】北江农业企业将5头产奶期的奶牛转让给食品加工厂，转让价格为55 000元，5头奶牛的账面原值70 000元，已计提折旧15 000元，已计提减值准备20 000元，转让价款已收存银行。

编制会计分录如下：

```
借：银行存款                                        55 000
    生产性生物资产累计折旧——奶牛                    15 000
    生产性生物资产减值准备——奶牛                    20 000
  贷：生产性生物资产——成熟生产性生物资产——奶牛      70 000
      资产处置损益                                   20 000
```

（二）生产性生物资产盘亏或死亡、损毁

当生产性生物资产盘亏或死亡、毁损时，应将处置收入扣除其账面价值和相关税费后的余额先记入"待处理财产损溢"账户，待查明原因后，根据企业的管理权限，经股东大会、董事会、经理（场长）会议或类似机构批准后，在期末结账前处理完毕。生产性生物资产因盘亏或死亡、毁损造成的损失，在减去过失人或者保险公司等的赔款和残余价值之后，记入"管埋费用"账户；属于自然灾害等非常损失的，记入"营业外支出"账户。

【例6-27】北江农业企业丢失三头种牛，三头种牛的账面原值为80 000元，已经计提折旧500元。原因待查。

编制会计分录如下：

```
借：待处理财产损溢                                  79 500
    生产性生物资产累计折旧——种牛                      500
  贷：生产性生物资产——成熟生产性生物资产——种牛      80 000
```

【例6-28】沿用【例6-27】的资料，经查实，丢失的种牛应由养殖员张三赔偿5 000元。

编制会计分录如下：

```
借：其他应收款——张三                                5 000
    管理费用                                        74 500
  贷：待处理财产损溢                                  79 500
```

（三）生产性生物资产的转换

农业企业为了更好地进行经营管理，其生物资产的持有目的是可以转换的。例如，种猪淘汰后可转为肉猪，奶牛淘汰后可转为肉牛，果树林可转为防风固沙林等。

实务中，产畜或役畜淘汰转为育肥畜，或者林木类生产性生物资产转为林木类消耗性生物资产时，按转变用途时的账面价值，借记"消耗性生物资产"账户，按已计提的累计折旧，借记"生产性生物资产累计折旧"账户，按其账面余额，贷记"生产性生物资产"账户。已计提减值准备的，还应同时结转已计提的减值准备。

【例6-29】北江农业企业将自行繁殖的已成熟种猪20头转为肉猪进行养殖。该批种猪的账面原值 200 000 元，已计提折旧 80 000 元，已计提减值准备 12 000 元。

编制会计分录如下：

借：消耗性生物资产——肉猪   108 000

      生产性生物资产累计折旧——种猪   80 000

      生产性生物资产减值准备——种猪   12 000

      贷：生产性生物资产——成熟生产性生物资产（种猪）   200 000

生产性生物资产转为公益性生物资产时，应考虑其是否发生减值，发生减值的，应当首先计提减值准备，并以计提减值准备后的账面价值作为公益性生物资产的入账价值。转换时，应按其扣除减值准备后的账面价值，借记"公益性生物资产"账户，按已计提的生产性生物资产累计折旧，借记"生产性生物资产累计折旧"账户，按已计提的减值准备，借记"生产性生物资产减值准备"账户，按账面余额，贷记"生产性生物资产"账户。

任务四　公益性生物资产的会计核算

公益性生物资产包括防风固沙林、水土保持林和水源涵养林等以防护、环境保护为主要目的的生物资产。对公益性生物资产进行核算，需开设"公益性生物资产"账户。

"公益性生物资产"账户用于核算农业企业持有的公益性生物资产的实际成本。借方登记企业外购、自行营造、天然起源等增加的公益性生物资产的实际成本；贷方登记公益性生物资产的减少；借方余额反映企业持有的公益性生物资产的实际成本。企业可以根据公益性生物资产的种类或项目等设置明细账户进行核算。

一、公益性生物资产取得的会计核算

（一）外购公益性生物资产的会计核算

外购的公益性生物资产，包括购买价款、相关税费、运输费、保险费以及可直接归属于购买该资产的其他支出。其中，可直接归属于购买该资产的其他支出包括场地整理费、装卸费、栽植费、专业人员服务费等。

实务中，根据外购公益性生物资产的各项支出合计金额，借记"公益性生物资产"账户，贷记"银行存款""应付账款"等账户。

【例 6-30】北江农业企业购入一批杨树苗，作为公益性生物资产，价款总计 200 000元，款项尚未支付。

编制会计分录如下：

借：公益性生物资产——杨树苗   200 000

      贷：应付账款   200 000

（二）自行营造的公益性生物资产的会计核算

对自行营造的公益性生物资产而言，其成本确定的一般原则是按照郁闭前发生的造林费、抚育费、森林保护费、营林设施费、良种试验费、调查设计费和应分摊的间接费用等必要支出确定的。

实务中，根据林木郁闭前的必要支出合计金额，借记"公益性生物资产"账户，贷记"银行存款"等账户。

【例6-31】北江农业企业自行栽种了450亩公益林，该批公益林郁闭前共发生造林费60 000元、营林设施费20 000元、调查设计费10 000元，目前林木已郁闭。上述款项均已通过银行存款支付。

编制会计分录如下：

借：公益性生物资产——公益林　　　　　　　　　　　　　90 000
　　贷：银行存款　　　　　　　　　　　　　　　　　　　　　　　90 000

（三）天然起源公益性生物资产的会计核算

天然起源公益性生物资产的会计核算同消耗性生物资产，仅在企业有确凿证据表明能够拥有或者控制该生物资产时，才能予以确认。

天然起源公益性生物资产的公允价值无法可靠地取得，应按名义金额确定公益性生物资产的成本，名义金额为1元，同时计入当期损益，借记"公益性生物资产"账户，贷记"营业外收入"账户。

二、公益性生物资产后续支出的会计核算

实务中，林木类公益性生物资产在郁闭前所发生的管护费用应予以资本化，记入"公益性生物资产"账户；当林木郁闭后，其管护费用等后续支出则予以费用化，记入"管理费用"账户。但是公益性林木因为择伐、间伐或抚育更新性质的采伐，以及进行相应补植而发生的支出，应当予以资本化，记入"公益性生物资产"账户。

【例6-32】北江农业企业对公益防护林进行除虫管护，其中该片公益林已郁闭60%，还有40%尚未郁闭。本次管护共领用农药4 000元，支付专业除虫人员工资20 000元。此外，对郁闭林进行了更新采伐和补植，产生人工费10 000元。

属资本化支出的管护费用 = （4 000 + 20 000）× 40% + 10 000 = 19 600（元）

属费用化支出的管护费用 = （4 000 + 20 000）× 60% = 14 400（元）

编制会计分录如下：

借：公益性生物资产——防护林　　　　　　　　　　　　　19 600
　　管理费用　　　　　　　　　　　　　　　　　　　　　14 400
　　贷：应付职工薪酬　　　　　　　　　　　　　　　　　　　　30 000
　　　　原材料——农药　　　　　　　　　　　　　　　　　　　4 000

通常企业持有公益性生物资产的目的与消耗性生物资产和生产性生物资产有本质不同，主要是出于防护、环境保护等特殊公益性目的，具有非经营性的特点，因此生物资产准则规定公益性生物资产不计提减值准备，也不计提折旧。

三、处置公益性生物资产的会计核算

由于分类经营政策的调整、变化，农业企业已郁闭成林的公益林可转变为商品林，即由公益性生物资产转为消耗性生物资产或生产性生物资产。

　　实务中，公益性生物资产转为消耗性生物资产或生产性生物资产时，应按其账面价值，借记"消耗性生物资产"或"生产性生物资产"账户，贷记"公益性生物资产"账户。

　　【例6-33】北江农业企业根据所在地林业发展规划和相关政策调整，将1 000亩防风固沙林转为以生产木材为主的用材林，该公益林账面价值为200 000元。

　　编制会计分录如下：

　　借：消耗性生物资产——用材林　　　　　　　　　　　　　　200 000
　　　　贷：公益性生物资产——防风固沙林　　　　　　　　　　　　　　200 000

拓展阅读

　　农业在整个国民经济中占有重要的地位，种植业又是整个农业的基础，因为只有绿色植物才能从大气中吸收二氧化碳，从土壤中吸收无机盐和水分，通过光合作用将太阳能转化为有机能，使无机物转化为有机物。种植业为轻纺工业、食品工业提供原料，为畜牧业和渔业提供饲料。中国农业中种植业的比重较大，其产值一般占农业总产值的50%以上。

　　下面以上市公司苏垦农发为例介绍种植业企业的经营。

　　江苏省农垦农业发展股份有限公司（601952）系由江苏省农垦农业发展有限公司整体改制变更设立的股份有限公司，属农业行业，公司经营的产品主要包括稻麦原粮、种子、大米、食用油等。公司的主要经营业务有种植业务、种子业务、加工业务、麦芽加工业务、农业社会化服务业务等。在公司五大业务中，种植业务是其核心业务。优质的耕地资源是公司发展的核心优势。

　　表6-5是2023年苏垦农发利润表相关科目变动分析表。

表6-5　　　　　　　　2023年苏垦农发利润表相关科目变动分析表　　　　　　金额单位：元

科目	本期数	上年同期数	变动比例（%）
营业收入	12 168 058 597.71	12 727 291 651.32	-4.39
营业成本	10 547 468 939.93	11 017 513 980.06	-4.27
销售费用	196 621 614.03	191 769 878.23	2.53
管理费用	590 220 787.62	602 524 039.81	-2.04
财务费用	238 459 130.23	252 383 431.65	-5.52
研发费用	82 429 090.52	73 403 980.82	12.30

其各项目变动的原因分析如下：

营业收入变动原因说明：主要是粮油市场下行、销售规模下降所致。

营业成本变动原因说明：主要是销售规模下降所致。

销售费用变动原因说明：主要是交通差旅等运营费用增加所致。

管理费用变动原因说明：主要是经营业绩下降，管理人员效益奖减少所致。

财务费用变动原因说明：主要是租赁负债未确认融资费用摊销序时减少所致。

研发费用变动原因说明：主要是育种研发项目投入增加所致。

资料来源：农垦农业发展股份有限公司2023年年度报告。

项目练习

一、单项选择题

1.可以采用名义金额计量的生物资产是（　　）。

  A.消耗性生物资产　　　　　　　　B.公益性生物资产

  C.天然起源的生物资产　　　　　　D.生产性生物资产

2.下列各项中，应在"生产性生物资产"账户中核算的是（　　）。

  A.种畜　　　　　　B.奶牛　　　　　　C.骆驼　　　　　　D.幼猪

3.林木类消耗性生物资产发生的借款费用停止资本化的时点是（　　）。

  A.郁闭前　　　　　B.郁闭时　　　　　C.郁闭后　　　　　D.达到使用目的时

4.农业企业收获的农产品验收入库时，应当借记（　　）。

  A."农产品"账户　　　　　　　　　B."生产性生物资产"账户

  C."农业生产成本"账户　　　　　　D."消耗性生物资产"账户

5.生物资产改变用途后的成本按照（　　）确定。

  A.改变用途时的公允价值　　　　　B.改变用途时的账面价值

  C.改变用途时的账面余额　　　　　D.改变用途时的市场交易价值

6.生产性生物资产计提的折旧应计入（　　）。

  A.相关资产成本或者当期损益　　　B.当期损益

  C.所有者权益　　　　　　　　　　D.相关资产的成本

7.下列各项中，属于消耗性生物资产的是（　　）。

  A.防风固沙林　　　　　　　　　　B.水土保持林

  C.用材林　　　　　　　　　　　　D.薪炭林

8.公益性生物资产和生产性生物资产的本质区别在于（　　）。

  A.效率不同　　　　　　　　　　　B.持有目的不同

  C.后续计量不同　　　　　　　　　D.计量基础不同

9.下列各项中，不属于农业企业存货内容的是（　　）。

  A.种子　　　　　　B.农药　　　　　　C.仔畜　　　　　　D.产役畜

10.下列各项中，不属于农业企业发出存货的计价方法的是（　　）。

  A.个别计价法　　　B.后进先出法　　　C.先进先出法　　　D.加权平均法

11.下列各项中，生物资产不计提减值准备的是（　　）。

  A.用材林　　　　　B.薪炭林　　　　　C.水土保持林　　　D.存栏待售的牲畜

12.下列各项中，不构成外购生物资产成本的是（　　）。

  A.专业人员服务费   B.人员培训费

  C.栽培费   D.装卸费

13.消耗性生物资产在资产负债表中列示在（ ）项目。

  A.其他非流动资产   B.生物资产

  C.存货   D.固定资产

14.企业确定生产性生物资产的使用寿命时不需要考虑的因素是（ ）。

  A.该资产产生经济利益的预期方式   B.该资产的产出能力

  C.该资产的有形损耗   D.该资产的无形损耗

15.农业企业存货的核算与制造业企业的不同点是（ ）。

  A.存货发出的计价方法

  B.部分存货可以和固定资产类项目相互转换

  C.存货的盘存制度

  D.存货购进的计价方法

16.因择伐、间伐和抚育更新性质的采伐而补植林木类生物资产发生的后续支出，应当计入（ ）。

  A.当期损益   B.生物资产的成本

  C.所有者权益   D.长期待摊费用

17.下列各项生物资产中，要计提折旧的是（ ）。

  A.薪炭林   B.存栏待售的牲畜

  C.水土保持林   D.用材林

18.由于生物资产产生经济利益的方式发生变化，所以企业改变了生产性生物资产计提折旧的方式，这种变更属于（ ）。

  A.资产负债表日后事项   B.会计差错更正

  C.会计估计变更   D.会计政策变更

19.天然起源的生物资产，如天然起源的林木等，其初始的入账价值为（ ）元。

  A.500   B.5 000   C.1 000   D.1

20.郁闭后的林木类消耗性生物资产发生的管护费用应予以费用化，记入（ ）账户。

  A."消耗性生物资产"   B."生产性生物资产"

  C."管理费用"   D."销售费用"

二、多项选择题

1.农业企业主要涉及（ ）等多种生产经营活动。

  A.种植业   B.林业   C.畜牧业   D.渔业

2.生物资产的特点有（ ）。

  A.生物转换性   B.生物资产流动性

  C.生物资产长期性   D.生物资产产品生命性

3.下列各项中，属于消耗性生物资产的有（ ）。

  A.生长中的大田作物   B.用材林

  C.存栏待售的牲畜   D.产畜和役畜

4.下列各项中,属于生产性生物资产的有（　　　）。

　　A.经济林　　　　　B.薪炭林　　　　　C.用材林　　　　　D.产畜和役畜

5.下列各项中,属于公益性生物资产的有（　　　）。

　　A.防风固沙林　　　B.经济林　　　　　C.水土保持林　　　D.水源涵养林

6.外购生物资产的成本包括（　　　）。

　　A.购买价款　　　　　　　　　　　　B.相关税费

　　C.运输费、保险费　　　　　　　　　D.可直接归属于购买该生物资产的其他支出

7.下列各项中,可能造成生产性生物资产可回收金额低于其账面价值的有（　　　）。

　　A.遭受水灾、火灾、旱灾、冻灾等自然灾害

　　B.遭受病虫害或者动物疫病

　　C.消费者偏好改变导致市场需求变化使得市场价格下跌

　　D.同期市场利率或其他市场投资报酬率大幅提高

8.下列各项生物资产中,应计提折旧的有（　　　）。

　　A.以融资租赁方式租入的生产性生物资产

　　B.以经营租赁方式租出的生产性生物资产

　　C.以融资租赁方式租出的生产性生物资产

　　D.以经营租赁方式租入的生产性生物资产

9.生物资产准则规定了企业可选用的折旧方法包括（　　　）等。

　　A.年限平均法　　　B.工作量法　　　　C.产量法　　　　　D.年数总和法

10.下列各项中,可直接归属于购买生物资产的其他支出的有（　　　）。

　　A.场地整理费　　　　　　　　　　　B.专业人员服务费

　　C.装卸费、栽植费　　　　　　　　　D.人员培训费

11.在清查盘点中,发现农产品盘亏或毁损,会计核算时可能涉及的账户有（　　　）。

　　A.待处理财产损溢 B.管理费用　　　　C.营业外支出　　　D.农产品

12.农业企业将收获的农产品验收入库时,应当按照实际成本（　　　）。

　　A.借记"农产品"账户　　　　　　　B.借记"农业生产成本"账户

　　C.贷记"农业生产成本"账户　　　　D.贷记"农产品"账户

13.农业企业对自产留用并已入库的种子、饲料等,应当（　　　）。

　　A.借记"原材料——农用材料"账户

　　B.借记"材料采购——农用材料"账户

　　C.贷记"农业生产成本"账户

　　D.贷记"主营业务收入"账户

14.农业企业存货与制造业企业存货的不同点有（　　　）。

　　A.存货发出的计价方法不同

　　B.部分存货可以和固定资产项目相互转换

　　C.存货的盘存制度不同

　　D.存货具有较强的自产自用性

15.在生物资产采用历史成本计量的情况下,下列各项中,表述正确的有（　　　）。

A.消耗性生物资产按成本减累计跌价准备计量

B.未成熟的生产性生物资产按成本减累计减值准备计量

C.成熟的生产性生物资产按成本减累计折旧及累计减值准备计量

D.公益性生物资产按成本计量

三、判断题

1.天然起源的生物资产的成本，应当按照名义金额确定。 （   ）

2.企业在每年年度终了对消耗性生物资产进行检查时，如果消耗性生物资产减值的影响因素已经消失，减记金额应当予以恢复，并在原已计提的跌价准备金额内转回，转回的金额计入当期损益。 （   ）

3.生物资产出售、盘亏、死亡、毁损时，应当将处置收入扣除其账面价值和相关税费后的余额计入所有者权益。 （   ）

4.生产性生物资产计提减值后可以转回。 （   ）

5.消耗性生物资产包括生长中的大田作物、蔬菜、经济林以及存栏待售的牲畜等。 （   ）

6.与消耗性生物资产相比，生产性生物资产的最大不同在于，消耗性生物资产具有能够在生产经营中长期、反复使用，从而不断产出农产品或者是长期役用的特征。 （   ）

7.林木类消耗性生物资产郁闭前的相关支出应予资本化，郁闭后的相关支出计入当期费用。 （   ）

8.农业企业如果将农产品留作自用，应当视同销售处理。 （   ）

9.公益性生物资产按成本减累计折旧及累计减值准备计量。 （   ）

10.当期增加的成熟生产性生物资产应当计提折旧，一旦提足折旧，不论能否继续使用，均不再计提折旧。 （   ）

四、业务核算题

（一）练习消耗性生物资产的核算

犇犇养殖公司主要经营肉牛养殖与销售业务，假定暂不考虑相关税费。

（1）公司在市场上一次性购入60头肉牛仔牛，每头1 300元，共支付价款78 000元；另发生运输费3 000元，保险费1 000元，装卸费1 400元，所有款项均已通过银行存款支付。

（2）上述仔牛在养殖期间共发生饲料费72 000元，人员工资43 800元，以银行存款支付场地整理费、医疗防疫费6 000元。

（3）即将有一批肉牛出栏，已知该批肉牛从本年初至出栏前发生的各项抚育费共计160 000元，其中领用饲料96 000元，人工费35 200元，设施折旧费8 800元，其他以银行存款支付的直接费用20 000元。

（4）已知上述即将出栏的肉牛账面价值110 000元，以每千克35元的价格销售，每头出栏的肉牛体重为500千克，共25头。货款已存入银行。

要求：根据上述经济业务，编制犇犇养殖公司的会计分录。

（二）练习生产性生物资产的核算

大为公司主要以种植业为主，当年发生如下经济业务：

（1）年初大为公司自行营造300亩李树。当年发生种苗费220 000元，领用农药及化肥12 100元，应付人工费110 000元，并通过银行支付平整土地的机械作业费5 500元和其他费用5 500元。

（2）李树生长期期间，每年发生化肥费用13 200元，农药费用5 500元，人工费165 000元，其他管护费5 500元。

（3）2年后，李树进入结果期。该李树的结果期为15年，净残值率为4%。当年发生化肥费用88 000元，农药费用11 000元，人工费220 000元，其他管护费5 500元。

（4）产出李子的销售收入为495 000元，款项已收存银行。

要求：根据上述经济业务，编制相关会计分录。

（三）练习公益性生物资产的核算

西北农业公司为了保护现有的耕地资源，种植了一片防沙林。

（1）西北农业公司购入一批胡杨树，作为防沙林，价款总计220 000元，并发生造林费、抚育费、调查设计费等共55 000元，款项已通过银行存款支付。

（2）公司本月对防沙林进行除虫管护，其中郁闭林占80%，未郁闭林占20%，领用除虫农药2 200元，应付人工费15 400元，另对部分郁闭林进行择伐和补植，应付人员工资13 200元。

（3）公司根据当地林业发展规划和相关政策调整，将防沙林全部转为造纸原料的商品林。已知该片防沙林账面价值为198 000元。

要求：根据上述经济业务，编制相关会计分录。

参考文献

［1］蒋晓凤. 行业会计比较［M］. 北京：人民邮电出版社，2017.

［2］张流柱. 行业会计比较［M］. 北京：高等教育出版社，2011.

［3］平准. 建筑施工会计真账实操全流程演练［M］. 2版. 北京：人民邮电出版社，2020.

［4］赵建群，张歧，张立阳. 商品流通企业会计［M］. 北京：电子工业出版社，2021.

［5］洑建红. 行业比较会计［M］. 北京：人民邮电出版社，2021.

［6］中华人民共和国财政部. 企业会计准则应用指南（2020年版）［M］. 上海：立信会计出版社，2020.

［7］刘志翔，赵艳玲. 行业会计比较［M］. 北京：首都经济贸易大学出版社，2019.

［8］刘晓峰. 行业会计实务［M］. 北京：机械工业出版社，2017.

［9］魏永宏. 行业会计比较［M］. 北京：电子工业出版社，2017.

［10］平准. 农业企业会计核算与纳税、财务报表编制实务［M］. 北京：人民邮电出版社，2020.

［11］傅胜，刘昕辉. 行业会计比较［M］. 9版. 大连：东北财经大学出版社，2024.

［12］闫云婷. 农业会计基础与实务（案例详解版）［M］. 北京：化学工业出版社，2022.

［13］肖序，王芸. 交通运输企业成本会计学［M］. 上海：立信会计出版社，2016.

［14］张川，张涛，王放. 物流企业会计：基于管理者视角［M］. 北京：中国人民大学出版社，2017.

［15］王小松，宋磊. 物流企业会计理论与实务［M］. 北京：首都经济贸易大学出版社，2008.

［16］杨华. 行业比较会计［M］. 北京：人民邮电出版社，2021.

［17］韩兴国，姬晓慧. 行业比较会计［M］. 北京：清华大学出版社，2017.

［18］丁元霖. 旅游餐饮服务业会计［M］. 上海：立信会计出版社，2020.